これだけはおさえたい！

保育者のための 子どもの健康と安全 [改訂二版]

鈴木美枝子 [編著] 内山有子・田中和香菜・両角理恵 [著]

創 成 社

本文イラスト：古谷哲史

改訂二版刊行によせて

　本書は，保育士養成課程等の見直しによって誕生した『子どもの健康と安全』の教授内容に準拠して，2020（令和2）年4月に初版が発刊されました。新型コロナウイルス感染症という新しい感染症の出現により，社会全体が「コロナ禍」と呼ばれ始める序章の時期であったことが思い出されます。初版においても，新型コロナウイルス感染症が学校保健安全法で定めるところの第一種の感染症とみなされたことまではお伝えできたものの，この未知の感染症に対する対応等について，詳細を盛り込むことができませんでした。

　本改訂版では，主に新型コロナウイルス感染症の対応を含め新しい情報を掲載することに努めました。初版でも参考にしていた「保育所における感染症対策ガイドライン（2018年改訂版）」も，新型コロナウイルス感染症の感染症法上の位置付けが，二類相当から五類感染症に変更されたことに伴い，2023（令和5）年5月一部改訂（2023（令和5）年10月一部修正）版が公表されています。主に感染症に関する知見については，こちらのガイドラインを参考に修正を加えました。

　コロナ禍においては，保育・幼児教育現場では，日々の保育業務に加えて感染対策等の多大なる負担が強いられてきました。そのような中，子どもたちの成長を見守り，発達を促し続けている保育者のみなさまに心より敬意を表したいと思います。

　2023（令和5）年4月から，こども家庭庁が発足されるなど，子どもが自立した個人としてひとしく健やかに成長することのできる社会の実現に向けて，日本全体が動き出しています。こども家庭庁が分担管理する内容にも，子どもの保健の向上や虐待防止など，本書で学ぶ内容が大きく関連しています。本書が，この先保育者を目指している学生たちにとって，子どもの保健および健康と安全の重要性を理解しつつ，子どもの気持ちに寄り添える保育者になるための一助になれば，望外の喜びです。

　本書では，新型コロナウイルス感染症の五類感染症移行に伴い，改訂二版として微修正を加えました。

　このたび，改訂二版刊行の機会を作ってくださいました創成社の塚田尚寛社長に深謝申し上げます。また，常に丁寧に編集を進めてくださった西田徹さんをはじめとする出版部の方々に，この場をお借りして感謝の意を申し上げます。

　本書のためにご協力くださいましたすべてのみなさまに心よりお礼申し上げます。

編著者　鈴木美枝子

はじめに

2017（平成29）年に告示された保育所保育指針に合わせて保育士養成課程等の見直しが行われた結果，教科目の目標や教授内容が改正され，新しく『子どもの健康と安全』という教科目が誕生しました。本書はこの教授内容に準拠して作成しました。

2017（平成29）年に告示された保育所保育指針において健康と安全の章では，アレルギー疾患への対応について詳細な記述がなされるようになりましたし，保育中の重大事故が問題視されていることを受けて事故防止についても詳述されるようになりました。さらには，各地で災害が多発していることから，災害への備えについても加えられています。これらを受けて，『子どもの健康と安全』では，子どもの生命に関わる内容を深く学ぶことが望まれているといえるでしょう。

本書でも，保育所におけるアレルギー対応ガイドライン（2019年改訂版），保育所における感染症対策ガイドライン（2018年改訂版），教育・保育施設等における事故防止及び事故発生時の対応のためのガイドライン（2016年）等，最新のガイドラインからの情報を取り入れることを心がけました。

折しも新型コロナウイルス感染症の猛威によって，保育現場も震撼しています。子どもの健康と安全を守ることは，保育者にとって必須のことといえるでしょう。

本書は，その前身である『これだけはおさえたい！保育者のための子どもの保健Ⅰ』（2011（平成23）年初版〜2018（平成30）年第4版刊行）および『これだけはおさえたい！保育者のための子どもの保健Ⅱ』（2012（平成24）年初版〜2018（平成30）年第2版刊行）と同様に，イラストや図表を多用し，よりわかりやすく，より理解しやすいテキストとなるよう目指しました。さらに，覚えておこう！，ワンポイントアドバイス，ちょっと一息，最近の動向，平成29年告示の保育所保育指針　ここがポイント！など，随所にコラムを散りばめ，気分を新たにしながら読み進めていただけるよう工夫しました。

子どもの権利条約が，国連総会で1989（平成元）年に採択されてから約30年，日本で1994（平成6）年に批准されてから約25年が経ちます。子どもの権利条約の一般原則とは，「生命，生存及び発達に対する権利（命を守られ成長できること）」「子どもの最善の利益（子どもにとって最もよいこと）」「子どもの意見の尊重（意見を表明し参加できること）」「差別の禁止（差別のないこと）」としていますが，これらは，保育の場においても当然守られるべきものであり，『子どもの健康と安全』は，まさに子どもの権利条約の一般原則と相通じるものがあります。

本書が，保育現場において子どもの健康と安全を守るために少しでもお役に立つことができれば，この上ない幸せです。

　このたび本書刊行の機会を作ってくださいました創成社の塚田尚寛社長に深く感謝申し上げます。また常に丁寧で的確な仕事をしてくださいました西田徹さんをはじめとする出版部の方々に，この場をお借りして深謝いたします。

　本書のためにご協力くださいましたすべてのみなさまに心よりお礼申し上げます。

編著者　鈴木美枝子

目　　次

第1章

第2章

第3章

第4章

第5章

第6章

第1章 保健的観点を踏まえた保育環境と援助

1 子どもの健康と保育の環境

「子どもの健康と安全」とは，どのようなことを学ぶ科目なのでしょうか。

2017（平成29）年告示の**保育所保育指針**の改定を受けて，2018（平成30）年に，指定保育士養成施設で教授する各教科目の内容の整理が行われました。これまで「子どもの保健Ⅰ」の中で学んできた保育現場における衛生環境や安全管理等，「子どもの保健Ⅱ」の中で学んできた子どもの体調不良や傷害への適切な対応等を含み，さらには昨今問題視されている保育現場での重大事故を防止する取り組み，アレルギー対策，また災害への備え等についても充実させた，新たな教科目「子どもの健康と安全」が誕生しました。

子どもが健康に過ごすこと，安心・安全な環境の中で過ごすことは，子どもを保育する上で大変重要なことであることはいうまでもありません。昨今の新型コロナウイルス感染症への対応に関しても，日常の保育を継続しながら，子どもの健康を守ることの難しさに直面しているといえます。保育と保健をバランスよく融合させながら，子どもの健康を守り，そして子どもの命を守ることが，保育者の使命ともいえるでしょう。保育の場においては，常に子どもの命を預かっているのだという認識をもちながら，子どもと関わっていくことが重要です。「子どもの健康と安全」では，子どもの命をどのように守っていけばよいのかという視点で多くの内容が語られています。子どもが生きてその場にいることが，保育をする上での大前提ですので，保育者を目指すうえで，このような視点を常にもつことはとても大切なことです。子どもがのびやかに，楽しく，心豊かに過ごす環境を考える際，子どもの健康と安全にも必ず配慮していきましょう。

1 保育の環境とは

2017（平成29）年告示の**保育所保育指針の第1章　総則の1　保育所保育に関する基本原則**　の中で，「保育の環境には，保育士等や子どもなどの人的環境，施設や遊具などの物的環境，自然や社会の事象などの場の環境があり，それらが相互に関連し合い，子どもの生活が豊かなものとなるように環境構成し，工夫しながら保育しなければならない」としています。子どもたちは，自発的に環境に関わり，さまざまな経験を積むことができるよう配慮されなければなりませんし，子どもの活動が豊かに展開されるように，設備や環境を整えなければなりません。そして同時に，保健的観点からみた環境が整えられ，安全が確保されていなければならないのです。さらには，長時間を過ごす保育室は，親しみとくつろぎの場であり，かつ生き生きと活動できる場でもあることが求められています。静と動をどちらも取り入れることができる環境を作り出す必要があります。そして，子どもが自発的に周りの子どもや大人と関わっていくことができる安心した環境を整えていくことが求められています。

2 子どもの健康と安全を守る環境を作る

1で述べたように，保育の環境はあらゆる角度から整えていく必要があります。子どもは環境から学ぶことが多く，子ども自身が自発的に関わりたいと感じることができる環境を作ることは保育者の醍醐味の一つといえるでしょう。その中に，保健的な視点，安全に配慮した視点を交えていくことは重要なポイントの一つとなります。子どもが取り組みたくなる環境を作りつつ，必要な保健的配慮や安全対策も怠らないようにしていきます。また，保育中の子どもの体調不良や怪我などに備えて，適切な対応を瞬時に行うことができるようにしておく必要があります。

2 子どもの保健に関する個別対応と集団全体の健康及び安全の管理

子どもは免疫力も未熟であり，基本的に大人より感染症にかかりやすい存在です。そのような子どもたちが集団で生活している保育の場においては，正しい知識と的確な判断，および適切な対応をしないと，感染症をまん延させてしまうことがあります。子ども一人ひとりが園の中で健やかに過ごすためには，感染症に関する正しい知識を身につけるとともに，子どもの特性を理解して行動することができるようにしておくことが大切です。

2019（令和元）年に発生した新型コロナウイルス感染症のまん延により，保育所に

おける感染症対策ガイドライン（2018年改訂版）に一部改訂が加えられ，現在はこども家庭庁より，**保育所における感染症対策ガイドライン（2018年改訂版，2023（令和5）年5月一部改訂，2023（令和5）年10月一部修正）**が発出されています。新型コロナウイルス感染症を含む，子どもたちがかかりやすい感染症に関する基本的な知識の向上を目指し，よりわかりやすく実践的に解説されています。衛生管理についても，保育のさまざまな場に即した記述がなされるようになりました。また，保育所と医療・保健機関，行政機関等との連携の重要性についても明記されています。常に最新のガイドラインを参考にしながら園での感染症対策について学び，実践できるように演習していきましょう。

　また，園ではさまざまな慢性疾患のある子どもも通園しています。そうした子どもたちに対しては，入園前から念入りに保護者や主治医と情報を共有し，園でどのように生活していくか確認しておく必要があります。健康状態の異なる子どもが集団で生活することになるため，このように，子ども一人ひとりに合わせた個別の対応をすることが大変重要な視点となります。

　例えばアレルギー疾患に関しては，乳幼児期の罹患率が高いこともあり，保育現場におけるアレルギー対応は必須となってきています。2017（平成29）年告示の**保育所保育指針**で対応が明確化されたアレルギー対応については，厚生労働省から**保育所におけるアレルギー対応ガイドライン（2019年改訂版）**が策定されています。多職種で連携しながらアレルギーのある子どもの生活が，安全かつ安心で，快適なものになるよう，保育者としても最新の知識を得るとともに，園の中でどのように対応していくべきかを学ぶことが大切です。また万が一に備えて，アレルギー症状が出たときの対応もできるように演習しておく必要があります。アレルギーがある子どもの安全を確保することはいうまでもありませんが，アレルギーのある子ども自身も，心豊かに楽しく，くつろいで過ごすことができているかも確認していきたいものです。

　また事故防止・安全対策に関しては，平成27年度教育・保育施設等の事故防止のためのガイドライン等に関する調査研究事業検討委員会により，**教育・保育施設等における事故防止及び事故発生時の対応のためのガイドライン**が2016（平成28）年に作成されています。教育・保育施設等での重大事故の特徴を知り，その予防策について具体的に学ぶとともに，万が一おきたときの対応についても演習しておくことが重要です。

　なお，2017（平成29）年告示の**保育所保育指針**で3歳未満児に関する記述内容が充実したことを受け，「子どもの健康と安全」に関しても，3歳未満児に関する学びを

深める構成となっています。特に生後すぐから3歳未満の時期は，体調も急変しやすく，保育するうえでも細心の注意が必要な時期といえます。年齢によっては感染すると重篤になる可能性が高い感染症などもあり，園全体の活動なども，そのような年齢による違いにも配慮する必要があります。

　ここまで述べてきたように，保育現場は，乳児から就学前までの異なる年齢，そして異なる健康状態の子どもたちが共に過ごす場といえます。一人ひとりの健康状態を正しく把握し，それに合わせた保育内容を考えることが，集団全体の健康につながるともいえるでしょう。そして，どのような健康状態の子どもにとっても，保育の場が安心・安全で，くつろげる場であるかどうかも確認する必要があります。「子どもの健康と安全」で実践的なことを学び，疑問点を語り合い，どのようにしたらよりよい保育につながるか考えていきましょう。多くの演習を通して，保育現場における子どもの健康と安全についてさまざまな角度から適切に対応できるようにしていきましょう。

3　演習に臨む姿勢

　「子どもの健康と安全」では，演習を通して保健的な技術を実際に身につけていきます。沐浴人形や心肺蘇生訓練人形を用いて演習を行うこともあります。園に就職したり，保育実習に行ったりしたときには実際の乳幼児が相手ですから，演習を行う際も，たとえ相手が人形であっても，実際の乳幼児に接するときを想定し，真剣に行うべきです。十分演習を行っていても，不測の事態に陥ると，気が動転してうまく対処できないこともあります。毎回の授業を大切に，常に「もし，この人形が実際の乳幼児だったら」という意識を忘れずに授業に臨みましょう。

　またこうした演習は数人のグループを作って行うことになります。いろいろな人と関わり合いながら演習を行うことで，園での人間関係作りにも役立ちます。こうした演習を通して，自分とは違うタイプの人とも協調していくことを同時に学んでいきましょう。

　演習を行う際には，現場で行うことを想定して，服装などにも気をつけます。また，対面で演習を行う際は，感染症の予防にも留意し，必要に応じてマスクやビニール手袋を装着する場合もあります。以下に，演習に際してふさわしい身支度についてあげておきます。参考にして授業に臨むようにしましょう。

第1章

第2章

第3章

第4章

第5章

第6章

図1−1　演習に望ましい身支度

実際，園で子どもたちに接する際に気をつけることは，演習のときから気をつけておきましょう。

望ましい服装

●衛生面に気を配り，清潔感のある
　動きやすい服装で行いましょう。
●エプロン，ハンドタオルなど，
　忘れ物のないようにしましょう。

※必要に応じてマスクや手袋を着用
　します。

おんぶやだっこをした
ときに，髪が子どもに
つかないようにしましょう。

アクセサリーは危険です。
清潔感を大切に。

アクセサリーははずし，髪は
まとめましょう。胸元のあ
きすぎた服も避けましょう。

キツイ匂いや汚い洋服も
避けましょう。

爪は短く。
ブレスレット，
指輪もはずしましょう。

マスクや手袋
は，ポケット
に予備のもの
を入れておく
と良いでしょう。

腰パンも演習には不向きです。

ヒップハングやミニスカー
トは演習には不向きです。

ヒール，スリッパ等も
危険です。

かかとをふむのは
危険です。
サンダルもやめましょう。

4 子どもの養護の仕方

　だっこやおんぶは乳幼児の養護の基本となります。子どもに怪我をさせたり，不安な気持ちにさせたりしないよう，すべての演習を始める前に，まずはしっかりだっこやおんぶができるようにしましょう。

1 だっこ

　だっこは出生直後からでき，首がすわる3〜4か月頃まではよこ抱きにします。首がすわってからは，たて抱きができるようになります。

　子どもにとってだっこは，抱いている人の顔が見えるので，安心感が得られ情緒の安定につながります。乳児期は特に，子どもの欲求に応じて抱いてあげましょう。また幼児期に，普段は甘える様子をみせない子どもが，だっこをせがんでくるような場合は，体調が悪い，さみしいなどの理由が考えられます。保育者は，子どもの思いを受け止め，子どもの気持ちにそった対応をすることが大事です。

（1）首がすわる前の乳児の抱きあげ方（よこ抱き）

その1　一般的なよこ抱きの場合

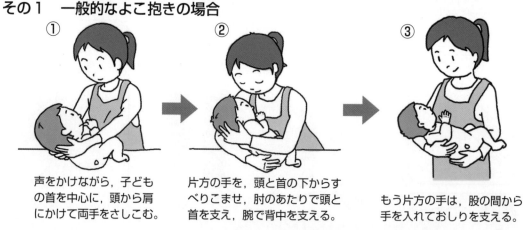

① 声をかけながら，子どもの首を中心に，頭から肩にかけて両手をさしこむ。

② 片方の手を，頭と首の下からすべりこませ，肘のあたりで頭と首を支え，腕で背中を支える。

③ もう片方の手は，股の間から手を入れておしりを支える。

※基本的には保育者の左腕に乳児の頭がくるようにだっこします。ここでは実際にイラストを見ながら練習しやすいように，あえてイラストは左右を反転させています。

その2　子どもと向き合う場合

①

②

③

声をかけながら，子ども
の首を中心に，頭から肩
にかけて両手をさしこむ。

片方の手と腕で首から
背中を支え，もう片方
の手でおしりを支えて
抱きあげる。

保育者の下腹部のあたりで自然な
足の形を保ち，少し斜めにして向
かい合わせて抱く。背中が湾曲し
ないように気をつける。

（2）首がすわる前の乳児の抱きおろし方

①

②

③

「ねんねしようね」などと
声をかけながら，おしりを
おろす。

おしりから引き抜いた手で首を
支え，もう片方の手を抜く。

両手で首・頭を支え，
頭をそっとおろす。

（3）首がすわってからの乳児の抱きあげ方（たて抱き）

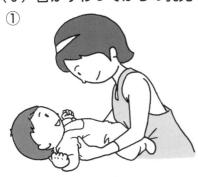
①

②

③

保育者は声をかけながら
乳児の両脇に手を入れる。

両脇を支えながら，上半身
をゆっくりおこし立たせる，
または座らせる。

片方の手と腕におしりをのせて
全身を支える。このとき，自然
な足の形を妨げないように，足
を広げる。もう片方の手で，脇
や腰を支える。

注意点

　だっこをして軽く揺らしてあげると，子どもは心地よさを感じます。逆に，必要以上に激しく揺さぶると，脳障害や脳内出血をおこす（乳幼児揺さぶられ症候群：SBS＝Shaken Baby Syndrome）危険性があるので気をつけましょう。また，だっこをしているときには，足元が見えにくいので注意が必要です。子どもは予測しない動きを突然することがあるので，抱いているときには細心の注意を払います。

このような揺さぶりは絶対にしてはいけません。

2 おんぶ

　首がすわり，背筋がしっかりしてからは，おんぶができます。おんぶひもなどを使ったおんぶは，保育者の両手が空くので便利です。おんぶひもにはさまざまな種類があるので，使い方を確認してから使用します。おぶうときには一人では危険なので，なるべく他の保育者に介助してもらいます。

（1）二人での背負い方

　　① おんぶひもの正しい使い方を確認する。

ひも式タイプ

バックルでとめるタイプ

②

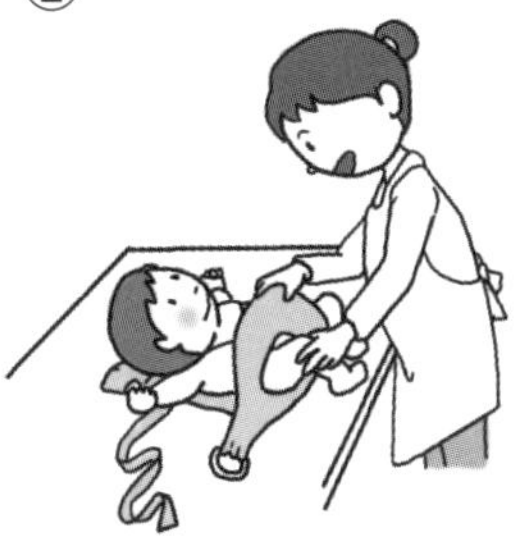

子どもに声をかけながら，
おんぶひもを正しくつける。

③

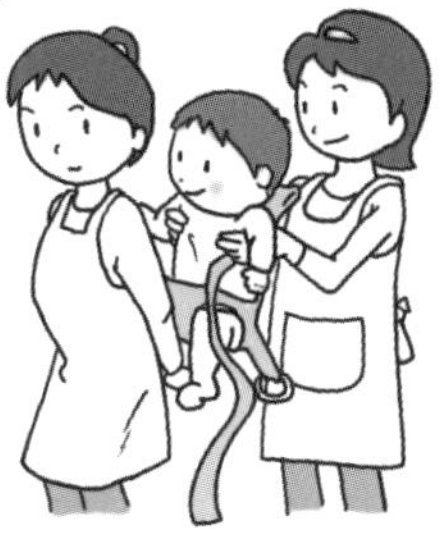

少し前かがみになり，
自分の頭の下あたりに
子どもの頭がくるよう
にのせてもらう。

④

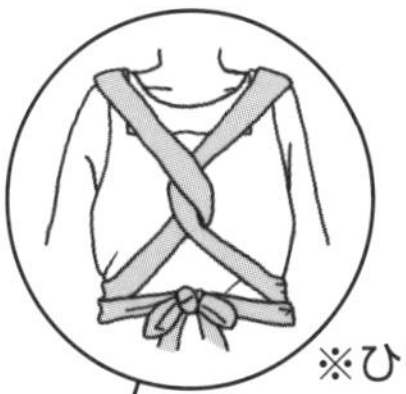

※ひも式の場合は
胸の前で数回ね
じるとずり落ち
にくい。

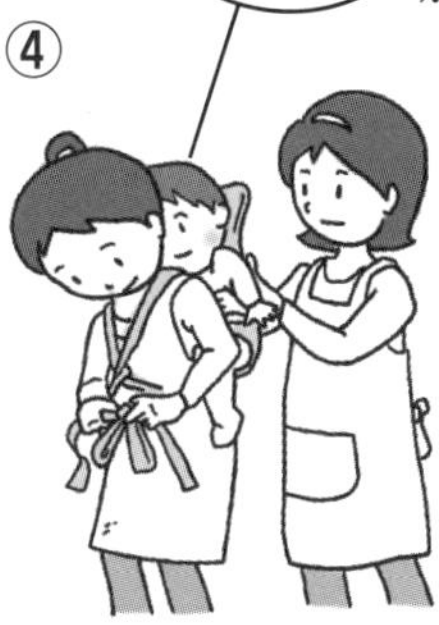

両脇のリングにひもを
通し，前で結ぶ。

⑤

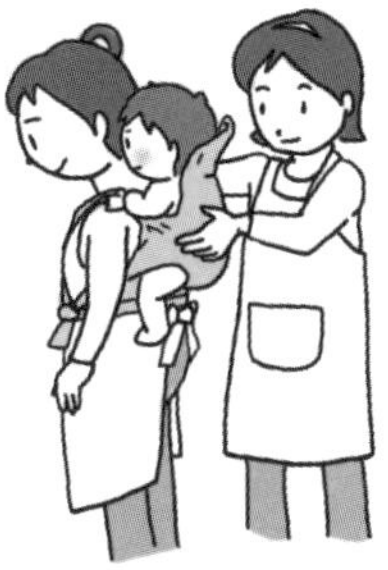

他の保育者に，子どもの顔が
見えているか，手足の位置を
確認してもらう。

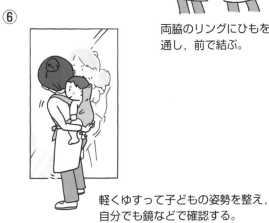

⑥

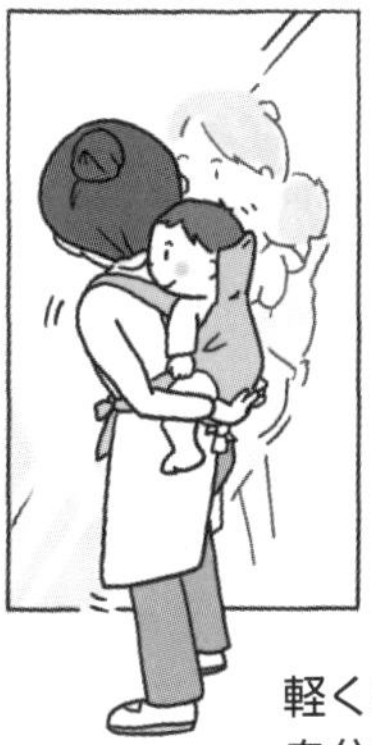

軽くゆすって子どもの姿勢を整え，
自分でも鏡などで確認する。

（2）一人での背負い方

①

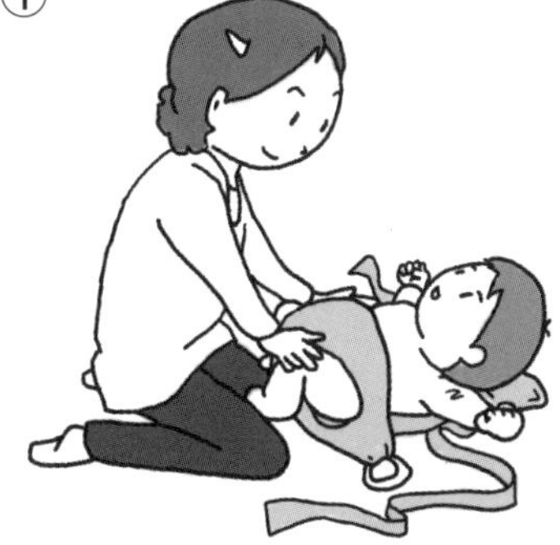

子どもに声をかけながら
おんぶひもを正しく
つける。

②

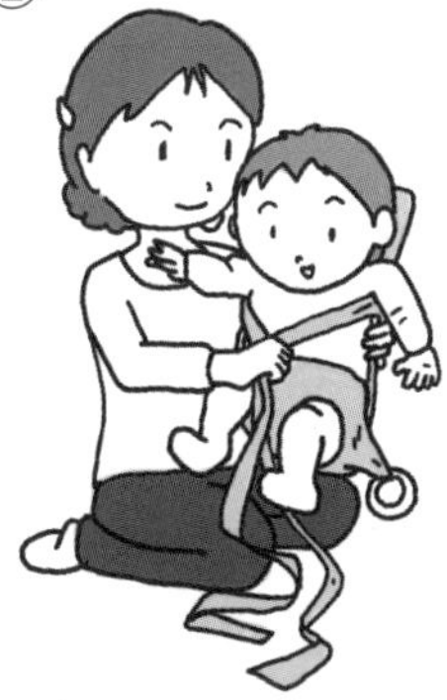

子どもの脇の下からひもを
通し，胸の前でゆるみがな
いようにしっかり握り，ひ
ざの上にのせる。

③

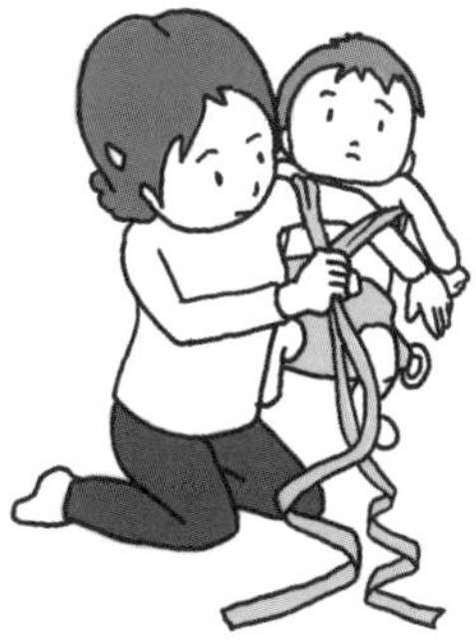

ひもをしっかり握ったまま
前かがみになり，腕を使っ
て子どもを背中側にまわす。

④

前かがみのまま，ひもをしっかり握り，片方のひもをもう一方の肩にかける。

⑤

胸の前でひもを数回ねじり，両脇のリングに通してひもを結ぶ。

注意点

　　長時間のおんぶは股関節に負担がかかるので避けます。また，授乳直後は吐乳することがあるので，時間をあけてからおんぶしましょう。おんぶをしているときには，ときどき背中に手をあてて子どもの様子に気を配ります。子どもをおぶっていることを常に意識し，周囲の棚や壁にぶつからないように注意します。保育者の髪やヘアピンで子どもを傷つけたりしないように，髪型にも注意が必要です。

参考文献

厚生労働省『保育所におけるアレルギー対応ガイドライン（2019年改訂版）』，2019年。
厚生労働省「保育所保育指針」，2017年。
厚生労働省「赤ちゃんが泣きやまない　泣きへの理解と対処のために」
　（https://www.mhlw.go.jp/file/04-Houdouhappyou-11901000-Koyoukintoujidoukatei
　kyoku-Soumuka/0000030731.pdf　2022年8月23日閲覧）
こども家庭庁『保育所における感染症対策ガイドライン（2018年改訂版，2023（令和5）年5月一部改訂，2023（令和5）年10月一部修正）』，2023年。
志村聡子『はじめて学ぶ乳児保育　第3版』同文書院，2022年。
茶々保育園グループ社会福祉法人あすみ福祉会編『見る・考える・創りだす乳児保育Ⅰ・Ⅱ』萌文書林，2019年。
平成27年度教育・保育施設等の事故防止のためのガイドライン等に関する調査研究事業検討委員会『教育・保育施設等における事故防止及び事故発生時の対応のためのガイドライン』，2016年。

保育における健康と安全の管理

第1章
第2章
第3章
第4章
第5章
第6章

　心地よく安心して過ごせる環境は，日々成長している子どもの健やかな発育・発達には欠くことができない土台となるものです。

　ここでは主に子どもたちが集団で長い時間を過ごす園の環境についてみていきます。園の生活環境，ことに衛生面や安全面の環境を整えることは，子どもたちが快適かつ安全に過ごすために欠かすことのできないことです。子どもたちの健康を守るために重要な感染症対策においても2019（令和元）年に発生した新型コロナウイルス感染症の流行に伴い，これまで以上に気をつけて行わなくてはならなくなりました。

　保育所などにおいては，感染症の拡がりを防ぐために乳幼児の特性を踏まえた保育環境や衛生管理について示した**保育所における感染症対策ガイドライン**（2018年改訂版）が厚生労働省より出されていましたが，これについても新型コロナウイルス感染症の流行に伴い，数回にわたり一部改訂が行われました。2023（令和5）年5月に新型コロナウイルス感染症の感染症法上の位置付けが，二類相当から五類感染症に変更されたことに伴い，現在の保育所における感染症対策ガイドライン（2018年改訂版，2023（令和5）年5月一部改訂，2023（令和5）年10月一部修正）改訂版では新型コロナウイルス感染症の他，予防接種や消毒薬等について追記されています。常に最新情報を確認することを心がけましょう。

　環境整備に関しては，**児童福祉施設の設備及び運営に関する基準**や**学校保健安全法**にその意義や目的が示されています。

　幼稚園においては学校保健安全法で，換気，採光，照明，保温などの環境に係る事項について，子どもおよび職員の健康を保護するうえで維持されることが望ましい学校環境衛生基準を定めるものとしています。なお，学校環境衛生基準については，文部科学省が**学校環境衛生管理マニュアル**［平成30年度改訂版］を作成しています。

　安全管理においては，2016（平成28）年3月に平成27年度教育・保育施設の事故防

止のためのガイドライン等に関する調査研究事業検討委員会によって，各施設・事業者，地方自治体における事故発生の防止等や事故発生時の対応の参考となるように**教育・保育施設等における事故防止及び事故発生時の対応のためのガイドライン**が作成されています。このガイドラインには，安全な教育・保育環境を確保するための配慮点や，睡眠中，プール活動・水遊び中，食事中や玩具の誤飲，食物アレルギーなど重大事故が発生しやすい場面ごとの注意事項，事故が発生した場合の具体的な対応方法等が記載されています。

1 衛生管理

1 主な環境衛生の基準

　年齢の低い子どもほど環境に適応する力が弱く，環境の影響を受けやすくなります。特に温度や湿度には注意が必要です。気温や湿度は季節によっても変化します。

　例えば，梅雨の時期は雨が多く，温度，湿度ともに高くなります。細菌が繁殖しやすい環境で，食べ物にカビが生えるなど傷みやすく，食中毒が心配される時期です。

　一方，冬期は気温が低くなり乾燥して湿度も低くなります。この時期に流行するインフルエンザのウイルスはこのような環境を好みます。湿度が低いと鼻やのどの粘膜を痛めやすく，そこに細菌やインフルエンザウイルスがつくことによって，感染症やインフルエンザに感染しやすくなります。季節に応じてエアーコンディショナー，暖房，加湿器等を利用し，適切な環境になるようにしましょう。

　以下に**保育所における感染症対策ガイドライン**（2018年改訂版，2023（令和5）年5月一部改訂，2023（令和5）年10月一部修正）や学校環境衛生基準によって定められている主な環境衛生の基準について示します。

（1）温度と湿度

　保育室等の温度と湿度は，**保育所における感染症対策ガイドライン**（2018年改訂版，2023（令和5）年5月一部改訂，2023（令和5）年10月一部修正）において，目安が示されています。室温は冬期で20～23℃，夏期で26～28℃，湿度は60％程度が望ましいとされています。季節に合わせた適切な室温や湿度を保ち，エアーコンディショナーを利用する際は定期的に清掃し，加湿器の水は毎日交換するようにします。

（2）換　気

　学校環境衛生の基準では，教師1人および幼稚園児35人在室，容積180立方メートルの教室において，1時間経過後に基準値である二酸化炭素濃度を1,500ppm以下に保持するために必要な換気回数は，2.1回／時としています。ただしここでいう換気回数は1時間あたりの窓開けの回数を示すものではなく，換気の効果を表す数値で，部屋の容積や在室人数から算出されます。

　なお，新型コロナウイルス等の微粒子を室外に排出するためには，部屋の空気を入れ替えることが必要です。目安としては，2方向の窓を1時間に2回程度，数分間程度，全開にするとよいといわれています。このとき，室内温度が大きく上がったり，下がったりし過ぎないように注意しながら，定期的な換気を行いましょう。

```
おすすめ換気のタイミング
朝，部屋を使い始めるとき ………………………… おはよう換気
おやつや食事の後 …………………………………… ごちそうさま換気
お昼寝の後 …………………………………………… よく寝た換気
遊びがひと段落ついたとき ………………………… 次なにしよう換気
外で遊んで戻ってきたとき ………………………… ただいま換気
お絵かきをしたとき ………………………………… じょうずによく描けた換気
```

出所：東京都福祉保健局「施設で決める換気のルール」，2013年。

（3）照　度

　保育室およびそれに準ずる場所の照度の下限値は300ルクス（明るさの単位）とし，さらに保育室および黒板の照度は500ルクス以上であることが望ましいとされています。

（4）騒　音

　保育室内は，窓を閉めているときは50デシベル（音の強さ，大きさを表す単位）以下，窓を開けているときは55デシベル以下であることが望ましいとされています。

（5）飲料水の管理

　給水栓水は遊離残留塩素が 0.1mg/l（ミリグラム毎リットル）以上保持されていること，その他に外観，臭気，味等に異常がないこととされています。

2　施設内外の衛生管理

（1）保育室

　子どもが長い時間を過ごす保育室は，日々の清掃で清潔を保ちます。ドアノブや手

すり，照明のスイッチ等は水拭きした後，アルコール等による消毒を行います。床，棚，本棚，窓，テラス，靴箱，蛇口，水切りかごや排水口の清掃も行います。冷暖房機，加湿器，除湿器なども定期的に掃除しましょう。加湿器を使用するときは，水を毎日交換するようにします。尿や便などの排泄物，嘔吐物で床が汚れた場合は，**塩素系消毒薬（次亜塩素酸ナトリウム・亜塩素酸水）**を用いて消毒します。

消毒薬

出所：（株）オーヤラックスHP（http://www.oyalox.co.jp/b/b01.html 2022年8月23日閲覧）。

　保育室の床，食器や衣類等の消毒には主に**次亜塩素酸ナトリウム**（市販の漂白剤「ピューラックス®」写真）などを使用します。薄めて使う消毒薬は使用するときに薄め，使い切るようにします。

　なお新型コロナウイルスの消毒については，厚生労働省・経済産業省・消費者庁が消毒や除菌の方法についてまとめています。新型コロナウイルスやその他多くのウイルス感染は，飛沫等の他，ウイルスがついた手で口や鼻，目などに触れたりすることでもおこります。そのため，いろいろなところに触れた手指や大勢の人が触れたりする物の除菌や消毒は感染症対策として有効です。除菌とは菌やウイルスの数を減らすこと，消毒とは菌やウイルスを無毒化することをいいます。

　保育室内等で**手や指などについたウイルスの対策としては，洗い流すことが最も重要**です（p.121 **覚えておこう！** 正しい手洗い・うがいの方法参照）。手指についているウイルスは流水による手洗いだけでもかなり減らせますが，保育現場では手洗いがすぐにできない状況も多く，その際はアルコール消毒液も有効です。手指など人に対して使用する場合は，安全性が確認された「医薬品」「医薬部外品」と表示のあるものを使用します。アルコール濃度70％以上95％以下のエタノールを用いて，よくすりこみます。ただし，ノロウイルス，ロタウイルス，アデノウイルスといったエンベロープ（ウイルスの「膜」）のないウイルスでは，ウイルスの「膜」を壊すことで無毒化するアルコールでは効きにくく，ノロウイルス感染等が疑われる場合には石けんを十分泡立て，ブラシなどを使用して手指をしっかり洗うようにします。

　物に付着した新型コロナウイルスは80℃の熱水に10分さらすことで死滅させることができます。また塩素系消毒薬（次亜塩素酸ナトリウム）を用いる場合には濃度が0.05％になるように薄めて拭きます。熱水の温度やさらす時間，次亜塩素酸ナトリウムの濃度は，通常と異なるので注意が必要です。新型コロナウイルス感染症の人が触れたり，使用した場所の消毒に用いる場合は0.05％になりますが，これは新型コロナウイルス感染症流行時のもので普段から高い濃度で消毒することは健康を害する恐れ

があるので注意が必要です。普段は基本の感染症対策をしっかり行うことが大切です。

　多くの人が触れるドアノブやテーブルなどには，一部の**次亜塩素酸水**も有効です。消毒したいものの汚れをあらかじめ落としておき，生成されたばかりの次亜塩素酸水を用いて消毒したいものに流水掛け流しをします。35ppm以上の次亜塩素酸水を20秒以上掛け流した後，きれいな布やペーパーで拭きとります。次亜塩素酸ナトリウム（アルカリ性）と次亜塩素酸水（酸性）は名前が非常によく似ていますが，異なる物質です。また，亜塩素酸水とも違います。次亜塩素酸水は酸性で，短時間で酸化させる効果がある反面，非常に不安定で，保存状態によっては時間と共に急速に効果が無くなります。似た名前の消毒薬もあることから，誤った使用法をしないよう十分注意しましょう。

表2−1　消毒薬の種類と用途

薬品名	塩素系消毒薬（次亜塩素酸ナトリウム，亜塩素酸水等）		第4級アンモニウム塩（塩化ベンザルコニウム等）※1 逆性石けん又は陽イオン界面活性剤ともいう。	アルコール類（消毒用エタノール等）
	次亜塩素酸ナトリウム	亜塩素酸水		
消毒をする場所・もの	・調理及び食事に関する用具（調理器具，歯ブラシ，哺乳瓶等） ・室内環境（トイレの便座，ドアノブ等） ・衣類，シーツ類，遊具等 ・嘔吐物や排泄物が付着した箇所	・調理及び食事に関する用具（調理器具，歯ブラシ，哺乳瓶等） ・室内環境（トイレの便座，ドアノブ等） ・衣類，シーツ類，遊具等 ・嘔吐物や排泄物が付着した箇所	・手　指 ・室内環境，家具等（浴槽，沐浴槽，トイレのドアノブ等） ・用具類（足浴バケツ等）	・手　指 ・遊　具 ・室内環境，家具等（便座，トイレのドアノブ等）
消毒の濃度	・0.02%（200ppm）液での拭き取りや浸け置き ・嘔吐物や排泄物が付着した箇所：0.1%（1,000ppm）液での拭き取りや浸け置き	・遊離塩素濃度25ppm（含量 亜塩素酸として0.05%≒500ppm以上）での拭き取りや浸け置き ・嘔吐物や排泄物が付着した箇所：遊離塩素濃度100ppm（含量 亜塩素酸として0.2%≒2000ppm以上）での拭き取りや浸け置き	・0.1%（1,000ppm）液での拭き取り ・食器の漬け置き：0.02%（200ppm）液	・原液（製品濃度70〜80%の場合）
留意点	・酸性物質（トイレ用洗剤等）と混合すると有毒な塩素ガスが発生するので注意する。 ・吸引，目や皮膚に付着すると有害であり噴霧は行わない。 ・金属腐食性が強く，錆びが発生しやすいので，金属には使えない。 ・嘔吐物等を十分拭き取った後に消毒する。また，哺乳瓶は十分な洗浄後に消毒を行う。 ・脱色（漂白）作用がある。	・酸性物質（トイレ用洗剤等）と混合すると有毒な塩素ガスが発生するので注意する。 ・吸引，目や皮膚に付着すると有害であり噴霧は行わない。 ・ステンレス以外の金属に対して腐食性があるので注意する。 ・嘔吐物等を十分拭き取った後に消毒する。また，哺乳瓶は十分な洗浄後に消毒を行う。 ・衣類の脱色，変色に注意。	・経口毒性が高いので誤飲に注意する。 ・一般の石けんと同時に使うと効果がなくなる。	・刺激性があるので，傷や手荒れがある手指には用いない。 ・引火性に注意する。 ・ゴム製品，合成樹脂等は，変質するので長時間浸さない。 ・手洗い後，アルコールを含ませた脱脂綿やウエットティッシュで拭き自然乾燥させる。
新型コロナウイルスに対する有効性	○（ただし手指には使用不可）	○（ただし手指への使用上の効果は確認されていない）	○（ただし手指への使用上の効果は確認されていない）	○
ノロウイルスに対する有効性	○	○	×	×
消毒薬が効きにくい病原体			結核菌，大部分のウイルス	ノロウイルス，ロタウイルス等
その他	・直射日光の当たらない涼しいところに保管。	・直射日光の当たらない涼しいところに保管。	・希釈液は毎日作りかえる。	

出所：こども家庭庁『保育所における感染症対策ガイドライン（2018年改訂版，2023（令和5）年5月一部改訂，2023（令和5）年10月一部修正）』，2023年。

嘔吐物などの処理

　嘔吐物や排泄物には感染症の原因となるウイルスが含まれている場合もあるため，感染拡大を防止するためにも，嘔吐物等はすばやく取り除き，適切な方法で消毒する必要があります。処理をするときは子どもを誘導する係，嘔吐物等を処理する係など2名以上で行うとよいでしょう。

表2-2　次亜塩素酸ナトリウム及び亜塩素酸水の希釈方法

消毒液	消毒する場所・物	濃　度	希釈方法
次亜塩素酸ナトリウム（製品濃度が約6％）	・嘔吐物や排泄物が付着した床・物 ＊衣類等に嘔吐物や排泄物が付着した場合はこの濃度で使用	0.1％（1,000ppm）	500mlのペットボトルにキャップ軽く2杯の消毒液を入れ，水道水で500mlに希釈する。
	・食器や衣類の浸け置き ・トイレの便座やドアノブ，手すり，床等	0.02％（200ppm）	2Lのペットボトルにキャップ軽く2杯の消毒液を入れ，水道水で2Lに希釈する。
亜塩素酸水（製品濃度が約0.4％の場合）	・嘔吐物や排泄物が付着した床・物 ＊衣類等に嘔吐物や排泄物が付着した場合はこの濃度で使用	遊離塩素濃度100ppm含量　亜塩素酸として0.2％（2,000ppm）	水1Lに対して約1Lの消毒液を入れる（2倍に薄める）。
	・食器や衣類の浸け置き ・トイレの便座やドアノブ，手すり，床等	遊離塩素濃度25ppm含量　亜塩素酸として0.05％（500ppm）	水1Lに対して約143mlの消毒液を入れる（8倍に薄める）。

＊熱湯で希釈しないようにします。
＊希釈した消毒薬は，乳幼児の手の届かないところに置き，保管はせずに使い切るようにします。
＊希釈した消毒薬を入れた容器には「消毒薬・飲用不可」などの表示をします。
出所：こども家庭庁『保育所における感染症対策ガイドライン（2018年改訂版，2023（令和5）年5月一部改訂，2023（令和5）年10月一部修正）』を参照し筆者改変。

嘔吐物等で汚染された床の消毒方法（次亜塩素酸ナトリウム消毒液の場合）

＜準備するもの＞

塩素系消毒薬　　　マスク　　　　　新聞紙や古布　　　ビニール袋　　　エプロン
　　　　　　　　ビニール手袋　　　ペーパータオル　　　　　　　　　　長靴等

① 嘔吐物等の周りにいる子どもが嘔吐物等に触れないようにします。
② 嘔吐物等に新聞紙などをかぶせます。
③ ペーパータオル等で嘔吐物等の外側から内側へ，1か所に集めるように静かに拭き取ります。同一面で拭かないように注意します。

④ 拭き取った後の床を0.1％次亜塩素酸ナトリウム消毒液で拭きます。嘔吐物は想像以上に広範囲に飛び散っているので，処理した場所のまわり（半径2m程度）も同様に拭きます。
⑤ 拭き取って10分程度たったら水拭きします。

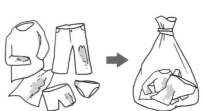

⑥ 使用したペーパータオルはビニール袋に入れて捨てます。このときビニール袋の中に0.1％次亜塩素酸ナトリウム消毒液を染みこむ程度に入れて消毒してから捨てるようにします。
⑦ 手袋を外し手指消毒を行います。その後，エプロン，マスクの順で取り外し，ビニール袋に入れて口をしっかり閉じます（p.18 ワンポイントアドバイス 安全なマスクと手袋の取り扱い方参照）。

嘔吐物等が付着した衣類などの処理方法

① 衣類等に付着した嘔吐物や便はペーパータオルで取り除き，速やかにビニール袋に入れます。

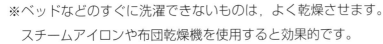

② 衣類等は85℃のお湯で1分以上加熱します。または0.1％次亜塩素酸ナトリウム消毒液に30分以上浸した後，他の物と分けて最後に洗います。乾燥する際に高温の乾燥機を使用すると消毒効果が高まります。
　※ベッドなどのすぐに洗濯できないものは，よく乾燥させます。スチームアイロンや布団乾燥機を使用すると効果的です。

処理をする際に気をつけること

●嘔吐物等を処理するときは，空気中に漂うウイルスを軽減させるために換気を行います。
●トイレ（床，ドアノブ，便座等）や洗面所も0.02％次亜塩素酸ナトリウム消毒液で消毒します。
●処理を行った人が感染しないように処理後は十分に手を洗い，うがいをします。

第1章　第2章　第3章　第4章　第5章　第6章

●感染が疑われる嘔吐物等が付着した衣類は，感染の拡大を防ぐため園では洗わないようにします。衣類はビニール袋などに入れ，口を閉じ保護者にもち帰ってもらいます。

保護者に伝えること
●もち帰った衣類を洗う場合は，他の物と分けて最後に洗うよう伝えます。
●なぜ園で洗わなかったのかを含め，処理の方法や家庭での対応を説明したお手紙を配布するとよいでしょう。
●他の家族も感染しないよう十分に気をつけてもらいます。

(田中)

　なお，嘔吐物などの処理をする際はマスクや手袋を正しく装着することが大切です。使用後のマスクと手袋は正しく取り扱わないと自分だけでなく他の人に感染させる恐れがあります。使用後のマスクや手袋がさらなる感染源になることを防ぐため，汚染された面に自分や他の人が触れないよう，配慮して捨てるようにしましょう。

ワンポイントアドバイス　**安全なマスクと手袋の取り扱い方**

感染症対策ではマスクや手袋を正しく安全に取り扱うことが大切です。

① マスクの裏表・上下を確認する。マスクのプリーツが下向きになる方が表，ワイヤーが入っている方が上。

② マスクをつける。

③ プリーツを広げて，鼻とあごをしっかり覆う。

④ ワイヤーを鼻の形に合わせて曲げる。

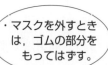

・マスクを外すときは，ゴムの部分をもってはずす。

すき間があかないように。

口だけでなく鼻も覆うように。

マスクは鼻，口，ほほ，あごをしっかり覆う。

① 片方の手で手袋の手首あたりをつまむ。
このとき，肌や手袋の内側を触らないように気をつける。

② 手袋を裏返しながら外していく。

③ ②で外した手袋をそのままにぎる。にぎったまま，手袋の手首側に指をひっかける。

④ 汚れた面に触れないよう裏返しながら外していく。

⑤ 汚れた面が表に出ないように両方の手袋を外すことができる。

（田中）

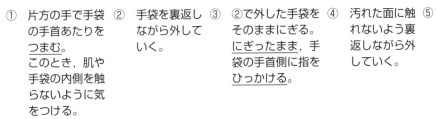

最近の動向 保育所での子どものマスク着用について

　2019（令和元）年12月に発生した新型コロナウイルス感染症は，次々と新たな変異株が出現し，私たちの生活に大きな影響を与えました。特にオミクロン株は潜伏期間が短いため感染拡大のスピードが速く，また無症状者や軽症者が多いことから，子どもが集団で過ごす学校や保育所等にも感染の場が広がりました。コロナ禍において，子どものマスク着用の是非が議論されてきましたが，2023（令和5）年現在，マスク着用は個人の判断が基本となっています。

　よって，保育所では，今後も感染症まん延の状況下では，保護者からの要望などで子どもがマスクをつけて過ごすこともあるかもしれません。

　乳幼児がマスクを着用する際は，子どもの表情が見えにくく健康観察がしにくいため，十分な注意が必要です。特に2歳未満では，息苦しさや体調不良を訴えることや，マスクを自分で外すことが困難であることから，窒息や熱中症のリスクが高まるため，マスクは着用しないこととしています。2歳以上であっても，マスク着用が難しいと考えられる状況であれば，マスク着用は奨めないようにします。

　もし子どもがマスクを着用する場合は，保育者は子どもの体調の変化を見逃さないよう，こまめに観察することが大切です。子どもが息苦しいと感じていないかどうか，嘔吐していないかどうか，また口の中に異物が入っていないかどうか，十分注意し，確認しましょう。また，マスクを長時間着用することで不衛生になり，皮膚がかぶれる例もあります。子どもがマスクを嫌がる，外したがるなど持続的なマスクの着用が難しい場合は，子どもの気持ちを尊重し，外すようにしましょう（WHOは5歳以下の子どもへのマスクの着用は必ずしも必要ないとしています）。

保護者からの要望などで，園で子どもがマスクを着用する際は，予備のマスクを数枚持参してもらうようにし，可能であればマスクに名前を書いてもらうとよいでしょう。また，マスクを外したときに置く場所を決めたり，ケースを利用するなどマスクの管理についても確認しておきましょう。マスクの必要性や咳エチケットについて，子どもや保護者と一緒に考えてみることも一案です。感染症から子どもの健康を守るためにどうしたらよいか，マスク着用のメリット・デメリットを考慮しながら状況に合わせて柔軟に対応していきましょう。

咳エチケットについて

３つの咳エチケット 電車や職場，学校など人が集まるところでやろう

① マスクがない時

① とっさの時

① マスクを着用する（口・鼻を覆う）

鼻から顎までを覆い，隙間がないようにつけましょう。

② ティッシュ・ハンカチで口・鼻を覆う

ティッシュ：使ったらすぐにゴミ箱に捨てましょう。
ハンカチ：使ったらなるべく早く洗いましょう。

③ 袖で口・鼻を覆う

マスクやティッシュ・ハンカチが使えないときは，袖や上着の内側で口・鼻を覆いましょう。

こまめに手を洗うことでも病原体が拡がらないようにすることができます。

出所：こども家庭庁『保育所における感染症対策ガイドライン（2018年改訂版，2023（令和５）年５月一部改訂，2023（令和５）年10月一部修正）』，2023年。

咳エチケット

　飛沫感染による感染症が保育所内で流行することを最小限に食い止めるために，日常的に咳エチケットを実施しましょう。素手のほか，ハンカチ，ティッシュ等で咳やくしゃみを受け止めた場合にも，すぐに手を洗いましょう。

①　マスクを着用する（口や鼻を覆う）
・咳やくしゃみを人に向けて発しないようにし，咳が出るときは，できるだけマスクをする。

②　マスクがないときには，ティッシュやハンカチで口や鼻を覆う
・マスクがなくて咳やくしゃみが出そうになった場合は，ハンカチ，ティッシュ，タオル等で口を覆う。

③　とっさのときは，袖で口や鼻を覆う
・マスクやティッシュ，ハンカチが使えないときは，長袖や上着の内側で口や鼻を覆う。

（鈴木）

こども家庭庁『保育所における感染症対策ガイドライン（2018年改訂版，2023（令和5）年5月一部改訂，2023（令和5）年10月一部修正）』，2023年。
厚生労働省「マスクの着用について」
（https://www.mhlw.go.jp/stf/seisakunitsuite/bunya/kansentaisaku_00001.html.
2024年1月19日閲覧）
全国保育園保健師看護師連絡会「保育現場のための新型コロナウイルス感染症対応ガイドブック 第3版」2021年6月。

（2）おもちゃ

　直接口に触れることが多い乳児の遊具は，その都度湯等で洗い流して干します。その他の遊具も適宜，水洗いや水拭きを行い，午前と午後で遊具の交換を行うようにします。消毒用アルコールを浸した脱脂綿や市販の消毒用ウエットティッシュなどを利用することもできます。ぬいぐるみや布類（おままごと用のエプロン，スカートなど）は定期的に洗濯し，週1回程度，陽に干します。洗えないものに関しては定期的に湯拭きするか，または日光消毒します。

表2－3　遊具の消毒

	普段の取扱のめやす	消毒方法
ぬいぐるみ 布　類	・定期的に洗濯する。 ・陽に干す（週1回程度）。 ・汚れたら随時洗濯する。	・嘔吐物や排泄物で汚れたら，汚れを落とし，塩素系消毒薬の希釈液に十分浸し，水洗いする。 ・色物や柄物には消毒用エタノールを使用する。 ※汚れがひどい場合には処分する。
洗えるもの	・定期的に流水で洗い，陽に干す。 ・乳児がなめるものは毎日洗う。 　乳児クラス：週1回程度 　幼児クラス：3か月に1回程度	・嘔吐物や排泄物で汚れたものは，洗浄後に塩素系消毒薬の希釈液に浸し，陽に干す。 ・色物や柄物には消毒用エタノールを使用する。
洗えないもの	・定期的に湯拭き又は陽に干す。 ・乳児がなめるものは毎日拭く。 　乳児クラス：週1回程度 　幼児クラス：3か月に1回程度	・嘔吐物や排泄物で汚れたら，汚れをよく拭き取り，塩素系消毒薬の希釈液で拭き取り，陽に干す。
砂　場	・砂場に猫等が入らないようにする。 ・動物の糞便・尿は速やかに除去する。 ・砂場で遊んだ後はしっかりと手洗いする。	・掘り起こして砂全体を陽に干す。

出所：こども家庭庁『保育所における感染症対策ガイドライン（2018年改訂版，2023（令和5）年5月一部改訂，2023（令和5）年10月一部修正）』，2023年。

（3）食事・おやつ

　手洗いの励行，衛生的な配膳と下膳を心がけ，テーブルは清潔な台布巾で水（湯）拭きをして衛生管理に努めます。配膳時には指や髪の毛が食べ物に入らないようにします。箸やスプーンなどの食器を共用しないようにし，食後はテーブル，椅子，床等の清掃を行います。

（4）調乳・冷凍母乳

　調乳室や調理室に入室するときは，白衣やエプロン，帽子，マスクを着用し，手を洗います。調乳器具は消毒し，ミルクは使用開始日を記入し衛生的に保管します。調理器具や食器も清潔に保管します。ミルクはサルモネラ属菌等による食中毒対策として，70℃以上のお湯で調乳するようにします。調乳後2時間以内に使用しなかったミルクは廃棄するようにしましょう。

　冷凍母乳等を取り扱う場合には，手洗いや備品の消毒を行います。母乳を介して感染する感染症もあるため，他の子どもに誤って飲ませることがないよう十分注意し，保管容器には名前を書くようにします。

（5）歯ブラシ

　歯ブラシやタオルは個人用とし，他の子どものものを誤って使用させないようにし

ます。歯ブラシ使用後は，個別に水で十分すすぎ，ブラシを上にして清潔な場所で接触しないよう，個別に保管します。

　歯ブラシをもち帰る園では，毎日必ずもち帰って取り替えてもらいます。歯ブラシは2本用意してもらい，自宅で洗って乾かしたものと取り替えてくることを保護者に伝えるとよいでしょう。

（6）寝　具

　ふとんカバーなどは個人用とし，定期的に洗濯します。ふとんは乾燥させ，清潔を保ちます。尿，糞便，嘔吐物などで汚れた場合には消毒（熱消毒など）します。

（7）おむつ交換

　おむつ交換は，手洗い場があり，食事をする場所等と交差しない決められた場所で行います。糞便処理の手順をきちんと守り，おむつの排便処理の際は，使い捨て手袋を使用します。また下痢便時には，周囲への汚染を防ぐため，使い捨てのおむつ交換シートを利用するようにします。おむつ交換後は，石けんを使い流水でしっかり手洗いを行います。使用後のおむつは，ビニール袋に密閉した後，蓋つきの容器に入れ，保管場所の消毒を行います。

（8）トイレ

　トイレは上手に使えない子どももいるため，汚れやすい場所です。便器，ドア，ドアノブ，蛇口や水まわり，床，窓，トイレ用サンダルなどは保育中も定期的に点検し，汚れていたらすぐに清掃及び消毒します。ドアノブや手すり，照明のスイッチ等は水拭きした後，消毒用エタノール，塩素系消毒薬等による消毒を行うとよいでしょう。ノロウイルス感染症が流行している場合には，塩素系消毒薬を使用するなど，流行している感染症に合わせた消毒薬をえらぶ必要があります。手洗い用の石けん等がなくなった場合には補充します。液体石けんの中身を詰め替えるときは，残った石けんを使いきり，容器をよく洗い乾燥させてから，詰め替えます。

（9）砂　場

　砂場は定期的に掘りおこして，砂全体を陽に干します。猫などの糞便等による寄生虫や大腸菌等で汚染されていることがあるので，衛生管理をしっかり行います。砂場に動物等ができるだけ入らないような構造とし，夜間はシートで覆うなどの対策をし

第1章

第2章

第3章

第4章

第5章

第6章

ます。動物の糞便等があった場合には速やかに除去します。砂場で遊んだ後は，石けんを使い流水でしっかり手を洗いましょう。

(10) 園　庭

　安全点検表を活用し，安全・衛生管理を徹底します。猫や鳥などの糞尿等がみられた場合には速やかに除去します。樹木，雑草，毛虫など害虫等の駆除や消毒を行います。また園庭におもちゃやじょうろを放置すると，そこに水が溜まるので，使用後は片づけるようにします。飼育小屋の床は，飼育動物の食べ残しや糞尿等で不衛生になりがちです。清掃に努め，飼育物に触ったり，世話をした後には必ず手洗いとうがいをします。

(11) プール

　大勢で同じ水に入るプールは，適切な管理を行わないと感染症発生の場になることがあります。それを防ぐためにプールの衛生管理をきちんと行います。プールの管理は学校環境衛生基準に基づいて，透明度，pH値，遊離残留塩素濃度などが決められています。遊離残留塩素濃度は0.4mg/l以上1.0mg/l以下に保たれるようにし，気温や紫外線の影響を受けやすいので，濃度が低下した場合は塩素剤を足します。ビニールプールなどの簡易ミニプールについても塩素消毒の必要があります。塩素剤の使用期限や保管場所にも気をつけましょう。

　プールの水温は厚生労働省遊泳用プールの衛生基準によると，22℃以上とありますが，日本水泳連盟によると，子どものプールの水温は30℃前後がよいとされ，外気温は水温より2～3℃ほど高いほうがよいといわれています。目安として，水温と気温を足して50～55℃程度がふさわしく，60℃前後が最適とされています。また65℃以上になると，熱中症の危険があるので適しません。

　プール遊びの日は，プールとプールサイドの清掃を行い，プール日誌に気温や水温，塩素濃度などを記録します。

　子どもにはプールに入る前に必ずトイレに行くように指導し，入替え式のプールで腰洗い槽が設置されている場合は使用することもありますが，基本的にはシャワーと石けんでおしりを洗います。排泄が自立していない乳幼児のプール遊びは個別のタライ等を使い，他の子どもと水を共有しないようにします。プールの後のうがい，シャワーもきちんと行いましょう。

表2－4　「水温＋気温」の基本的な考え方

・40℃以下…不適
・40℃～45℃…やや不適
・45℃～50℃…やや適
・50℃～55℃…適
・60℃前後…最適
・65℃以上…不適
（日射病や熱射病に注意）

※立地条件により異なるので，あくまで目安である。

出所：大修館書店『水泳指導教本［改訂第二版］』，2012年。

図2－1　プールの入り方（おしり洗い）

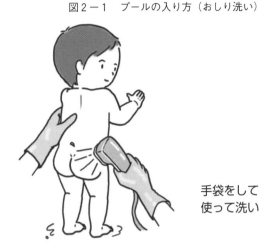

手袋をして石けんを
使って洗いましょう。

残留塩素測定器写真

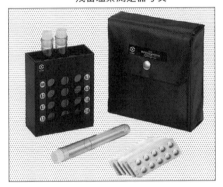

腰洗槽用塩素測定紙写真

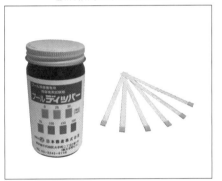

出所：（株）ヤガミ『保健福祉カタログ』No.211，2022年。

表2－5　プールにおける日常点検の水質基準及び測定頻度

検査項目	基　準	測定頻度
遊離残留塩素	0.4 mg/l 以上であること。また，1.0 mg/l 以下であることが望ましい。腰洗い槽は 50～100 mg/l とすることが望ましい。	プール使用前および使用中1時間ごとに1回以上
pH値	5.8 以上 8.6 以下であること。	プール使用前に1回
透明度	プール水は，水中で3m離れた位置からプール壁面が明確に見える程度	常に留意

出所：文部科学省『学校環境衛生管理マニュアル』，2018年より筆者作成。

第1章
第2章
第3章
第4章
第5章
第6章

遊離残留塩素の測り方

検水のみを入れた
比色用セル

DPD錠剤を入れて
フタをする

試薬で発色した
検水が入った
比色用セル

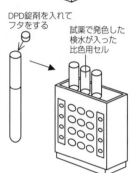

① 　3本の比色用セルにプール水を目盛りの高さまで入れます。

② 　左右にプール水のみを入れた比色用セルをセットします。

③ 　残りの1本にDPD試験薬を入れ，蓋をしてよく振り混ぜます。

④ 　試薬が溶けたら，本体の真ん中にセットします。

⑤ 　明るい方向に向けて，左右の色調と比較します。
　　一番近い色調の数値が残留塩素濃度となります。

3 職員の衛生管理

　施設内外の衛生管理に努めるとともに，職員自身が清潔に気をつけることや，衛生に対する意識と知識をもつことも大切です。

　保育所における感染症対策ガイドライン（2018年改訂版，2023（令和5）年5月一部改訂，2023（令和5）年10月一部修正）では，具体的な対応として以下のことをあげています。

- ●清潔な服装と頭髪を保つ。　　　●爪は短く切る。
- ●日々の体調管理を心がける。　　●保育中及び保育前後には手洗いを徹底する。
- ●咳等の呼吸器症状が見られる場合にはマスクを着用する。
- ●発熱や咳，下痢，嘔吐がある場合には医療機関へ速やかに受診する。また，周りへの感染対策を実施する。
- ●感染源となり得る物（尿・糞便，吐物，血液等）の安全な処理法を徹底する。
- ●下痢や嘔吐の症状がある，または化膿創がある職員については，食物を直接取り扱うことを禁止する。
- ●職員の予防接種歴及び罹患歴を把握し，感受性がある者かどうか確認する。

出所：こども家庭庁『保育所における感染症対策ガイドライン（2018年改訂版，2023（令和5）年5月一部改訂，2023（令和5）年10月一部修正）』，2023年。

2 事故防止と安全管理

1 保育中の事故防止の取組み

　子どもの怪我や事故の原因となるものは，子どもの年齢や発達段階によって異なります。また子どもは日々成長しており，昨日できなかったことが今日はできるようになっていたりします。保育者は子どもの目線で点検することと，子どもの成長を見越した安全管理をすることが大切です。幼児期においては必要以上に子どもたちへの規制や禁止事項が多くならないようにします。子どもはさまざまな経験から動作や力の加減を学んでいきます。保育者は子どもが自ら危険を察知し，身を守る力を育てる安全教育をします。

　遊具やおもちゃなどの点検も大切ですが，子ども自身への配慮も忘れないようにします。日頃から遊具の正しい使い方やルールを繰り返し指導します。おもちゃやなわとびをもってジャングルジムなどの遊具で遊ばない，ブランコの前後を横切らないなど，危ない場面では後で注意するのではなく，その場で指導することが大切です。併せて，子どもの服装にも注意が必要です。フードやひものついた服，通園カバンなどは遊具にひっかかる危険があります。足にあわない靴も脱げたり，転びやすくなるので，サイズのあったものをきちんと履くように気をつけます。また子どもが空腹なときや，疲れの出てくる午後，週の後半などは注意力が低下し，怪我や事故につながりやすくなります。室内での活動に切り替えるなど，保育内容に配慮しましょう。

　2016（平成28）年に内閣府，文部科学省，厚生労働省によって**教育・保育施設等における事故防止及び事故発生時の対応のためのガイドライン**が作成されました。その中から，重大な事故が発生しやすい場面ごとの注意事項を以下にあげます。

（1）睡眠中

●やわらかい布団を使用しないようにします。

●ぬいぐるみやヒモ，ヒモ状のもの等をベッド周辺に置かないようにします。

●ミルクや食べ物など口の中に異物や嘔吐物がないか確認します。

●定期的に子どもの呼吸・体位，睡眠状態を点検します。

●医学的な理由などでうつぶせ寝をすすめられている場合以外は仰向けに寝かせます。

（2）プール活動・水遊び中

●時間的余裕をもってプール活動を行います。

●保育者の役割分担を明確にして，監視を行う者とプール指導等を行う者を分けて配置し，監視者は監視に専念します。

●規則的に目線を動かしながら監視し，動かない子どもや不自然な動きをしている子どもを見つけます。

監視を行う際に見落としがちなリスクや注意すべきポイントについて事前教育を十分に行い，十分な監視体制の確保ができないときはプール活動を中止することも重要です。また，子どもたちが監視者と遊びたがることもあるため，監視者は監視用ビブスを着用するなど，あらかじめ子どもたちにも「監視者は監視をしてくれる人で，一緒に遊ぶ人ではない」ということを，しっかり伝えておくことが大切です。

（3）食事中や玩具の誤飲・誤嚥

●子どものタイミングや口にあった量でゆっくり落ち着いて食べることができるように与えます。

●食べ物が口の中に残っていないか，飲み込んだことを確認します。

●汁物などの水分を適切に与えます。

●食事の提供中に驚かせないようにします。

●食事中に眠くなっていないか注意します。

●正しく座っているか注意します。

●窒息の可能性のある大きさ，形状の玩具や物を保育室内に置かないようにします。

子どもの年齢月齢によらず，普段食べている食材が窒息につながる可能性があることを認識し，食事の介助および観察をすることが重要です。また，子どもの咀嚼・嚥下機能や食行動の発達状況，喫食状況の情報を共有し，保護者に当日の子どもの体調等について聞いておくことも大切です。

（4）食物アレルギー

●家庭で摂ったことのない食物は基本的に与えないようにします。

●食物アレルギーの子どもの食事を調理する担当者を明確にします。

●材料等の置き場所，調理する場所が紛らわしくないようにします。

●材料を入れる容器，食物アレルギーの子どもに食事を提供する食器，トレイの色や形を明確に変えます。

●除去食，代替食は普通食と形や見た目が明らかに違うものにします。
●食事内容を記載した配膳カードを作成し，食物アレルギーの子どもの調理，配膳，
　食事の提供までの間に2重，3重のチェック体制をとります。
　食物アレルギーによる配慮が必要な場合は，保育におけるアレルギー疾患生活管理指導表を提出してもらいます。食物の除去については，医師の診断に基づいた同表を基に対応を行い，完全除去を基本として代替食による対応を考えます。また，誤配による人的エラーを減らす方法などのマニュアル化を図ることが望ましいでしょう。

　このガイドラインに記載されている内容や助言を参考にして，保育施設・事業者，地方自治体がそれぞれの実情に応じて，施設内外の安全点検や危険箇所の点検，安全体制づくりなどを行い，保育全体における安全確保に努めることが重要となります。

2 施設内外の安全管理
（1）乳児の保育室

⚠ 危ないところを探してみよう。

●手の届くところに口に入る小さな物を置かないようにします。
●ベビーベッドは一人一台とし，転落防止のため柵は上げて使用します。
●出入り口の柵は必ず閉めます。
●コンセントにカバーをつけます。

（2） 1歳以上3歳未満児の保育室

⚠ 危ないところを探してみよう。

●机や棚の角にはクッションをつけます。

●壊れたおもちゃは速やかに取り除きます。

●ガラスが割れても飛び散らないようにしておきます。

●床が濡れたら速やかに拭きます。

●洗剤や薬品などは手の届かないところに保管します。

●窓の近くに踏み台になるような物を置かないようにします。

誤飲防止チェッカー

出所：日本家族計画協会HP（http://www.
jfpaor.jp/sp/mother_child/prevent
/002.html　2022年8月23日閲覧）。

♪ 巻末のワークシート①を使って，誤飲防止ルーラーやチャイルドマウスを作り，自分の身の回りにある物をチェックしてみましょう。

3歳の子どもが口を開けたときの
最大口径　約39mm

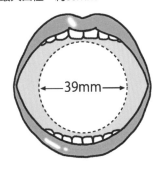

39mm

のどの奥まで　約51mm

51mm
39mm

直径32mm

チャイルドマウス完成図

＊箸や鉛筆などは長いため飲み込む危険性は低いのですが，細くてかたいため，のどに刺さる危険性があります。またタバコは柔らかいので，折り曲げれば口に入り，飲み込む可能性があります。このように少しでも飲み込んだりする危険性があるものは，床から1m以上高い，子どもの手の届かない場所に置くようにします。

（3）　3歳以上児の保育室

⚠ 危ないところを探してみよう。

第1章
第2章
第3章
第4章
第5章
第6章

●ドアや窓に指を挟まないようにストッパーやクッションをつけます。

●ピアノの蓋は必ず閉めます。

●画用紙や新聞紙など床に滑りやすいものが落ちていないか，確認します。

●はさみなどの置き場所を決めます。

●タオルかけ，コップかけは壊れていないか，確認します。

（4）遊戯室（体育館）

⚠ 危ないところを探してみよう。

　梅雨の時期や天候により外で遊べない日は，遊戯室を利用することが多くなります。室内においても，子どもたちが安全に十分体力を発散できる保育内容を検討しましょう。

●平均台や巧技台が壊れていないか，点検します。

●平均台や巧技台を使用するときは安全対策としてマットを敷きます。

●天井の蛍光灯に安全カバーをつけます。

●ガラスが割れても飛び散らないようにしておきます。

●床が濡れたり，また物が落ちていないか，確認します。

●跳び箱をしている子どもは，保育者が見守ります。

（5）園　庭

　子どもたちが毎日遊ぶ園庭の整備，安全点検はしっかり行います。

　⚠　危ないところを探してみよう。

●ゴミや小石，猫や鳥などの糞尿等が落ちていないか確認します。

●固定遊具の破損，ボルトのゆるみなどがないようにします。

●砂場は定期的に砂を掘り返し，使用しないときにはカバーをかけておくなどします。

●毛虫などの害虫等がみられた場合は駆除や消毒を行います。

●砂場等のおもちゃは壊れていないか点検します。

●通用門はきちんと施錠するようにし，保護者にも協力を求めます。

●飼育小屋が不衛生にならないよう清掃に努め，飼育物に触ったり，世話をした後には必ず手洗いとうがいをするようにします。

（6）プール

　プールでは浅く足がつくようなところでも溺れる危険性があります。また水着になり，肌の露出も多いため怪我も大きくなる可能性があります。十分注意して安全なプール遊びとなるようにしましょう。

第1章
第2章
第3章
第4章
第5章
第6章

プールに入る前の準備

●体調や体温，皮膚の状態など子どもの健康状態を確認します。

●プールに入らない子どもを把握し，そのような子どもを誤ってプールに入れることがないようにします。

●準備体操をしっかりするようにします。

●プールとプールサイドの点検，清掃を行います。

●プール日誌を準備します。気温や水温，遊離残留塩素，プールに入った時間，人数等を記録します。見学者，プールでの怪我人等も記録するようにします。

表2-6　プール日誌（例）

プール日誌								
月　　日　曜日		天候			記載者			
水 質 管 理 及 び 利 用 状 況								
時　刻	気　温	水　温	遊離残留塩素 mg/l		塩素投入量　g		水泳者数	
	℃	℃	プール	腰洗槽	プール	腰洗槽	クラス	人　数
：								
：								
：								
：								
：								

確　認　事　項	チェック	特　記　事　項
プールの水はきれいか		
プールサイドはきれいか		
塩素濃度は適切か		
水温は適切か		
救急薬品等の準備は良いか		

⚠ 注意するところを探してみよう。

● プールに入っている時間，怪我や万が一事故が発生したときの時間がわかるように時計を準備しておきます。

● 時間を決めて入り，適度に休憩します。日焼けや熱中症にも気をつけます。

● プールサイドから全体を見渡す役割の保育者を置きます。

● 怪我などの応急手当をすぐにできるように救急用品やバスタオルを用意しておきます。万が一の事故に備えて，救急時の対応や係分担を決めておくことも大切です。

● プールの後に子どもが歩いた廊下や床は濡れて滑りやすくなります。濡れている部分はすぐに拭きます。

● プールを使用しないときは，子どもが入らないように入り口に施錠します。

● プールに入る前と後は身体をよく洗います。特にプールからあがった後はプールに入れられている塩素剤を落とすために念入りに洗います。皮膚の弱い子どもやアトピー性皮膚炎がある子どもは特に注意しましょう。そのような子どもは塩素濃度が高い腰洗い槽の利用も控え，シャワーで十分洗うなどします。

● プール遊びは体力を消耗するので，プールに入った後の保育内容に配慮しましょう。

● プールの前日や当日の朝，プールに入った後は体調をよく観察します。保護者にも十分に休養するように伝えます。

♪ 巻末のワークシート②を使って，保育室や園庭の危ないところを探してみましょう。

（7）外気浴・外遊び・散歩

　日頃の保育において外で行えるものには，外気浴・外遊び・散歩などがあります。これらは子どもの年齢や発達段階，季節や体調にあわせて保育に取り入れていきます。どれも安全には十分に配慮し，時期によっては日焼けや熱中症（p.76 **最近の動向** 熱中症と暑さ指数　参照），光化学スモッグに気をつける必要があります。

覚えておこう！

気をつけよう！　光化学スモッグ・PM2.5

　保育者が知っておきたい環境の問題としては，光化学スモッグやPM2.5などがあります。光化学スモッグは，大気中を浮遊する光化学オキシダントという物質の濃度が高くなり，空に白いモヤがかかったようになる（スモッグ）状態をいいます。光化学オキシダントは紫外線と排気ガスなどに含まれる物質が反応してできます。4月から10月の日差しが強く，気温が高くて風の弱い日などに発生しやすくなります。光化学スモッグにより目が痛い，目がチカチカする，のどが痛い，咳が出る，息苦しい，頭痛などの症状が出る場合があります。症状が出た場合には目を洗ったり，うがいをします。特に乳幼児や気管支ぜん息のある子どもは症状が出やすいので気をつけます。光化学スモッグが発生したときや発生が予想されるときは各都道府県から予報や光化学スモッグ注意報が発令され，園などにも伝えられます。注意報が発令された場合は，屋外での活動を避け屋内に入ります。屋内においても窓やカーテンを閉めます。降園後も園庭に残って遊んだりせず，速やかに帰宅するよう保護者にも伝えましょう。

　また最近ではPM2.5による大気汚染が問題となっています。PM（Particulate Matter）とは粒子状物質のことで，その直径が2.50 μm（1μm＝0.01mm）以下と髪の毛の太さの1／30ほどの非常に小さい物質です。そのため肺の奥深くまで入り込み，健康への影響が心配されています。3月から5月に濃度が上がる傾向があり，呼吸器や循環器の病気のある人，子どもや高齢の方は影響を受けやすいため注意が必要です。環境省では住民に対して注意喚起するPM2.5の濃度を1日平均値70 μg／㎥ としています。これを超えると健康に害を及ぼす恐れが高くなります。PM2.5をたくさん吸い込まないように屋外での活動や激しい運動を避け，換気や窓の開閉を最小限にします。マスクを着用することも有効です。

　光化学スモッグやPM2.5の濃度は地域によって差があります。環境省では地域ごとの光化学スモッグやPM2.5などの情報を「大気汚染物質広域管理システム（そらまめくん）」で公表しています。これらを利用しながら，子どもたちの遊びや活動を安全に進めていくことが大切です。

（田中）

　環境省大気汚染物質広域監視システム　そらまめくんHP（https://soramame.env.go.jp　2022年8月23日閲覧）

1）外気浴

　外には室内では得られない，さまざまな刺激があります。外の心地よい日差しや空気を直接感じることは気持ちよいだけでなく，五感を育てたり，外の環境に適応する力がついたりします。体温を調節する機能のほか，皮膚や粘膜を強く丈夫にし，免疫力を高めます。生後2～3か月頃から子どもの体調や天候をみながら，最初は窓を開けて外気を取り入れるなどから始めます。その後，少しずつ天候の良い日に外に出るなどして外の環境に慣れていきましょう。

2）外遊び

　歩行が自立してきたら，外遊びの時間を積極的に保育に取り入れていきます。外で体を動かして遊ぶことは心身の健康につながります。適度な運動により食欲も増し，夜もよく眠れるようになります。加えて，遊びの中で自然に運動能力が発達し，転びそうになったら手を前に着く，飛んできたボールをとっさによける等の危険を回避する力を身につけていきます。保育者には，子どもが体を動かすことは楽しいことであると感じられるような遊びへの導入と援助が求められます。

　外遊びに行く前は，帽子をかぶっていること，靴をきちんと履いていることを確認します。

3）散　歩

　散歩では近くの公園などいろいろなところに出かけます。子どもたちの気づきを見守りながら行う散歩は，子どもたちにとって心豊かな経験となります。また季節の移り変わりや園の周辺にあるものに気づくだけでなく，歩く力もついていきます。地域の方々と交流することもできます。地域の方と関わることは，子どもが犯罪や事故にあうことを未然に防ぐことにもつながります。

おさんぽカー

　よく出かける場所については，経路や危ない所を記録に残します。その記録を見ることにより，新しく着任した保育者とも情報を共有することができます。園外に出るときには，救急用品や着替えも忘れずにもって行くようにします。散歩は公道の歩き方や交通ルールを身につける機会にもなります。しかしながら，近年，散歩中の子どもたちに車が突っ込む事故が数件ありました。これらの事故は保育者が十分気をつけてい

出所：マスセット（株）HP（http://www.mass-set.co.jp/product/軽っ子おさんぽカー（避難車兼用）/ 2022年8月23日閲覧）。

ても避けることが難しい場合もありますが，散歩経路をあらかじめ確認するなど，最大限の注意をしていきましょう。また，子どもたちの活動を見守る上で，人数確認はとても大切です。散歩中に限らず，常に活動の途中で人数確認し，誰がどこにいるのか，いない場合はどこで活動しているのか，保育者同士十分に連携して，情報を確認しておく必要があります。

（ワンポイントアドバイス）　園での紫外線対策

　夏は紫外線（しがいせん）が強いため，外遊びをするときは皮膚の日焼けに注意する必要があります。紫外線の浴びすぎにより，免疫力の低下や皮膚がんの危険性が指摘されているため，紫外線が強いときは散歩や外遊びなどはできるだけ避けます。外遊びをするときには日焼け止めを上手に利用するとともに肌の露出を最小限にし，木陰で遊ばせる，つばの広い帽子や首の後ろに日よけのついている帽子をかぶるなど余分な紫外線をできるだけ受けないように配慮しましょう。

　地表に届く紫外線にはUVB（B波）とUVA（A波）の2種類があり，UVBは大部分が表皮で吸収され短時間で皮膚に赤み，腫れ，水疱などの炎症をおこし，UVAは肌の奥深く真皮まで届き，肌の弾力の低下や，しわ，たるみなど，皮膚の老化を促進します。UVAは雲やガラスを透過するため，くもりの日や室内にいる場合でも肌に影響を与えます。

　日焼け止めに表示されているSPF（Sun Protection Factor）はUVBから，PA（Protection Grade of UVA）はUVAから肌を守る効果を示しています。SPFの数字は，20分間に何も付けていない素肌と比べて日焼けが始まるまでの時間を何倍に伸ばすことができるかという目安になっています。

　SPFやPAは数値が高いほど紫外線を遮断する力が強いのですが，それだけ肌への負担がかかります。子どもに対してはSPF20前後，PA++程度のものを使用するとよいでしょう。なお，もし日焼け止めを塗るとしたら，1歳以上で，湿疹などがない皮膚のみに塗ることが推奨されています。水着の上からTシャツやズボンを着用するなど，園での紫外線対策を工夫して行いましょう。

日よけつき帽子

出所：日曜発明ギャラリーSHOP
KOBAYA HP
（http://www.kobaya-co.
jp/coolbit_06/coolbit_kids.
htm　2022年8月23日閲覧）。

（内山）

保育所におけるアレルギー対応ガイドライン（2019年改訂版）（https://www.mhlw.go.jp/
content/000511242.pdf　2022年8月23日閲覧）

安全で楽しい散歩のために，園外に出るときには以下のことに注意します。

●交通事故に気をつけます。信号を待つときは歩道の奥側で待つようにします。

●おさんぽカーは人数や重さなど使用条件を守ります。坂道での使用にも気をつけます。

●迷子にならないように，人数確認をこまめに行います。

●不審者に気をつけ，知らない人について行かないようにします。

●バイクや車のマフラーは熱くなっている場合があるので，触らないようにします。

●犬や猫に触ることでアレルギー症状が出たり，かみつかれたりすることもあるので，不用意に触らないようにします。

3 保育中の事故報告

　園において，子どもの健康や安全の確保は，子どもの生命保持と健やかな生活の基本であるため，子どもの事故はあってはならないことなのですが，残念ながら全国の保育施設で保育中の事故が発生しています。そこで，保育施設における事故の実態を把握するため2015（平成27）年4月に施行された**子ども・子育て支援新制度**において，特定教育・保育施設，地域子ども・子育て支援事業，認可外保育施設などのすべての事業者は，重大事故が発生した際に所管の市町村，都道府県に報告することになりました。また，2017（平成29）年の**児童福祉法施行規則**の改正を受け，認可外保育施設のほか，子育て短期支援事業，一時預かり事業，病児保育事業及び子育て援助活動支援事業においても事故の発生・再発の防止が努力義務とされ，事故が発生した場合における自治体への報告が義務となりました。

　重大事故とは死亡事故や治療に30日以上要する負傷や疾病をさします。事故の第1報は事故発生当日または遅くても翌日，第2報は事故発生から1か月以内に「発生時の様子」，「発生状況」，「発生後の対応」などについて報告し，事故の発生要因分析や検証結果はでき次第報告することとなっています。

　そして，実際に発生してしまった事故を分析して共有し，事故の発生，再発防止策を考えるために，2016（平成28）年より内閣府子ども・子育て本部より**教育・保育施設等における事故報告集計**が公表され，現在はこども家庭庁のホームページから閲覧することができます。2023（令和5）年8月に発表された「令和4年教育・保育施設等における事故報告集計」によると，幼稚園・保育所・認定こども園等で発生した死亡事故は5件で，治療に30日以上かかった負傷等は1,891件でした（放課後児童クラブを除く）。

第1章

第2章

第3章

第4章

第5章

第6章

このような事故報告から保育施設で発生している事故の特徴を理解し，保育施設で働く人たち全員が共通意識をもって事故防止に取り組むことが重要です。

表2－7　特定教育・保育施設等　事故報告様式（記載例）

認可	施設・事業種別	保育所	地域子ども・子育て支援事業別	一時預かり	令和○年○月○日／第○報	
自治体名	○○県○○市			施 設 名	○○保育園	
所 在 地	○○市○○1－1－1			開設（認可）年月日	昭和○○年○月○日	
設 置 者	○○法人○○会			代表者名	○○　○○	
在籍子ども数	0歳 ○○	1歳 ○○	2歳 ○○	3歳 ○○	4歳以上 ○○	計 ○○
教育・保育従事者数	○○ 名			うち保育教諭・幼稚園教諭・保育士		○○ 名
うち常勤教育・保育従事者	○○ 名			うち常勤保育教諭・幼稚園教諭・保育士		○○ 名
保育室等の面積	乳児室　○㎡・　ほふく室　○○室　○㎡・			○㎡・　保育室　○㎡・　遊戯室　○㎡　㎡・　㎡		
事故対応マニュアルの状況	無			事故予防に関する研修の直近の実施日	実施していない	
事故発生日時	令和○○年○月○日			15時30分頃		
子どもの年齢・性別	1歳5ヶ月　　男児			入園・入所年月日	令和○○年○月○日	
病状・死因等（既往症）	窒息による低酸素性脳症により死亡 既往症：なし			病院名　○○病院		
発生時の体制	1歳児　3名			教育・保育従事者	2名（うち保育教諭・幼稚園教諭・保育士　2名）	
発生場所	1歳児クラスのほふく室					
発見時の子どもの様子	おやつを食べている際に，本児が急に泣き出した。保育士が口内のものを出そうとしたが，嫌がっていた。保育士が口内に指を入れて，かき出していたが本児の唇が青くなったことに気がついた。背中を強く叩いたが，何も出てこず，段々，泣き声が弱々しくなった。					

発生状況	時　間	内　　容
（当日登園時からの健康状況，発生後の処置を含め，可能な限り詳細に記入。なお，第1報においては，可能な範囲で記入。）	7：30	登園。検温○度。本児は普段と変わらない様子で過ごす。
	14：20	本児ほか2児が寝ている。
	15：10	午睡から目覚め，おやつを食べる準備をする。
	15：20	本児はケーキ（○○製菓××ケーキ（縦2cm，横2cm，厚さ2cm））をほおばりながら食べるという食べ方をしていた。2つ目に手を伸ばし，食べていた。この時，担任保育士は少し離れた場所で他児の世話をしていた。
		ケーキを食べた本児がびっくりした表情になった。椅子に腰掛けていて，苦しそうな様子はなかった。その後，急に声を出して泣き出した。保育士が口内のものを出そうとしたが，嫌がっていた。保育士が口内に指を入れて，かき出していたが本児の唇が青くなったことに気がついた。背中を強く叩いたが，何も出てこず，段々，泣き声が弱々しくなった。
	15：25	看護師を部屋に呼んだ後，救急車を要請。口に手を入れ開かせた。背中を強く叩いたが，何も出てこない。泣き声が次第にかすれ声になり，体が硬直してきた。
		看護師が到着した頃に，チアノーゼの症状が見られた。呼吸困難で，手は脱力した状態であると確認した。
		看護師が脈をとるとかなり微弱で，瞳孔が拡大している。本児がぐったりとし，顔等が冷たいのを確認。心臓を確認すると，止まっている様に感じ，心臓マッサージを行う。
	15：33	救急隊が到着し，心肺蘇生等を実施し，病院へ搬送。
	15：45	病院到着。意識不明であり，入院。
	○月○日	意識が回復しないまま死亡。
当該事故に特徴的な事項	普段は0歳クラスで保育していたが，この日は1歳児クラスと合同で保育していた。	
発生後の対応（報道発表を行う（行った）場合にはその予定（実績）を含む。）	・園の対応 ○／○　保育園において児童の保護者と面談 ○／○　保育園で保護者説明会 ○／○　理事会で園長が説明 ・市の対応 ○／○　記者クラブへ概要を説明	

出所：内閣府HP「子ども・子育て支援新制度」より筆者改変（https://www8.cao.go.jp/shoushi/shinseido/law/kodomo3houan/pdf/s-jikohoukoku-b1.pdf　2022年8月23日閲覧）。

第1章

第2章

第3章

第4章

第5章

第6章

3 危機管理

　危機管理とは，すでにおこってしまった出来事に対して事態がそれ以上悪化しないように状況を管理することです。園でもさまざまな状況を想定し危機管理体制を整えておくことが重要です。

　保育室や園庭の危険箇所の点検や日頃の保育において，ひやりとした瞬間やはっとした瞬間（ヒヤリ・ハット）を職員で共有し，重大な事故を未然に防ぐことが大切です。と同時に，園内でヒヤリ・ハットの報告がたくさん出せる雰囲気を作っていくことも重要です。「ヒヤリ・ハットは出せる方が，気づく力があってよいこと」という捉え方を園全体でしていきましょう。

　また園では非常災害に備えて避難訓練を定期的に行っています。避難訓練には火災や地震などの災害を想定した防災訓練，不審者に遭遇した場合などを想定した防犯訓練，保護者に子どもを引き渡す引き渡し訓練などがあります。

　避難訓練の目的は，万が一の危ない状況に備えて，子どもたちが保育者の指示に従い，落ち着いて身を守る行動ができるようになることです。これらの訓練は子どもの訓練であると同時に，保育者の訓練でもあります。また，子どもたちと一緒に避難所に避難する際は，避難所への道のりが，本当に園児全員で安全に移動できるのかなど，事前に保育者だけで確認しておくことが大切です。ベビーカーやおさんぽカーでも通れる道かどうかなども実際に歩いてみながら確認しましょう。有事の際，子どもたち全員を安全に避難させるため，正しい知識のもと，冷静に正確な指示を出せるようにしましょう。

　災害発生時や不審者に遭遇したときに，クラスの子どもたちが全員同じ場所にいるとは限りません。また歩行の自立していない乳児を避難させる場合もあります。園外で災害に遭遇することもあるでしょう。その場合，災害の種類やそのときにいる場所によって，避難するところも変わるかもしれません。あらゆる状況を想定して避難訓練を実施できるようにしましょう。安全に子どもたちを避難させるための具体的な内容や手順，保育者の役割分担，避難訓練等のマニュアルを作成しておくことも大切です。なお，災害などが発生した後は，子どもや職員の心のケアも必要です。

1 防災訓練

　防災訓練では，避難の緊急放送や指示を落ち着いて聞く態度，非常階段や非常すべ

り台などの避難器具，防災頭巾の使い方を学んでいきます。繰り返し訓練を行うことにより，徐々にすばやく落ち着いた行動ができるようになります。保育者もさまざまな状況を想定し，日頃から人数確認の習慣をつけ，緊急時に備え，連絡網や防災頭巾，防犯ブザー，消火器などをきちんと管理，点検しておく必要があります。

なお，火災と地震の場合とでは避難方法が若干異なります。

●地震の場合

建物が傾いてドアが開かなくなることを防ぐため，地震を感じたらすぐにドアを開けるようにします。揺れがおさまるまで机やテーブルの下に入り身を守ります。揺れがおさまってから避難を開始します。

●火災の場合

火災発生時には保育者は子どもを避難させると同時に初期消火を行う場合もあります。消火器の正しい使い方を学んでおきましょう。火災の場合は炎が燃え広がるのを防ぐために窓や出入り口のドアを閉めて避難します。

（ワンポイントアドバイス）　**こわい思いをした後の子どもの心のケア**

こわい思い，悲しい思いをした後は大人でもショックが大きいものです。まして，子どもがそのような経験をした後は不眠や食欲不振，落ち着きがなくなったり，はしゃいだりするなど，これまでと違った様子がみられることがあります。これらの症状が数か月続く場合は心的外傷後ストレス障害（PTSD：post traumatic stress disorder）の可能性があります。2011（平成23）年の東日本大震災発生後には，被災地以外の子どもたちにもさまざまな変化がみられました。そのような状況の中，被災地に保育士などが派遣され，被災地の子どもたちに寄り添い，遊んだりすることが子どもの心のケアにつながりました。このようにショックな出来事がおこった後は，その後の子どもの心のケアも考慮した対応が必要になります。子どもの心を癒す保育者に求められるものは大きく，保育者が担う役割も大変重要なものです。

（田中）

2　防犯訓練（不審者訓練）

園内に不審者が侵入した場合や園外で不審者に遭遇した場合の避難方法を訓練します。保育者においては，子どもたちを迅速に安全な場所に避難させる係，通報する係など役割分担を決めておきます。子どもには怪しい人を見かけたら，すぐにその場から離れ，保育者や保護者，周りの大人に知らせるよう指導します。また不審者情報の提供を受けた場合には，速やかに全職員，保護者に情報を伝え，大人全員で子どもを

守っていくように努めます。

　その他，保護者による送迎を実施している園では，降園時に保護者以外の人が迎えにきた場合に注意が必要です。たとえ子どもが知っている人であっても事前に保護者から連絡を受けていることを確認してから引き渡すようにしましょう。

第1章

第2章

第3章

第4章

第5章

第6章

ちょっと一息　　**おかしなも？　いかのおすし?!**

　園では避難訓練や防犯訓練を行う際，子どもが覚えやすい標語を活用しています。新しい標語を子どもたちと一緒に作ってみるのもよいですね。

●地震や火災から逃げるときの約束「おかしなも」
　お：押さない，
　か：駆けない（走らない），
　し：静かに，しゃべらない，
　な：何ももたない，
　も：戻らない

●犯罪にあわないための約束「いかのおすし」
　いか：行かない，
　の：（知らない人の車に）乗らない，
　お：大声を出す，
　す：すぐ逃げる，
　し：（何かあったらすぐ）知らせる　　　　（田中）

---

3 引き渡し訓練

　避難訓練の一つに引き渡し訓練というものがあります。通常の保育者と子どもたちだけで行う避難訓練とは異なり，実際に保護者に子どもを迎えに来てもらい引き渡す訓練です。園では有事の際，まずは園庭などの第一避難場所に子どもたちを避難させます。しかし，その場所が危険になった場合には近隣の安全な場所，例えば公園などの第二避難場所に子どもたちを避難させます。その際，保育者だけで子どもたちを誘導することになるので，車などには十分注意します。

　保護者には，車や電車などの交通手段が使えなくなった場合を想定し，可能な限り徒歩で迎えに来てもらうこともあります。引き渡し場所までの経路に危険な箇所はないか確認をしてもらうと同時に，到着までにかかった時間を報告してもらい，保育者はそれを記録します。この時間は実際の引き渡し時の目安となります。目安の時間よ

り大幅に遅い場合は，保護者に何かあったのではないかと予測できるからです。保護者が迎えに来た子どもから帰していきますが，家や保護者の勤務先が遠い場合は保護者の到着が遅くなります。保育者はお迎えを待つ子どもが不安にならないよう配慮します。東日本大震災の際には交通機関が乱れ，多くの保護者が迎えに来るのが難しい状況になりました。保護者の他にもすぐに連絡の付きやすい人を緊急連絡先として追加しておきましょう。

4 災害への備え

　近年，地震や台風による自然災害が多く発生しています。地震や豪雨などにおいては，園や園周辺地域の地理的特徴によって警戒すべき自然災害は変わってきます。津波や土砂災害など，これまでにその地域でおきた自然災害についてハザードマップで確認し，避難する際に必要な情報等を記入した防災マップや防災マニュアルを作成しておくと良いでしょう。これらの情報は新しく着任した職員にも伝えるようにします。
　このような災害を想定し，日頃から避難訓練を行ったり，非常用持ち出し袋を準備したりして災害に備えることが大切です。

平成29年告示の保育所保育指針　ここがポイント！

災害への備え

　昨今のさまざまな災害を受けて，平成29年告示の保育所保育指針の第3章　健康と安全には，新たに4　災害への備えが加わりました。その中で，次のように記載されています。

（1）施設・設備等の安全確保
ア　防火設備，避難経路等の安全性が確保されるよう，定期的にこれらの安全点検を行うこと。
イ　備品，遊具等の配置，保管を適切に行い，日頃から，安全環境の整備に努めること。
（2）災害発生時の対応体制及び避難への備え
ア　火災や地震などの災害の発生に備え，緊急時の対応の具体的内容及び手順，職員の役割分担，避難訓練計画等に関するマニュアルを作成すること。
イ　定期的に避難訓練を実施する等，必要な対応を図ること。
ウ　災害の発生時に，保護者等への連絡及び子どもの引き渡しを円滑に行うため，日頃

から保護者との密接な連携に努め，連絡体制や引き渡し方法等について確認をしておくこと。

（3）地域の関係機関等との連携

ア　市町村の支援の下に，地域の関係機関との日常的な連携を図り，必要な協力が得られるよう努めること。

イ　避難訓練については，地域の関係機関や保護者との連携の下に行うなど工夫すること。

※なお，平成29年告示の幼保連携型認定こども園教育・保育要領にも，同様の記述がなされています。

　これまで以上に安全への認識を深め，いざというときに的確に行動がとれるよう，各園の実情に合わせたマニュアルを作成し，定期的に訓練しておくことが求められています。具体的な避難場所等も確認し，保護者と情報を共有していくことが必要です。備蓄品も定期的に点検し，賞味期限が切れていないかどうか確認しておきます。また非常用持ち出し袋には，保護者の緊急連絡先等がわかるものを入れておくことは必須ですが，特にアレルギー児に対しては，食べられない食材などを明記した園児用の名札なども用意しておくとよいでしょう。日頃から地域の人たちとつながりをもっておいたことで，災害時に協力体制を組むことができた事例も報告されています。

　災害はいつ発生するかわかりません。子どもの命を守れるか否かは，日常の災害への備えにかかっています。子どものそばにいる保育者の行動が重要であるという認識を忘れずに日々を過ごしたいものです。
　　　　　　　　　　　　　　　　　　　　　　　　　　　　　　　　　　（鈴木）

1 非常用持ち出し袋

　非常時に必ず持ち出す物は運びやすいリュックなどに入れ，すぐに持ち出せる場所に保管するようにします。少なくとも1年に1回は点検を行いましょう。

① リュック

② ウェットティッシュ

ティッシュだけでなく，水が使えないときのために用意しましょう。

③ おしりふき

入浴できないときには体を拭くこともできます。

④ おんぶひも

すばやくおんぶできるように
練習しておきます。

⑤ 紙おむつ

⑥ 着替え

⑦ バスタオル

⑧ 粉ミルクと液体ミルク

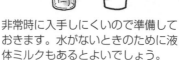

非常時に入手しにくいので準備して
おきます。水がないときのために液
体ミルクもあるとよいでしょう。

⑨ 哺乳瓶

⑩ 水（ペットボトル）

ミルクが作れるように，できれば
軟水が望ましいでしょう。

⑪ ビニール袋・レジ袋

大きさもいくつか用意
するとよいでしょう。

⑫ ホイッスルライト

⑬ お菓子

保存できる物，アレルギーが
ある子どもも食べられる物を
準備します。

⑭ 救急用品

⑮ 名　簿

緊急連絡先の他，生年月日や
既往歴，アレルギーの情報も
記載します。

2 備蓄品

　非常時に持ち出す物とは別に，救援物資が届くまでの間や救助が来るまでの間を，自力で乗り切れる備蓄品を用意します。自衛隊などは，どんなに孤立した地域でも3日あれば救助に向かえるといわれています。しかし，救援物資が届きはじめても本当に必要な物が届くまでには時間がかかることも考えられます。そのため，園児と職員が最低でも3〜7日間過ごすことのできる備蓄を用意しておくとよいでしょう。

① エマージェンシー
　ブランケット

毛布の5倍保温力があるの
に，薄くてかさばらない優
れものです。

② オマル

避難しているときは，トイレが
使えなくなることがあります。
オマルを用意し，緊急時に備え
ましょう。

③ ガスコンロ

ガスが止まってしまったとき
はガスコンロが助けに。カセ
ットボンベも多めに備蓄して
おきましょう。

④ 防寒具

電気が止まったとき，暖房器
具は使用できなくなります。
防寒具で身を守りましょう。

⑤ ポリタンク

水の備蓄のみならず，配給
される生活用水の持ち運び
に威力を発揮します。

⑥ ランタン

ロウソクは倒れると火災につな
がる可能性があるので，ランタ
ンを用意しておきましょう。

⑦ アルファ米

保存がきくうえ，お湯か
水を注ぐだけで食べられ
るため，非常食として便
利です。

⑧ お菓子
　（ビスケットなど）

食事がわりになり，
かんたんな糖分の補
給になります。

⑨ 缶詰・
　レトルト食品

保存がきき，調理しなく
てもすぐに食べられるも
のを選びましょう。

⑩ ミネラルウォーター

命をつなぐためにいちば
ん大事なものが水です。
必ず準備しましょう。

（ワンポイントアドバイス）　**アレルギー疾患がある子どもの災害への備え**

　災害時，アレルギー疾患のある子どもは，粉塵やほこり，ストレス等によって症状が悪
化したり，避難所での食事が食べられなかったり，アレルゲンを含む食品を食べてアナ
フィラキシーをおこしたり，といったさまざまな問題に直面します。園では，アレルギー疾
患を抱えていても子どもが安全に避難生活を過ごせるよう，普段から災害の発生に備えて
準備しておきましょう。

　災害を乗り切るために必要な要素として自助（自分の身は自分で守る），共助（地域の
身近な人たちがお互いを助け合う），公助（行政機関による救助・援助）があります。特
にアレルギー疾患のある子どもに大切なのは自助の備えです。

第1章
第2章
第3章
第4章
第5章
第6章

乳幼児は，自分の疾患や薬についての理解が十分でなく，自分で疾患について上手に説明したり必要なものを準備したりすることができません。園では家庭と連携して，必要な情報や備蓄品について共有します。食物アレルギーの場合は，正確な診断を受けてもらい除去が必要な食品を把握しておきます。アレ

食物アレルギー児用災害時ビブス

出所：エーエルサイン（https://www.vraid.jp/alsign/siignplate.html　2022年8月23日閲覧）

ルギー児が食べられる食品を，少なくとも3日分，できれば1週間分を目安に備蓄しておきます。ぜん息やアトピー性皮膚炎の場合は，発作や症状が悪化したときの対応について確認します。薬についても内服薬，吸入薬，ぬり薬，エピペンなど必要な薬を7日分用意してもらうとよいでしょう。食品や薬は半年に1回は点検し，消費期限に合わせて入れ替えましょう。

　避難した際は，誤食を防止するため，また発作の出現時にすぐに対応できるように，周囲の人たちに，アレルギーがあることを知らせるカードや，災害用ビブスを用意しておく

アレルギー用緊急時（災害時）おねがいカード

（表）

20　年　月　日現在	生年月日：　年　月　日	私は　食物アレルギー	私は　卵・乳・小麦・そば・落花生
緊急時（災害時）のおねがい	年齢：　歳	喘息　アトピー性皮膚炎	えび・かに・キウイフルーツ・りんご
私はアレルギーを持っています。私が倒れている場合には、救急車を呼んで、病院へ大至急運んでください。	性別：　男・女	その他 ＿＿＿＿＿です。	オレンジ・もも・いか・いくら
	住所：	症状は　喘息　じんましん	あわび・さけ・さば・牛肉・鶏肉
すぐに読んでください。		嘔吐　下痢　呼吸困難	豚肉・くるみ・大豆・まつたけ
ふりがな	電話番号：	が出ます。	やまいも・ゼラチン・バナナ
氏名：	保護者氏名：	私は、＿＿＿＿＿で、	＿＿＿＿＿＿＿＿＿
血液型：　　（Rh＋−）	保護者氏名：	**アナフィラキシーショック**を起こしたことがあります。	にアレルギーを起こします。

（裏）

緊急連絡先			かかりつけ医院	家族の集合場所避難先	メモ
名　前	続柄等	連絡先(TEL等)	病院名：	避難先 1	
				名称：	
			住所：	電話番号：	
				避難先 2	
			電話番号：	名称：	
				電話番号：	
			服用薬：	集合場所	
				名称：	
				電話番号：	安否確認システムの登録は下記HPから（無料）URL:http://www.alle-net.com/ から もしくは http://alle-res.com/Contents/Menu.php へ

出所：アレルギー支援ネットワーク　公式サイト

（https://alle-net.com/bousai/bousai01/bousai01-06/　2022年8月23日閲覧）

とよいでしょう。ぜん息発作やアナフィラキシーなど命に関わるような症状を発症した場合，早めに医療を受けられるよう，避難所や行政の担当者に助けを求めましょう。

　保育中に被災した場合，限られた数の職員で子どもたち一人ひとりに対応し守らなくてはなりません。そのようなとき，周囲の人々の協力は大きな力となります。共助の備えとして，普段から地域の方々に挨拶をする，地域の行事に参加するなどして顔の見える関係を作っておくことも大切です。

　また，公助の備えとして，行政の支援窓口やアレルギー対応の備蓄の有無などについても確認しておきましょう。

子どものアレルギーに合わせた非常用持ち出し袋の準備

　近年続いている地震や台風・豪雨災害などの大規模災害では，ライフラインが止まり必要な支援物資が届けられるまでに数日かかる地域もありました。アレルギー疾患がある子どもがいる園では，一般的な持ち出し品以外に，個々のアレルギーに必要な物をまとめた非常用持ち出し袋を準備しておくとよいでしょう。

(両角)

必要な持ち出し品

〈食物アレルギー〉

アレルギー用粉ミルク　　アレルギー対応食品

誤食時の薬（内服・エピペンなど）

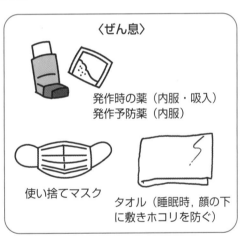

〈ぜん息〉

発作時の薬（内服・吸入）
発作予防薬（内服）

使い捨てマスク

タオル（睡眠時，顔の下に敷きホコリを防ぐ）

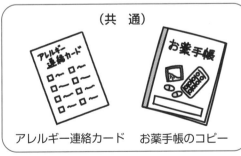

（共　通）

アレルギー連絡カード　　お薬手帳のコピー

第1章
第2章
第3章
第4章
第5章
第6章

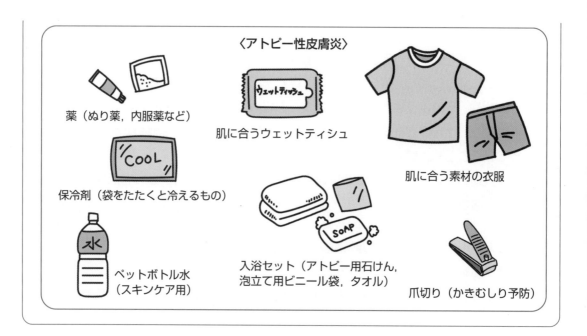

〈アトピー性皮膚炎〉

薬（ぬり薬，内服薬など）

肌に合うウェットティシュ

保冷剤（袋をたたくと冷えるもの）

肌に合う素材の衣服

ペットボトル水
（スキンケア用）

入浴セット（アトピー用石けん，
泡立て用ビニール袋，タオル）

爪切り（かきむしり予防）

参考文献

浅野みどり編集『根拠と事故防止からみた小児看護技術　第3版』医学書院，2021年。

アレルギーを考える母の会「独立行政法人福祉医療機構　社会福祉振興助成事業　震災被災地のアレルギー児を支える研修事業（報告書）」，2015年。

LFA食物アレルギーと共に生きる会「アレルギーっ子ママが考えた防災ハンドブック」，2019年。

遠藤郁夫監修『保育保健2016』日本小児医事出版社，2016年。

環境省HP「微小粒子状物質（PM2.5）に関する情報」（https://www.env.go.jp/air/osen/pm/info.html　2022年8月23日閲覧）

経済産業省「想定外から子どもを守る保育施設のための防災ハンドブック」，2013年。

警視庁HP「おやこでまなぼう！「いかのおすし」で毎日安全！」（https://www.keishicho.metro.tokyo.lg.jp/kurashi/higai/kodomo/kodomo110.html　2022年8月23日閲覧）

警視庁「地震のときはこうしよう」，2021年。

厚生労働省『児童福祉施設の設備及び運営に関する基準』，2022年。

こども家庭庁『保育所における感染症対策ガイドライン（2018年改訂版，2023（令和5）年5月一部改訂，2023（令和5）年10月一部修正）』，2023年。

こども家庭庁HP「令和4年教育・保育施設等における事故報告集計」（https://www.cfa.go.jp/assets/contents/node/basic_page/field_ref_resources/68cc3ca7-8946-43e9-939c-5ec2113f1512/51bfb3df/20230726_policies_child-safety_effort_shukei_08.pdf　2024年1月9日閲覧）

全国保育園保健師看護師連絡会『保育現場のための新型コロナウイルス感染症対応ガイドブック　第3版』，2021年。

東京都福祉保健局『防ごう！　ノロウイルス食中毒』，2020年。

東京都福祉保健局「施設で決める換気ルール」，2013年。

東京都福祉保健局『光化学スモッグＱ＆Ａ』（https://www.fukushihoken.metro.tokyo.lg.jp/

kankyo/kankyo_eisei/taiki/smog/qa.html　2022年8月23日閲覧）

日本小児アレルギー学会「災害時の子どものアレルギー疾患対応パンフレット（改訂版）」，2017年。

日本水泳連盟『水泳指導教本［改訂第二版］』大修館書店，2012年。

平成27年度教育・保育施設等の事故防止のためのガイドライン等に関する調査研究事業検討委員会『教育・保育施設等における事故防止及び事故発生時の対応のためのガイドライン【事故防止のための取組み】〜施設・事業者向け〜』，2016年。

文部科学省『学校環境衛生管理マニュアル「学校環境衛生基準」の理論と実践［平成30年度改訂版］』，2018年。

第1章

第2章

第3章

第4章

第5章

第6章

第3章 子どもの体調不良などへの対応

1 体調不良や傷害が発生した場合の対応

1 体調不良

発熱

発 熱

　子どもの発熱は，感染症によるものがほとんどです。体内に侵入した細菌やウイルスなどの病原体の活動を抑えるために，体温調節中枢は体温を上げるように指令を出し，発熱します。発熱は細菌やウイルスと戦うための体の防御反応なので，ふだんと同じ様子がみられるようであれば，解熱剤はむやみに使わず，快適に過ごせるよう配慮することが大切です。

　また，子どもは体温調節機能が未熟なため，気温や湿度，厚着など環境の影響を受けやすいという特徴があります。熱の放散が十分に行われないため，うつ熱をきたすことがあります。また環境の変化や精神的なストレスが原因で発熱がみられることもあります。

　子どもの体温は，一般に大人よりも高いとされています。子どもに発熱がみられたときには，平熱との比較や発熱に伴う他の症状とあわせて総合的に観察していく必要があります。

用語解説　**体温調節機能とうつ熱**

　外気温（暑さや寒さ）を感知し，体温を一定に保とうとする働きを体温調節機能といいます。例えば，皮膚が暑さを感知すると，それが体温調節中枢に伝わります。暑さが伝わった体温調節中枢は，体温を一定に保とうとして血管や汗腺に働きかけ，発汗させたり，血管を広げたりすることで，体外へ熱を放

散します。その結果，外気温が高くても，体温は高くならずに一定を保つことができます。うつ熱はこの体温調節機能が未熟なために熱の放散がうまくできず，外界の温度が上がったときに，体温も上がってしまう熱のことをいいます。

園や家庭での対応

① 症状の観察

24時間以内に38℃以上の熱が出ていた場合や，解熱剤を使用している場合は登園を控えてもらうよう伝えます。また，朝の体温が37.5℃を超えていることに加えて，元気がなく機嫌が悪い，食欲がなく水分が摂れていないなど全身状態が良くない場合も登園を控えてもらうよう伝えます。平熱には個人差があるため，一律に発熱の基準を設けることが難しい面があります。体温が37.5℃を超えていても，食欲があり機嫌も良いなど全身状態が良好な場合は登園を控える必要はないと考えられるケースもあります。子ども一人ひとりの平熱に応じて，園長や看護師と相談しながら，個別に登園の判断をしていきましょう。

保育中に発熱がみられたときは，体温測定とともに嘔吐，下痢，発しん，のど・おなか・耳の痛みなど，他の症状がないかを確認します。発しんが出ている，園内で何らかの感染症が発生しているなど，感染症が疑われる場合は，別室で保育を行います。

微熱のときは，安静に過ごさせ，30分くらい様子を見てから再度検温します。その後は1時間ごとに検温を行います。

なお3か月未満の乳児に38℃以上の発熱がみられたときは，重篤な病気の可能性があるため，早急な対応が求められます。

② 環境の調整と水分補給

熱の上がりはじめは，悪寒（手足が冷たくなり，寒気を感じたり，ふるえたりする）を訴えることがあるので，その場合は保温します。熱が上がり暑がるときやうつ熱の場合は，室温や湿度，衣服，寝具などを調節し涼しい環境を整えます。汗をかいている場合はよく身体を拭き，着替えさせましょう。

およそ30分おきに水分補給を促します。吐き気，嘔吐がなければ，飲みたいだけ与えます。熱が高いときには特に脱水をおこしやすくなるので，こまめに水分を与えましょう。

安静を促してもなかなか横にならない子どもの場合は，布団に誘い，絵本を読むなど，できるだけ安静に過ごせるように工夫します。

第1章

第2章

第3章

第4章

第5章

第6章

③　熱性けいれんの既往の確認

　子どもが発熱したら，熱性けいれんの既往を確認します。既往がある子どもは，事前に保護者と対応を確認しておき，その内容に従います。薬を預かっている場合は早めに投与します。

 このようなときは保護者へ連絡

●38℃以上の発熱があるとき

＊次のようなときは微熱でも保護者へ連絡します

●元気がなく機嫌が悪い，下痢，嘔吐，持続的な咳などを併発しているとき

●感染症が疑われるとき

●食欲がなく水分がとれないとき

●熱性けいれんの既往のある子どもが発熱したとき

　このようなときは医療機関へ

●3か月未満の乳児が38℃以上発熱したとき

●38℃以上の発熱の有無に関わらず，脱水の兆候，顔色が悪い，呼吸が苦しそう，意識がなくぐったりしているなどの様子がみられるとき

覚えておこう！

冷罨法の用い方
（れいあんぽう）

　冷罨法は，発熱時の不快感，打撲，骨折などの腫れや痛みの軽減，かゆみの緩和などの目的で行われます。貼布部の凍傷や低体温を引きおこさないよう，使用中は観察を十分に行い，冷やしすぎないよう気をつけます。発熱時に冷罨法を行う場合，子どもが嫌がるときには無理に冷やす必要はありません。

　冷罨法に用いられる方法としては，次のようなものがあります。

●氷　枕（こおりまくら）
（ひょう）（ちん）

　枕の半分くらいまで氷を入れて水を足し，空気を抜いてから付属のクリップでとめます。氷の角をとるようにならし，水漏れがないことを確認し，乾いたタオルやカバーで包みます。横になった子どもの後頭部から頚部にあてて使用します。

●氷　嚢（アメリカ式）

発熱時は体温を下げる目的で，首のつけ根，わきの下，足のつけ根などに使用します。打撲など怪我の場合は，患部にあてて使用します。

① 氷嚢の半分くらいまで
　 氷を入れ，水を足す。

② ふたをしっかり閉め，水漏れが
　 ないか確認する。表面の水分を
　 ふき取ってから使用する。

　　　　氷　嚢　　　　　　　　　　氷　枕

出所：（株）ヤガミ『保健福祉カタログ』No.211，2022年。

●冷却枕（アイスノン®など）

冷凍庫に保管しておき，必要時にタオルやカバーで包み，後頭部から頸部にあてて使用します。

●貼付型冷却シート

冷却シートは，冷却シートに含まれている水分が，皮膚の表面の熱を取り込みながら蒸発するため，冷却効果があるとされています。しかし，皮膚の表面を部分的に冷却するだけで，解熱効果までは期待できません。家庭で使用して慣れているなど，使用することを子どもが望んだり，使用することで子どもが安心するようであれば，補助的に用いることはできるかもしれません。ただし，シートがずれ落ちて鼻や口をふさぎ，窒息する事故もおきており，窒息の結果，生涯にわたる重度の障害が残る可能性もあります。保育中の使用はそのリスクを念頭におき，本当に必要かどうかの判断を適切にする必要があるでしょう。もし使用するのであれば，子どもから目を離さない場所で使用するなど，十分留意する必要があります。

第1章

第2章

第3章

第4章

第5章

第6章

下 痢

下痢

下痢のときには通常よりも排便回数が増加し，色や内容物，臭いに変化がおこることがあります。子どもの下痢で最も多いものは，細菌やウイルスの腸管感染によるものです。また食事の内容や心因的な理由などが原因で下痢をおこすこともあります。

便の色と疑われる原因

●白色～灰白色：ロタウイルスなど

●黒色（タール便）：上部消化管からの出血

●赤色（血液混入）：腸管出血性大腸菌（O-157，O-111），サルモネラ菌，カンピ
　　　　　　　　　　ロバクターなど

便の臭いと疑われる原因

●酸　　臭：ウイルス感染，母乳栄養など

●腐敗臭：細菌感染など

園や家庭での対応

①　症状の観察

　保護者から24時間以内に複数回の水様便の報告を受けたときには，登園を控えてもらいます。また，食事や水分を摂るとその刺激で下痢をするときや，下痢に伴い体温がいつもより高めであるとき，朝に排尿がないとき，機嫌が悪く元気がないとき，顔色が悪くぐったりしているようなときにも登園を控えてもらいます。

　園で下痢がみられた場合は，固さ，色，臭い，排便回数・量などを観察します。あわせて発熱などの他の症状の有無も観察します。他の症状を伴い感染症が疑われるときは，別室で保育を行います。

②　水分，栄養の補給

　下痢により体内の水分や電解質が失われるため，吐き気や嘔吐がなければ，経口補水液（p.72，用語解説　経口補水液　参照）等の水分を少量ずつ，こまめに与えます。ミルクの場合は1回量を少なめにして与えます。離乳食の場合は一つ前の段階に戻し

ます。幼児の食事は，乳製品や糖，食物繊維を多く含む食品は控え，消化の良い物を少量ずつ，時間をかけて与えます。

③ 感染の予防

　おむつの交換は1回ごとに使い捨てのシートを用い，決められた場所で行います。保育者はマスクや専用のエプロン，使い捨て手袋を使用します。汚れたおむつや便の処理に使用したものは，すべてビニール袋に入れて処理します。交換した後は手洗いをしっかり行います（p.16，覚えておこう！ 嘔吐物などの処理　参照）。

④ おしりの清潔

　下痢は排便回数が多く，便の皮膚への刺激も強いため，おしりが赤くなったり，ただれやすくなります。おむつ交換のたびにぬるま湯で洗い流すなどして，清潔を保ちます。

シャワー浴

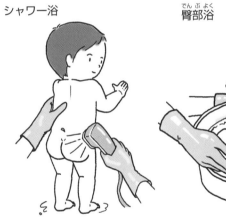

おしりをよく洗う。石けんを
使う場合はよく洗い流す。

臀部浴（でんぶよく）

洗面器にお湯をはり，
おしりを洗う。

陰部洗浄

おしりの下におむつと防水シート
を敷く。
ぬるま湯を入れたシャワーボトル
で陰部やおしりの汚れを洗い流す。

第1章

第2章

第3章

第4章

第5章

第6章

このようなときは保護者へ連絡

●感染症が疑われるとき

●食事や水分を摂るたびに下痢をするとき

●水様便が2回以上みられるとき

このようなときは医療機関へ

●ぐったりしていたり，発熱，嘔吐，腹痛など他の症状を伴うとき

●脱水の兆候がみられるとき

●白色，黒色，血液が混入した便のとき

　※受診の際は便の一部または便のついたおむつをもっていきましょう。

嘔　吐

嘔吐

　子どもは大人に比べて吐くことが多いといわれており，咳き込み，激しい啼泣，食べすぎなどにより，簡単に嘔吐反射をおこします。元気であれば問題ありませんが，何らかの病気が原因の場合もあるので，嘔吐以外の症状もあわせて観察することが重要です。

園や家庭での対応

①　症状の観察

　保護者から24時間以内に複数回の嘔吐の報告を受けたときは，登園を控えてもらいます。また，嘔吐と同時に体温がいつもより高いときや，食欲がなく，水分もほしがらないとき，機嫌が悪く元気がないとき，顔色が悪くぐったりしているようなときも登園を控えてもらいます。

　園で嘔吐がみられたときは，吐物の性状，吐き方（咳き込んだあとに吐いた，吐き気を伴う，噴水状など），全身状態をあわせて観察します。一度吐いたあと機嫌がよく，その他の症状もみられなければ大抵は心配ありません。

　嘔吐とともに発熱，下痢，発しんがみられたり，感染症が疑われたりするときには，別室で保育を行います。

② 誤嚥(ごえん)・窒息の予防

　嘔吐がある子どもは吐物による窒息を防ぐため，身体を横向きにして寝かせます。誤嚥や嘔吐の再発を防止するため，口の中の吐物を取り除きます。口をゆすげる場合は口をゆすがせます。吐物の臭いで気分が悪くなることがあるので換気を行いましょう。

　乳児は鼻からも吐物が出てしまうことがあるので，そのような場合はすぐに鼻吸い器などで取り除きます。

③　水分補給

　嘔吐の直後は何も与えずに様子をみます。吐き気がおさまったら，少量の水分を1口ずつ数回に分けて与えます。1時間ほどしても吐かないようであれば，少しずつ水分の量を増やします。

 このようなときは保護者へ連絡

●感染症が疑われるとき

 このようなときは医療機関へ

●嘔吐を何度も繰り返し，顔色が悪くぐったりしているとき

●胃液様（黄色），胆汁様（緑色），血液，コーヒーのかすのようなものなどを吐いたとき

●脱水の兆候がみられるとき

🚑 このようなときは救急車を要請

●頭を打った後に意識がぼんやりとして，嘔吐がみられるとき

　※救急車が到着するまで，その場から動かさず横向きに寝かせて観察を続けましょう。

（ワンポイントアドバイス）　乳児は吐きやすい

　乳児の胃は，とっくり型で胃の入口である噴門(ふんもん)（胃に入ったものが食道に逆流しないようにはたらく）の括約筋が未熟で締まりにくいため，激しく泣いたり，咳き込むだけでも簡単に吐いてしまいます。

　乳児によくみられる嘔吐に溢乳(いつにゅう)があります。これは，ミルクの飲みすぎや，哺乳時にたくさんの空気を飲み込んでしまうことが原因でおこるもので，病的ではない嘔吐です。

他に症状がなく，体重が増えていれば特に心配ありません。溢乳は成長とともに次第になくなっていきます。授乳後は，排気（げっぷ）を十分にさせたり，タオルなどで適度な傾斜を作って上半身を高くしたり，右を下にしてやや横向きに寝かせたりすることで，防ぐことができます。

(両角)

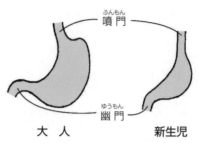

噴門（ふんもん）

幽門（ゆうもん）

大　人　　　　　新生児

咳

咳

咳は，気道内の分泌物や異物を体の外に排出しようとする体の防御反応です。咳には痰を伴う湿性のものと，痰をほとんど伴わない乾性のものがあります。急に発症する激しい咳，ゼイゼイ，ヒューヒューといった呼吸音（喘鳴），呼吸困難がみられる場合には，既往歴や周囲の状況とあわせて判断し，早急な対応が求められます。

園や家庭での対応

①　症状の観察

登園時に保護者から夜間咳のために何度も起きていたと報告を受けたときや喘鳴，呼吸困難，呼吸が速い，少し動いただけで咳が出るなどの様子がみられる場合は登園を控えてもらいます。

保育中に咳がみられたときには，咳の音や状態（湿性，乾性），いつ・どれくらい咳をしているか，咳以外の症状はないかを観察します。咳とともに発熱がみられたときや感染症が疑われるときは，別室で保育を行います。

喘鳴があり苦しそうなときは，ぜん息発作や急性アレルギー反応（アナフィラキシー・p.218 食物アレルギー　参照）の場合があります。ぜん息であれば事前に保護者と確認しておいた対応を行います。

また，さっきまで元気だった子どもが急に激しく咳き込み，呼吸困難になったときは，誤嚥の可能性があります。誤嚥の場合は，背部叩打法や胸部突き上げ法，腹部突き上げ法（ハイムリック法）（p.116 **2** 気道異物の除去　参照）を行うと同時に救急車を要請します。

②　環境の調整と安静

部屋の換気をして室内の空気を清潔に保ち，湿度と温度の調節を行います。

子どもが楽な姿勢で安静にさせます。一般的には上体をおこすと楽になるので，乳児の場合はたて抱き，幼児の場合は前かがみの姿勢で座って呼吸をさせ（起坐呼吸），背中をさすったり，タッピング（背中を軽くたたく）を行います。寝かせるときには上半身を高くして寝かせます。

タッピング

大丈夫
だからね～

起坐呼吸

首と背中がまっすぐになる
ようにして，上半身を高く
して寝かせる。

 このようなときは保護者へ連絡

●発熱を伴い，咳で眠れない，咳が持続してとまらない，咳とともに複数回の嘔吐があるなどのとき

🏥 **このようなときは医療機関へ**

●喘鳴がきかれ，呼吸が苦しそうなとき
●犬やアシカが鳴くような咳が出るとき
●顔色が悪くぐったりしているとき
●水分が摂取できないとき

このようなときは救急車を要請

●アナフィラキシー，重篤なぜん息発作をおこしたとき

●誤嚥したとき　※応急手当と同時に救急要請します

発しん

発しん

　発しんは皮膚や粘膜にでき，種類によって形状が異なります。子どもの発しんの原因には，細菌やウイルス感染，アレルギー，皮膚への刺激などがあります。子どもによくみられる感染症には発しんを伴うものが多く，保育者が発しんの性状について知っておくことは大切です。病気の予測を立てやすく，その後の対応の目安になります。

表3－1　発しんの種類

名　称		性　状
斑（はん）		皮膚の盛り上がりが，ほとんどないもの。紅色のものを紅斑（こうはん），赤紫色のものを紫斑（しはん）という。
膨しん（ぼう）		皮膚が盛り上がり，境界がはっきりしているもの。形や大きさはさまざまで，たいてい2～3時間以内で消える。
丘しん（きゅう）		皮膚が直径5mm以下の円形状に盛り上がっているもの。
水疱（すい・ほう）膿疱（のう・ほう）		皮膚が盛り上がり，中に水分がたまっているもの。水の代わりに膿がたまったものは膿疱という。

園や家庭での対応

① 症状の観察

　登園時に発しんとともに発熱がみられるときや，浸出液が多く他の子どもへの感染のおそれがあるとき，患部を覆（おお）えないとき，かゆみが強く手で患部を掻いてしまうときには登園を控えてもらうよう伝えます。また，口の中の水疱がつぶれて口内炎がひ

どく，食事や水分が摂取できない場合も登園を控えるよう伝えるとよいでしょう。

　保育中に発しんが現れたときは，発しんの種類，形や色，かゆみや痛みの有無，どの部分に出てどう広がったかを観察します。あわせて他の症状の有無も観察します。またアレルギーの有無，予防接種歴，感染症の既往の有無も確認します。

　感染症が疑われるときは，別室で保育を行います。同じ感染症の既往があったり，予防接種を受けている場合でも，抗体の程度によっては再び同じ感染症に罹患することもあります。感染症が流行している場合は，そのことも視野に入れた対応をします。

　アレルギーのある子どもの場合は，アレルゲンとなるものがなかったかを確認します。アレルギーの場合，アナフィラキシーをおこすこともあるので，事前に保護者と確認しておいた指示に従い速やかに対応します。

②　かゆみへの対応

　体温の上昇や発汗により，かゆみが増すため，室温や湿度の調節（p.12 1 1（1）温度と湿度　参照）を行います。冷たいタオルや保冷剤などで患部を冷やすとかゆみがやわらぎます。

　皮膚疾患などで症状がしばらく続くような場合は，衣服や寝具にも配慮し，皮膚への刺激が少ないものを用意してもらいます。汗をかいたらシャワー浴や着替えを行い，皮膚を清潔に保つことも大切です。

 このようなときは保護者へ連絡

●感染症が疑われるとき
●アレルギーによる急性の発しんが現れたとき
●原因がわからない発しんが現れたとき

 このようなときは医療機関へ

●ぐったりして，顔色が悪いとき

 このようなときは救急車を要請

●アナフィラキシーをおこしたとき

図3-1　発しんから疑われる疾患

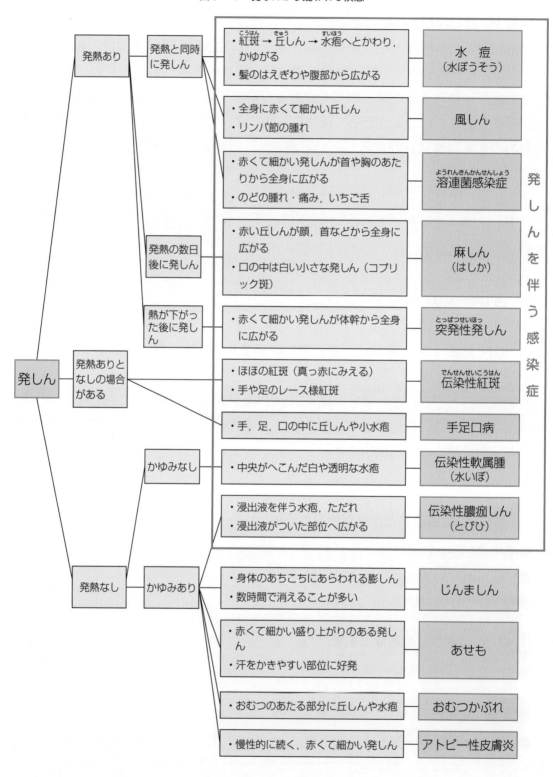

腹　痛

腹痛

　腹痛の原因には，腹部の病変，腸の活発な動き，心理的ストレス，腹部外傷など，さまざまなものがあります。原因によって痛みの部位，程度，周期等が違います。子どもが腹痛を訴えるときには，子どもの表情やしぐさ，泣き方などに注意し，全身の状態をよく観察する必要があります。

> **ちょっと一息**　　　　　**「先生，おなかがいたい！」**
>
> 　「おなか」は子どもにとって最も症状を訴えやすい部位の一つです。一言でおなかと言っても，おなかの上の方，下の方，背中の方とでは胃，腸，腎臓などと位置する内臓も違うので，おなかを強くぶつけた場合などは注意深く観察する必要があります。
>
> 　園でみられる腹痛の多くは便秘気味だったり，便意を我慢することによるものです。中には保育室のトイレで排便することが苦手な子どももいます。そのような場合には，まず職員用のトイレで排便することから始め，徐々に保育室のトイレでも排便できるようにしていくとよいでしょう。
>
> 　また，おなかが痛いと訴える子どもの中には，本当はおなかが痛くない場合や心因性の腹痛の場合もあります。理由はさまざまで，クラスになじめない，今やっている活動が好きではないなど，その場（友だちやクラス，活動）から離れる理由として腹痛を訴えます。そのような場合も訴えをあからさまに疑ったり，聞き流したりせずに，短い時間でもよいので子どもの話を聞いて受け止めてあげることが大切です。少し話をすると，子どもも気分が変わり，自分からクラスに戻っていきます。
>
> 　「先生，おなかがいたい！」にはたくさんの理由があり，子どもが訴える腹痛の部位を見極めるには細心の注意が必要です。またおなかではない場所が痛くても，「おなかがいたい」という言葉を言い慣れているために，使ってしまうこともあります。保育者はさまざまな状況を想定し，本当に痛いところはどこなのか，痛いところは本当にあるのかを的確に判断し，対応する力が求められます。　　　　　　　　　（田中）

園や家庭での対応

①　症状の観察

　子どもの機嫌や泣き方，姿勢などを観察します。あわせて発熱，吐き気，嘔吐，下痢，便の色・量，腹部の外傷はないか，おなかを打ったりしていないかなど他の症状の有無を観察します。

　乳児の場合は，言葉をまだ話さないため，腹痛を特定することは難しいのですが，激しく泣き何をしても泣き止まない，おなかを触ると嫌がるなどの様子がみられることがあります。幼児の場合は，腹痛時に背中を丸めておなかを抱えるような姿勢をとることが多くみられます。痛いところを聞き，保育者が触るなどして痛みの部位を確認します。実際には別の部分が痛いこともあるので，何度か繰り返し確認します。痛みが強い場合は顔をゆがめ，冷や汗や顔面蒼白などの様子もみられます。

　他の症状を伴わない腹痛は便秘によるものが多く，数日間の排便の有無やおなかが張っていないかどうかを確認します。排便前に痛みを訴えることもあるため，トイレに誘ってみるのもよいでしょう。

②　安　静

　子どもが楽な姿勢で休ませ，衣服をゆるめます。腹痛の原因がわからない場合や，炎症による腹痛が疑われる場合は，おなかを温めると悪化させることがあります。

 このようなときは保護者へ連絡

●発熱や下痢・嘔吐など，他の症状を伴うとき

🏢 **このようなときは医療機関へ**

●他の症状を伴う，痛みが激しい，血便がみられる，ぐったりして顔色が悪いなどのとき

●腸 重 積症，虫 垂炎など腹部の病変を疑うとき
ちょうじゅうせきしょう　ちゅうすいえん

第1章

第2章

第3章

第4章

第5章

第6章

(ワンポイントアドバイス)　**早めに気づきたい腹痛**

　腹部の病変による腹痛の場合，発見が遅れると重篤な症状を招いたり，身体への負担が大きい治療をしなければならないことがあります。代表的な病気について知っておきましょう。

●**腸重積症**

　早期に発見できるかどうかで治療法が異なるため，腹痛や嘔吐，泣き方の異常（間欠的啼泣）に気がついたら早急に医療機関へ搬送します。早ければ内科的処置（高圧浣腸）で元に戻りますが，時間が経つと開腹手術が必要になります。内科的処置のあと１〜２日は再発することがあるので，保育中は症状に気をつけ子どもの様子をよく観察しましょう。

図３−２　腸重積のおこるしくみ

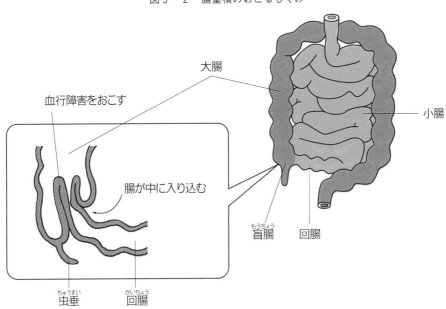

●**虫垂炎**

　最初は臍の周りや上あたりの不快感や軽い痛みから始まります。痛みは徐々に強くなり右下腹部へと移動します。子どもは症状をうまく伝えられないため，症状が悪化してから発見されることも少なくありません。痛みのため食欲がなくなったり，症状が進むと前かがみで歩くようになるので，そのようなときは虫垂炎を疑います。子どもの虫垂炎は進行が速いため，疑わしい場合は早めに医療機関へ搬送します。　　　　　　　　　　（両角）

図3－3　腹痛から疑われる疾患

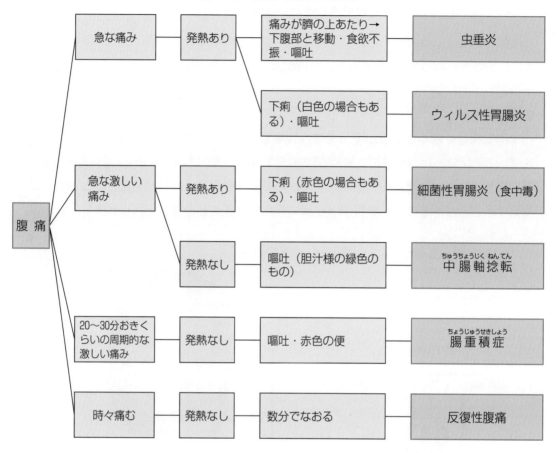

用語解説

中腸軸捻転

　胎児期に発生する長い腸管は，おなかの中にうまく納まるために，体ができあがっていく過程で，回転や固定といった動きをしていきます。しかし，その動きが障害されると，腸がねじれ，腸管の血行が悪くなります。この状態のことを中腸軸捻転といいます。急にミルクを飲まなくなったり，胆汁様のものを激しく吐いたりし，進行すると腹部が張ったり，血便が出るなどの症状がみられます。生後1か月以内に症状が出ることが多いのですが，乳児の間は無症状で，年長児になってから腹痛や嘔吐の症状で発見されることもあります。

反復性腹痛

　他の身体症状はみられませんが，数十秒から数分続くさし込むような腹痛が繰り返しおこる状態をいいます。顔面蒼白や冷や汗がみられることもあります。不安やストレスなどの心因性のものといわれており，毎日または週数回の頻度でおこります。

けいれん

けいれん

けいれんは，何らかの原因により脳の神経細胞が興奮状態になり，その結果，身体の筋肉が不随意（自分の意思に反して動くこと）に収縮することでおこります。乳幼児は大人に比べてけいれんをおこしやすく，中でも一番多いのが熱性けいれんです。てんかんや髄膜炎の症状としてけいれんがみられることもあります。けいれんの様子は多様で，原因によって，全身のけいれん，部分的なけいれん，強直性けいれん（体が反り返り手足が伸びきるもの），間代性けいれん（手足の屈曲と伸展を繰り返すもの）などさまざまです。けいれんは短時間でおさまることも多く，ただちに命が危険な状態に陥るわけではありません。けいれんがおきたときには，あわてず落ち着いて子どもの状態を観察します。ただし頭を打った後や，頭痛，嘔吐があるなどの場合は緊急を要します。

園や家庭での対応

① 症状の観察

けいれんがおこったら，まずけいれんの始まった時間を確認してから，体温測定，けいれんの様子（どの部位がどのようにけいれんしているか，眼球の位置や動き，意識の有無など）を観察し記録します。観察したことは，診察時に医師に報告します。

② 安静

けいれんをおこしている子どもの体をゆすったり，大声で呼びかけたりしてはいけません。衣服をゆるめ，吐いてしまったときに吐物で窒息しないように顔を横に向けます。子どもから目を離さず，時間を確認しながら見守ります。口の中にスプーンや箸，タオルなどを入れないようにします。周囲に危険な物がある場合は，取り除きます。

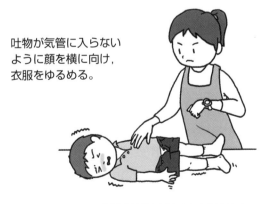

吐物が気管に入らないように顔を横に向け，衣服をゆるめる。

けいれんのおきた時間を記録することを忘れない。

このようなときは保護者へ連絡

●けいれんがおこったとき

 このようなときは医療機関へ

●けいれんが5分以内でおさまり，発熱や嘔吐を伴うとき

 このようなときは救急車を要請

●5分以上けいれんが続くとき

●数分でおさまっても，またすぐにけいれんを繰り返すとき

●けいれんがおさまっても意識が戻らないとき

●頭を打った後のけいれん，呼吸困難があるなどのとき

(ワンポイントアドバイス)　**熱性けいれんの子どもの把握**

　熱性けいれんとは，**熱性けいれん診療ガイドライン2015**によると「主に，生後6〜60か月までの乳幼児期に起こる，通常は38℃以上の発熱に伴う発作性疾患（けいれん性，非けいれん性を含む）で，髄膜炎などの中枢神経感染症，代謝異常，その他の明らかな発作の原因がみられないもので，てんかんの既往のあるものは除外される。」とされています。つまり，生後6か月〜満5歳までにおこる発熱時のけいれんであり，髄膜炎や脱水などによる症状やてんかんの発作とは区別されます。非けいれん性の発作としては，脱力，一点凝視，眼球上転などがあり，これらも熱性けいれんに含まれます。熱性けいれんは基本的には良性疾患です。親子や兄弟で体質が似ることが多く，家族に熱性けいれんの既往がある場合は，熱性けいれんをおこす確率が高くなります。通常，熱性けいれんをおこした子どものうち，約30％に再発がみられます。園では熱性けいれんの既往のある子どもを把握しておき，既往のある子どもが発熱した際はできるだけ早く対応します。あらかじめ保護者と対応法を確認しておくことが大切です。坐薬を取り扱う際は，医師の指示に従い正確に投与します（p.82　5）坐薬　参照）。

熱性けいれんの特徴
●年齢は主に生後6か月〜満5歳
●体温は通常は38℃以上

●症状はけいれん性，または非けいれん性の発作

●明らかな原因がない

●てんかんの既往のあるものは除く   （両角）

脱　水

脱水

　人間は，飲み物や食べ物から水分を摂取したり，尿や便，汗，不感 蒸 泄によって
水分を排泄したりすることによって体内の水分バランスを保っています。発熱や下痢，
嘔吐などにより身体から多量の水分が失われたり，摂取する水分量が不足すると，体
内から水分や電解質（主にナトリウム）が失われ，脱水をおこします。特に乳幼児は
腎臓の機能が未熟で，自分で水分摂取もできないため脱水をおこしやすく，急激に状
態が悪化することがあります。気温や室温が高い場合や運動後なども脱水に陥りやす
く，場合によっては生命に危険をおよぼすこともあるので，注意が必要です。

用語解説　**不感蒸泄**

　皮膚および呼気（吐いた息）から水分が失われること。発汗によるものは含まれません。

園や家庭での対応

①　脱水状態の早期発見

　脱水は早期に気づくことが大切です。活気がない，体重減少，尿量減少，口唇・舌
の乾燥，皮膚の乾燥・弾力低下，手足の冷感，目の周りがくぼむなどの兆候がみられ
たら脱水を疑います。さらに乳児の場合は大泉門の陥没が観察されることがありま
す。

②　水分補給

　乳幼児用イオン飲料，経口補水液，湯冷ましなどを少量ずつ頻繁に与えます。うま
く飲めないときは，スプーンなどを使い一口ずつ口に入れてあげましょう。

第1章
第2章
第3章
第4章
第5章
第6章

用語解説 **経口補水液**（ORS: Oral Rehydration Solution）

　体内から失われた水分と電解質を素早く補えるように，塩分と糖分の濃度をバランスよく調整した飲み物です。スポーツ飲料に似ていますが，スポーツ飲料よりも糖分が控えめで，吸収に優れています。軽度から中等度の脱水状態で経口摂取できる場合の対応として，経口補水液を飲ませる療法（経口補水療法：ORT: Oral Rehydration Therapy）があります。国内における「小児急性胃腸炎診療ガイドライン」の中では，脱水のない，もしくは中等度以下の脱水のある小児急性胃腸

出所：（株）大塚製薬工場HP（https://www.os-1.jp/faq/pdf/tips_for_drinking.pdf　2023年11月17日閲覧）

炎に対する初期治療として，経静脈輸液療法よりも経口補水液による経口補水療法が推奨されています。また，嘔吐や下痢の症状が始まったら，速やかに経口補水療法を自宅で開始することが推奨されています。

 このようなときは保護者へ連絡

●発熱，下痢，嘔吐などがみられるのに，水分が摂れないとき

 このようなときは救急車を要請

●ぐったりしていたり，意識がないとき

頭　痛

頭痛

　頭痛の原因はさまざまですが，子どもの場合は中耳炎・副鼻腔炎などの耳や鼻の病気，遠視・乱視など目の屈折異常があるときに多く生じます。その他，心因性の頭痛や冷たいものを食べたときにも頭痛がおこることがあります。

　子どもが頭痛を訴えられるようになるのは，3〜4歳頃からといわれています。

園や家庭での対応

① 症状の観察

　頭のどこが，いつから，どのくらい痛いのかとあわせて，頭痛以外の発熱，嘔吐，けいれん，意識障害，手足のしびれなどの症状があるか確認します。

　頭痛が続くときや発熱，嘔吐を伴う場合は，脳炎や髄膜炎など重症な病気である可

能性もあるので注意深く観察します。

② 安　静

安静にできる静かな場所で換気を行いながら，子どもが楽な姿勢をとらせます。頭を冷やすことで楽になる場合もあるので，氷枕などを用いてもよいでしょう。

 このようなときは保護者へ連絡

●頭痛が続くときや発熱，嘔吐を伴うとき

🏥 **このようなときは医療機関へ**

●脳炎や髄膜炎など重症な病気である可能性が疑われるとき

●けいれんや意識障害（うとうとする，ぼんやりする，大声を出すなど）を伴うとき

鼻汁・鼻閉
（びじゅう・びへい）

鼻汁・鼻閉

鼻汁の原因には，細菌やウイルス感染，アレルギー，冷気による刺激などがあります。子どもは大人に比べて鼻孔（びこう）が狭く分泌物が多いため，容易に鼻閉をおこします。新生児期から乳児早期にかけては鼻呼吸をしているため，鼻閉をおこすと重篤な呼吸困難を引きおこす可能性があります。また幼児期になり副鼻腔（ふくびくう）が発達してくると，鼻炎から副鼻腔炎をおこしやすくなり，慢性化することもあります。

🔵 園や家庭での対応

① 症状の観察

鼻汁の量，色，臭いなどのほか，他の症状の有無を観察します。鼻汁が多い場合は，鼻閉や呼吸の状態もあわせて観察します。悪臭のある黄色や黄緑色の鼻汁が出るときは，早めに受診します。乳児に点鼻薬を使用する場合は，授乳前に投与します。

② 鼻汁・鼻閉への対応

部屋の温度と湿度を調節します。エアコンなどの風が直接当たっている場合は，風

向きを変えます。

　乳児は子ども用綿棒や鼻吸い器などを使って鼻汁を除去します。その際，綿棒は奥まで入れすぎないよう気をつけます。鼻垢（いわゆる鼻糞）が見えているときにも，綿棒や先端が丸くなった子ども用ピンセットなどを使い除去します。鼻をかむときは，片方ずつ，力を入れすぎないようにかむことを教えます。

③　鼻の中に異物が入った場合

　突然鼻が鳴り出したり，苦しそうになった場合は，鼻の中に異物が入った可能性があります。無理に取り出そうとせず，医療機関で除去してもらいましょう。２，３歳以降であれば，物が詰まっていない方の小鼻を押さえて，おもいっきり息を出させることで取れることもあります。

熱中症

発熱

脱水

　近年，熱中症の発生が多く報告されるようになりました。熱中症とは，環境省の**熱中症環境保健マニュアル2022**によると，「体内の水分や塩分等の減少や血液の流れが滞るなどして，体温が上昇して重要な臓器が高温にさらされたりすることにより発症する障害」とされています。気温や湿度が高い環境において発症しやすく，重症化すると命に危険を及ぼすので十分に注意する必要があります。熱中症には気温や湿度だけでなく**輻射熱**（地面や建物などから出る熱，照り返し）も関係します。特に子どもは大人よりも身長が低く，地面との距離が近いので輻射熱の影響を受けやすくなるため気をつけましょう。

●熱中症の予防

　熱中症は予防することができます。気温だけでなく，環境省が提供している全国約840地点における**暑さ指数**（WBGT：気温，湿度，輻射熱を取り入れた温度の指標）や**熱中症警戒アラート**を参考にすると良いでしょう。熱中症警戒アラートは2021（令和3）年から全国を対象に提供されはじめました。熱中症を予防する行動を効果的にとってもらうため，熱中症の危険性が極めて高いと予測される際に発表されます。熱中症警戒アラートが発表されたら，暑さ指数を確認し，外出はできるだけ控え，普段以上に熱中症を予防する行動をとるようにします。

暑さが厳しい場合は，涼しくした室内で保育を行うなど柔軟な対応ができるようにします。外に出るときには帽子をかぶります。長時間，炎天下で遊ばないようにし，時々休憩して水分，塩分を補給するようにします。体調が悪いとき，睡眠不足のときなども熱中症をおこしやすくなります。また室内やプールの中でも熱中症はおこるので注意が必要です。

年齢の小さな子どもは自分の体調の変化に気づきにくく，上手に伝えることができないこともあります。集団で行動している場合は特に気をつけるようにします。口数が少なくなったり，歩くのが遅くなったり等，変わった様子が見られれば早めに涼しい場所で休ませ，水分と塩分を摂らせます。

図3－4　熱中症の症状

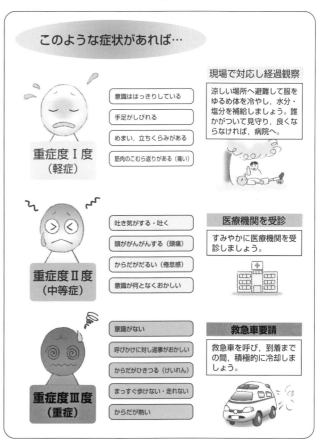

出所：環境省「熱中症環境保健マニュアル2022」，2022年。

新型コロナウイルス感染症の発生に伴い，日常生活においてマスクを着用することが多くなりました。特に夏場のマスク着用は，熱中症のリスクが高まります。のどが渇いた様子がなくてもこまめに水分補給を促します。屋外で周りに人がいなかったり，人との距離が十分に保たれる場合はマスクを外し，マスクをしているときは激しい運動は避けるようにしましょう。

園や家庭での対応

① 風通しのよい日陰や冷房の効いた部屋など，涼しい場所へ移動させます。
② 衣服をゆるめて風通しをよくします。
③ 首，脇の下，足の付け根を冷やします。

④　意識がはっきりしていれば，乳幼児用イオン飲料や経口補水液をほしがるだけ与え水分と塩分を補給させます。

⑤　けいれんをおこしているときは，嘔吐による誤嚥・窒息を防止するため横向きにします。

🏥 このようなときは医療機関へ

●自力で水分の摂取ができないとき

●意識はあるが，症状の改善がみられないとき

　※医療機関へ搬送する場合は，搬送中も応急手当を続けます。

🚑 このようなときは救急車を要請

●ぐったりして，意識がないとき

●体温が40℃をこえるとき

●全身のけいれんがみられるとき

●汗が出なくなったとき

　※救急車を要請した後も，救急車が到着するまで応急手当を続けます。

最近の動向　熱中症と暑さ指数

　近年の日本は温暖化の影響で，暑い夏が続くようになりました。ここ数年，夏になると熱中症のニュースが大きく報道されます。校外学習に出た小学生が熱中症で亡くなるという痛ましい事故もありました。保育者は暑さの中で外遊びや散歩を行うことの危険性を十分に知っておく必要があります。また熱中症を未然に防ぐ適切な判断が求められます。「気温が何度になったら外に出てはいけないのか？」「今までは大丈夫だったから」ではないのです。熱中症の予防には暑さ指数を参考にするとよいでしょう。

　暑さ指数は，人間の熱バランスに影響の大きい気温，湿度，輻射熱の3つを取り入れた温度の指標です。具体的には，乾球温度（気温）：湿球温度：黒球温度を1：7：2の割合で示します。湿球温度は湿度，黒球温度は輻射熱の影響を主に示すので，暑さ指数は，湿度の影響を大きく受けることがわかります。同じ気温でも湿度が高いほうが熱中症の患者は多くなり，暑さ指数が28℃を超えると熱中症の患者数が急増します。環境省では地域，時間ごとの暑さ指数や熱中症警戒アラートなどの情報を提供しているので利用するとよいでしょう。あわせて子どもや保護者に暑さが厳しいときに長時間外に出ることが危険

であることを伝えるのも大切な安全教育の一つです。

表3－2　暑さ指数（WBGT）に応じた注意事項等

WBGTによる温度基準域	注意すべき生活活動の目安※1	日常生活における注意事項※1	熱中症予防運動指針※2
危険 31℃以上	すべての生活活動でおこる危険性	高齢者においては安静状態でも発生する危険性が大きい。外出はなるべく避け、涼しい室内に移動する。	運動は原則中止 特別の場合以外は運動を中止する。特に子どもの場合には中止すべき。
厳重警戒 28℃以上31℃未満		外出時は炎天下を避け室内では室温の上昇に注意する。	厳重警戒（激しい運動は中止） 熱中症の危険性が高いので、激しい運動や持久走など体温が上昇しやすい運動は避ける。10〜20分おきに休憩をとり水分・塩分を補給する。暑さに弱い人は運動を軽減または中止。
警戒 25℃以上28℃未満	中等度以上の生活活動でおこる危険性	運動や激しい作業をする際は定期的に充分に休息を取り入れる。	警戒（積極的に休憩） 熱中症の危険が増すので、積極的に休憩をとり適宜、水分・塩分を補給する。激しい運動では、30分おきくらいに休憩をとる。
注意 25℃未満	強い生活活動でおこる危険性	一般に危険性は少ないが激しい運動や重労働時には発生する危険性がある。	注意（積極的に水分補給） 熱中症による死亡事故が発生する可能性がある。熱中症の兆候に注意するとともに、運動の合間に積極的に水分・塩分を補給する。

※1日本生気象学会「日常生活における熱中症予防指針　Ver.4」（2022）　※2日本スポーツ協会「スポーツ活動中の熱中症予防ガイドブック」（2019）
出所：環境省『熱中症環境保健マニュアル2022』、2022年より筆者改変。

　なお室内においては、気温と相対湿度から熱中症のリスクを判断する場合も想定されます。そのような場合は暑さ指数（WBGT）を容易に推定できると便利です。下記の図は室内を対象とした気温と相対湿度から簡易的に暑さ指数を推定する図です。ただし、この図はあくまでも日射のない室内専用です。室内でも日射が入る場合は使用できません。園では黒球付きのWBGT測定器等を用いて評価するようにしましょう。

図3－5　室内を対象とした気温と相対湿度からWBGTを簡易的に推定する図（室内用のWBGT簡易推定図）

室内用のWBGT簡易推定図 Ver. 4

室内用Ver. 4 日本生気象学会

相対湿度 [%]

気温[℃] \ 相対湿度[%]	20	25	30	35	40	45	50	55	60	65	70	75	80	85	90	95	100
40	28	29	30	31	32	33	34	34	35	36	36	37	38	38	39	39	40
39	27	28	29	30	31	32	33	34	34	35	35	36	37	37	38	38	39
38	26	27	28	29	30	31	32	33	33	34	35	35	36	36	37	37	38
37	26	27	28	29	29	30	31	32	33	33	34	34	35	36	36	36	37
36	25	26	27	28	29	29	30	31	31	32	33	34	34	35	35	36	36
35	24	25	26	27	28	29	29	30	31	32	32	33	33	34	34	35	35
34	24	25	25	26	27	28	29	29	30	31	31	32	32	33	34	34	
33	23	24	25	25	26	27	27	28	29	30	30	31	31	32	33	33	
32	22	23	24	24	25	26	26	27	28	28	29	30	30	31	31	32	
31	21	22	22	23	24	25	25	26	27	27	28	29	29	30	31	31	
30	21	21	22	23	23	24	25	25	26	27	27	28	29	29	30	30	
29	20	21	21	22	23	23	24	25	25	26	27	27	28	28	29	29	
28	19	20	21	21	22	22	23	24	24	25	26	26	27	27	28	28	
27	18	19	20	20	21	22	22	23	24	24	25	26	26	27	27		
26	18	18	19	20	20	21	22	22	23	24	24	25	25	26	26		
25	17	17	18	19	19	20	21	21	22	22	23	24	24	25	25		
24	16	17	17	18	19	19	20	21	21	22	22	23	23	24	24		
23	15	16	16	17	18	18	19	20	20	21	21	22	22	23	23		
22	15	15	16	16	17	18	18	19	19	20	20	21	21	22	22		
21	14	14	15	15	16	16	17	17	18	18	19	19	20	20	21	21	

WBGTによる温度基準域

| 危険 31℃以上 |
| 厳重警戒 28℃以上31℃未満 |
| 警戒 25℃以上28℃未満 |
| 注意 25℃未満 |

【注意】この図は「日射のない室内専用」です。屋外では使用できません。また、室内でも日射や発熱体のある場合は使用できません。そのような環境では、黒球付きのWBGT測定器等を用いて評価して下さい。

出所：日本生気象学会「日常生活における熱中症予防指針 Ver.4」、2022年。

（田中）

環境省『熱中症環境保健マニュアル2022』、2022年。
日本生気象学会「日常生活における熱中症予防指針　Ver.4」、2022年。
日本スポーツ協会「スポーツ活動における熱中症予防ガイドブック」、2019年。

2 子どもと薬

(1) 園での薬の扱い方

本来，子どもの薬は保護者が与えるものですが，慢性疾患の場合や病気の回復期には，園での与薬が必要な場合もあります。保護者が登園して薬を与えることが望ましいのですが，やむを得ない場合は保育者が与薬を行うこともあります。保育者が園で与薬する際は，保護者に与薬依頼票を提出してもらいます。園で与薬できる薬は，医師から処方されたものに限定し，市販の薬は預からないようにします。園では原則として薬を預からないことを保護者に理解してもらい，受診の際，医師になるべく保育時間を避けて処方してもらうよう保護者に伝えましょう。

園で薬を扱う場合には，次のようなことに留意しましょう。

- 与薬依頼票は，医療機関名または医師名，薬の種類，内服方法を記入してもらいます。
- 預かる際に，薬の袋や容器に記名がしてあるかを確認し，1日分のみ預かります。
- 預かった薬は，施錠ができる薬品棚など，子どもの手の届かないところに保管します。薬の保管場所や薬を取り扱うときの決まりなどは，職員全体で周知しておきます。
- 与薬するときには，重複与薬，人違い，与薬量の間違い，与薬忘れ等がないように，複数の保育者で確認します。
- やむを得ず保育者が坐薬を扱う場合は，医師の指示に基づき慎重に取り扱います。
- 園では与薬管理表などを作り，いつ，誰が，誰に与薬をしたか，与薬後の健康状態を記録し，降園時に必ず保護者

図3－6　与薬依頼票（連絡票）

連　絡　票
（保護者記載用）

令和　　年　　月　　日 記

依頼先	保育園名　　　　　　　　　　宛
依頼者	保護者氏名　　　　㊞　連絡先　電話 子ども氏名　　　　（男・女）　　歳　　カ月　　日
主治医	電話 （　　　　　　　　病院・医院）　FAX
病　名 （又は症状）	

（該当するものに○，または明記）
(1) 持参したくすりは　平成　　年　　月　　日に処方された　　日分のうちの本日分
(2) 保管は　室温・冷蔵庫・その他（　　　　　　　　）
(3) くすりの錠型　粉・液（シロップ）・外用薬・その他（　　　　　　　　）
(4) くすりの内容　抗生物質・解熱剤・咳止め・下痢止め・かぜ薬・外用薬（　　　　　　　　）
（調剤内容）
(5) 使用する日時　平成　　年　　月～　　月　　日　午前・午後　　時　　分
又は　食事（おやつ）の　　分前・　　分あと
その他具体的に（　　　　　　　　）
(6) 外用薬などの使用法
(7) その他の注意事項

薬剤情報提供書（あり・なし）

保育園記載
受領者サイン
保管時サイン　　　　　　月　　日　　時　　分
投与者サイン　　　　投与時刻　　月　　日　午前・午後　　時　　分
実施状況など

出所：日本保育保健協議会HP「連絡票」より筆者改変（https://nhhk.net/assets/doc/health/contact.pdf　2022年8月23日閲覧）。

に伝えます。口頭だけでなく，連絡帳に記入しておくとよいでしょう。

（2）薬の与え方

薬の特性によって，服用時間が異なります。十分な効果が得られるように，指示どおり，規則正しく服用することが大切です。

食　前：食事の約30分前に服用します。胃腸薬，糖尿病薬などがあります。

食　後：食事の後約30分以内に服用します。食後に飲むことで，薬の刺激が少なくなります。一般的に多くの薬の服用時間として指示されます。

食　間：食事と食事の間で食後2時間くらい経過した時間に服用します。

時　間：血中の薬の濃度を一定に保つため，指示された時間に服用します。ぜん息，てんかんなどの薬があります。

就寝前：就寝前に服用します。睡眠薬，下剤，鎮痛薬などがあります。

頓　服：必要時にのみ服用します。解熱鎮痛薬，咳止め，便秘薬などがあります。

1）飲み薬

薬は，好んで飲む子どももいれば，嫌がって飲まない子どももいます。また薬はそれぞれ味や香りが違うので，毎回同じ方法で飲んでくれるとも限りません。その時々の子どもの反応に応じて，飲ませるための工夫をしましょう。

園で薬を預かる際には，家庭での飲み方を聞いておきましょう。薬が苦手な子どもに対しては，保育者が励ましたり，ほめたりすることも大切です。

●粉　薬

粉薬はそのまま飲ませるとむせることがあります。乳児の場合は，粉薬をごく少量の水で練り，保育者の指先につけて口の中に塗りつけ，そのあと水や白湯を飲ませます。または少量の水で溶き，水薬と同じように乳首やスポイトなどを使い飲ませる方法もあります。

幼児の場合は，粉薬を少量の水で溶いたものをスプーンで与えます。小さめのスプーンを用い，こぼれないようにスプーンを完全に口の中に入れて飲ませます。2～3歳を過ぎ，嫌がらなければ，粉薬をそのまま口に入れて，最後に水か白湯を飲ませる方法で飲ま

粉薬　少量の水

練って指先にのせる。

口の中にぬりつけ，そのあと水や白湯を飲ませる。

せることもできます。

●水　薬

　水薬は，薬の成分が沈殿していること
があるため，容器を軽く振って混ぜます。
指示に従い正確な量を測って飲ませま
す。

　乳児の場合は，乳首に入れて吸わせた
り，スポイトやスプーンを使い，口の端
から少しずつ流し込みます。一度に入れ
すぎると，こぼれたり，むせたりするの
で気をつけます。

　幼児も同様に飲ませますが，小さなコ
ップなどを使って直接飲ませてもよいでしょう。

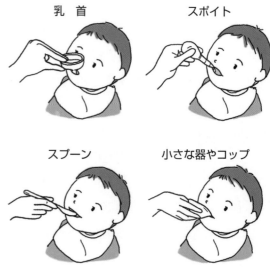

乳　首　　　　　　スポイト

スプーン　　　　　小さな器やコップ

（ワンポイントアドバイス）　飲み薬を飲ませるときに気をつけること

　薬を飲むのを嫌がる子どもに薬を飲ませる工夫の一つに，食べ物に混ぜるという方法が
あります。方法を誤ると薬の飲み残しにつながったり，薬が吸収されにくくなるため，服
用時の注意点を知っておきましょう。

　飲み薬を食べ物に混ぜる場合は，１食分ではなく少量に混ぜましょう。食べ残したり，
飲み残したりすることで，薬を全量摂取できなくなることを防ぎます。またミルクやおか
ゆなどの主食に混ぜると，その後に授乳や食事が嫌いになる可能性があるので避けます。
また薬によっては，柑橘系のジュースやヨーグルトと混ぜると苦味を増す薬，牛乳と飲む
と吸収されにくくなる薬，アイスクリームに混ぜると舌触りが悪くなる薬などがありま
す。処方時に医師や薬剤師から受けた注意を守り，子どもがきちんと薬を飲めるよう気を
つけましょう。

（両角）

２）塗り薬

　皮膚の病気や症状に用いられます。ステロイド薬，消炎薬，抗菌薬，抗真菌薬，か
ゆみ止め，保湿剤などの種類があります。

①　保育者の手をきれいに洗います。

②　子どもの患部は濡らしたタオルで拭くなどして清潔にしておきます。

③　薬は必要な量だけを手の甲に取り出します。患部に触った指を容器に戻すことは，雑菌が繁殖する原因になるので避けましょう。

④　取り出した薬は均一に塗れるように，何か所かにわけて患部の周りにおき，薄くのばしながら塗ります。

⑤　子どもが塗った薬を気にするようなときには，清潔なガーゼで覆いましょう。

3）目　薬

目薬は，細菌やウイルス，アレルギーなどによる目の症状に用います。2種類以上の目薬を同時に使用する際は，5分程度あけて使用します。子どもが泣くと，薬が涙と一緒に流れ出てしまうので，機嫌の良いときにさすようにしましょう。

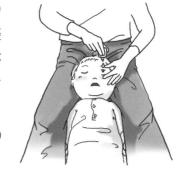

①　子どもを仰向けに寝かせ，動かないように保育者の脚で子どもの頭と腕を固定します。

②　目を大きく開かせ，目尻か目頭に薬を1滴落とします。このとき，容器の先が目やまつ毛に触れないように気をつけましょう。

③　すぐに子どもの目頭を押さえ，30秒ほどまぶたを閉じさせて，薬をなじませます。あふれた分はティッシュなどで，軽く押さえて拭き取ります。

4）吸入薬

吸入薬には，霧状にした薬剤をガスと一緒に吸い込むエアゾールタイプと，細かい粉末状の薬剤を吸い込むドライパウダータイプがあります。よく利用される吸入薬には，ぜん息の薬などがあります。補助具や薬剤によって使用方法や注意点が異なるので，事前に詳しい使用方法を確認しておくことが大切です。

●エアゾールタイプ

①　使用前によく振ります。補助具を使用する場合は補助具と吸入薬を接続し，薬のボンベの底を強く押して補助具内に薬を噴霧します。

②　子どもに一度息を吐き出させ，補助具の吸入口をくわえさせます。マスク付の場合は，マスクで鼻と口をしっかり覆います。

③　ゆっくり吸い込んでもらい，10秒ほど息を止めた後，ゆっくり息を吐き出させます。

第1章

第2章

第3章

第4章

第5章

第6章

●ドライパウダータイプ

　吸入器のふたを開け，息を吹きかけないようにして口にくわえ，薬を深く吸い込み10秒ほど息を止めた後，鼻から息を吐き出させます。

5）坐　薬

　坐薬は，薬の成分を直腸の粘膜から直接吸収させるので，早く効き目が現れます。坐薬には解熱剤，けいれん止め，吐き気止めなどがあります。坐薬は体温で溶けるように作られているので，必ず冷蔵庫に保管しましょう。2種類以上の坐薬や同じものを続けて使いたい場合は，時間をあけて使用します。

①　坐薬を使用するときには，感染予防のために，使い捨ての手袋を装着して行います。

②　乳児から2歳頃までは，仰向けで足を深く曲げた姿勢をとらせます。年齢が上がってからは，左を下にして横向きに寝かせ，軽く足を曲げさせます。

③　入れるときには先端にベビーオイルなどの潤滑剤を塗り，先のとがった方から肛門に挿入します。このとき，肛門の緊張を和らげるため，口をあけて静かに息をしてもらいます。

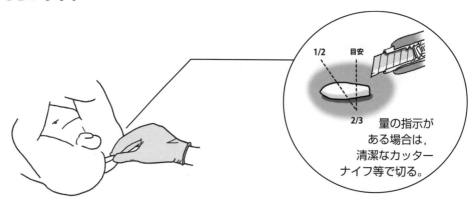

1/2　目安
2/3
量の指示がある場合は，清潔なカッターナイフ等で切る。

④　肛門に人差し指を第一関節あたりまで入れて押し込むと，坐薬が戻りにくくなります。入れたあとは，坐薬が出てこないように，ティッシュで1〜2分くらい肛門を押さえておきます。坐薬が出てきてしまった場合は，溶けていなければもう一度入れ直しましょう。溶けてしまっている場合は，医師の指示に従います。

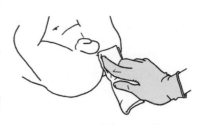

2 応急手当

　園には好奇心旺盛で元気いっぱいの子どもが大勢集まっているため，保育者が細心の注意を払っていても怪我や事故が発生してしまうことがあります。もし，子どもが怪我をしてしまったときは，保育者は子どもの様子をよく観察して応急手当を行います。

　応急手当とは怪我の手当など，一般の人が医療器具などを使わずにできる手当のことです。応急手当は怪我や病気を治療することが目的なのではなく，怪我をした人や病気の人の現状がこれ以上悪化しないために行われるものです。

　子どもの怪我は，その重症度に応じて次の3つの場合に大きく分けられます。

① 　保育者が応急手当をして経過を観察する

② 　保育者が応急手当をして，早急に医療機関に搬送する

③ 　ただちに救急車を要請し，医療機関に搬送する

　保育者はこれらを正しく判断することが大切です。いずれの場合も保育中におきた怪我については，小さな怪我であっても保護者に必ず報告します。あわせて，怪我の発生時の状況から園で行った対応，保護者への連絡，治療経過などを経時的に記録しておきます。記録の主なポイントは，①日時，②怪我をした子どもの氏名，③発生場所，④怪我の内容や症状，⑤応急手当など園での対応，⑥保護者への連絡事項，⑦記載者などで，時間の経過と対応事項を簡潔に記載しておきます。

　このような記録からは，怪我の発生原因の究明や再発防止対策の検討などに役立つ情報を得ることができます。また，時間が経ってから症状が出たり，後遺症が残ってしまった場合などにもこのような記録は必要になるため，手当の記録は必ず残しておきます。園での怪我やその対応を巡る保護者とのトラブルを未然に防ぐために記録を残すとともに，日頃から園での手当や対応をきちんと保護者へ連絡する習慣をつけましょう。普段から保護者との関係を築いておくことが，このようなトラブルを防ぐためには非常に重要です。

表3－3　手当の記録表（例）

月日	時間	なまえ	発生場所	怪我の内容や症状	手当	備考	記載者
6/18	10：35	○○　○○	廊下	右側頭部，友だちとぶつかる	はれ，冷却 10分後，症状軽減	保護者に連絡済 6/19登園	○○
	11：40	△△　△△	園庭	左ひざ，ころんですりきず	洗浄，ばんそうこう		××
	11：50	□□　□□	保育室	発熱　37.8℃	ベッドで休む	12：00　保護者に 連絡 12：30　早退	○○

> ＜ワンポイントアドバイス＞　**手当のときに心がけること**
>
> 　「手当」とは「手を当てる」と書きます。「痛いの痛いの飛んでいけ～」や，おなかが痛いときに，おなかをさすってもらうと痛みが和らいでほっと感じたことはありませんか。正しい手当ができることはもちろんですが，同時に怪我をしている子どもや体調が良くない子どもの気持ちに寄り添い，安心させてあげることが大切です。手当をする保育者が慌てていると手当される子どもも不安になります。手当を行う際には「安心させる，元気づける声かけ」「落ち着いて対応する」ことを心がけましょう。
>
> 　口調や話す速さ，声のトーン，目線，触れ方にも気をつけます。保育者が立ったまま「どこでどうして，けがをしたの？」「も～，また転んだの？」と早口にまくし立てるように聞いては，子どももなかなか落ち着いて答えられないのではないでしょうか。
>
> 　また「大丈夫だよ～」と伝えるのはよいのですが，「大丈夫？」と聞いてしまうと「大丈夫」と答えてしまいがちです。「どこか痛いの？」「おなかが痛いの？」「痛いところに手を当ててみて」などと聞き方を工夫してみましょう。　　　　　　　　　　（田中）
>
>
> 痛かったね～
見せてね～
>
> 子どもと目線を合わせ，ゆっくり話しかけましょう。
>
>
> も～，また転んだの～？
>
> 保育者がまくし立てるように話すと，子どもは萎縮してしまいます。子どもの方に体を向けて落ち着いて話しましょう。

第3章

1 主な怪我等への対応

切った　擦った　刺した

傷

出血

　ハサミや紙などで指を切る，転んで膝や手を擦りむく，とげが刺さるなど，皮膚の表面に傷ができることを創傷と呼びます。

　これまでの創傷の手当は，水道水で患部を洗ったあと，化膿を防ぐために消毒し，絆創膏やガーゼなどで覆い，乾燥させて痂皮（かさぶた）を作りながら治すのが一般的でした。しかし，皮膚には自然治癒力があり少量の細菌があっても傷は治っていくことから，最近ではすり傷や切り傷などの創傷に消毒薬を使わず，水道水や生理食塩水，石鹸などで傷口を洗い流し，消毒をしない手当も行われるようになってきました。

　このような方法を取り入れている園も増えてきていることから，園医やかかりつけ医と相談し，保護者の意向も確認しながら手当を行うようにしましょう。

　また，創傷には次のような種類があるので，子どもがどのような傷を負ったのか確認して対応しましょう。

- 裂創（れっそう）－ぶつけたり，ねじったりして皮膚が裂けた状態
- 切創（せっそう）（切り傷）－鋭利なものにより皮膚が切り裂かれた状態
- 擦過創（さっかそう）（擦り傷）－転倒などにより皮膚の表面が擦れた状態
- 挫創（ざそう）－ぶつけたり擦ったりして皮膚の表面に穴が開いた状態
- 刺創（しそう）（刺し傷）－細くて鋭利なもので皮膚が突き刺された状態

図3－7　創傷の種類

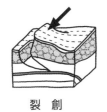
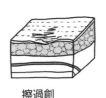
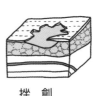

裂　創　　　　切　創　　　　擦過創　　　　挫　創　　　　刺　創

出所：郷木義子・松﨑美保子監修『目で見てわかる応急手当マニュアル～教育・保健・福祉領域で健康支援に
　　　関わる専門職のために～』ふくろう出版，2020年。

園や家庭での対応

① 傷口が土などで汚れている場合は流水で洗い，傷口の大きさや深さを確認します。

※とげが刺さったときは，とげの先が見えていれば毛抜きなどを使い，引っ張って抜きます。皮膚の中に入り込んでしまっているときは，熱消毒した針やピンセットで取り除きます。

② 出血している場合は傷口の上から清潔なガーゼをあてて止血します。

③ 血が止まったら，絆創膏などで傷口を保護します。

出血が多いときは，傷口を心臓より高い位置にもち上げるようにします。

図3-8 傷の種類と手当

擦り傷

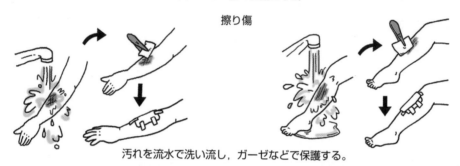

汚れを流水で洗い流し，ガーゼなどで保護する。

切り傷

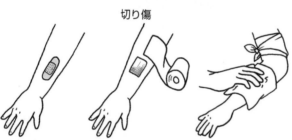

小さな切り傷はよく洗って絆創膏を貼る。
出血が多い場合は，三角巾やガーゼなどで上から押さえる。

刺し傷

傷の奥までよく洗う。刺さったものが取れずに残っている場合は，無理に抜かずに清潔なガーゼなどで覆って医療機関を受診する。

🏥 **このようなときは医療機関へ**

●出血がなかなか止まらないとき　　●ガラスや釘が刺さったとき

●頭や顔を大きく切ったとき　　　　●傷が乾かずに化膿してきたとき

覚えておこう！

湿潤療法（モイストヒーリング）

　これまでの創傷の手当は，患部を洗って消毒し，絆創膏を貼ったあと，乾燥させるという治療方法が一般的でした。しかし，湿潤療法（モイストヒーリング）は，患部を消毒せずに少し湿った状態を保ちながら治癒させるという療法です。日本では2001（平成13）年頃より注目され始めました。

　湿潤療法の利点として，

●患部を乾燥させないため絆創膏などにくっつかず手当するときの痛みがない

●傷跡やケロイドなどの発生が少ない

などがあげられています。

　しかし出血が多かったり，創傷面が深い傷や広い傷，広範囲のやけどなどには適応しないため，保育施設で行うのは難しいという現状があります。また，湿潤療法で使用される「ハイドロコロイド素材」は大人より皮膚が薄い子どもの肌を傷つける恐れがあるため，市販品の使用説明書には「2歳以下は使用禁止」と明記されています。3歳以上の子どもに使用する際も傷や肌の状態に注意してはがすようにしましょう。

　保育施設での応急手当は，治療ではなくあくまでも家庭へつなげる範囲の手当なので，最終的な判断は保護者に委ねる必要があります。よって，汚れがひどく，感染が疑われるような場合は安易に行わずに，保護者や医師の判断に任せましょう。

　もし，保育施設で湿潤療法を取り入れるのであれば，園の方針を保護者へ事前に説明し，家庭での経過観察をお願いしましょう。

　また，湿潤療法を行っているときも，創傷周囲が発赤したり，腫れたり，痛みが改善しないときや，膿や血液，浸出液が出続けるときなどは，長時間密封せずに湿潤療法を中止して受診するようにします。　　　　　　　　　　　　　　　　　　　　（内山）

　ジョンソン・エンド・ジョンソン㈱　キズパワーパッド™の使い方（https://www.band-aid.jp/kizupowerpad/use　2022年8月23日閲覧）

ぶつけた　打った

腫れ・内出血

頭部の怪我

　手足を強くぶつけたり，打ったりすると皮膚に傷がなくても皮下出血をしてあざができたり，こぶができたりすることがあります。軽い打撲であれば，まずは冷やし

て様子をみますが，頭部や胸部，背部を強くぶつけた際には医療機関への搬送が必要になることもあります。

 園や家庭での対応

① 傷がある場合は包帯の上から，傷がない場合は直接，患部を氷嚢や水で濡らしたタオルなどで冷やします。

② 頭部を打った場合は安静にして寝かせて，吐き気などがないか様子をみます。

③ 胸部を打った場合は胸を圧迫しないように壁に寄りかからせるなどして，呼吸が楽になる姿勢にして様子をみます。

④ 腹部を打った場合は，衣服をゆるめ，膝を抱えて横向きにしたり，仰向けにして足を高く上げるなど，本人にとって楽な姿勢で寝かせて様子をみます。

🏥 **このようなときは医療機関へ**

●ひどく痛がるとき

●時間とともに腫れがひどくなってきたとき

●２〜３日経過しても腫れがひかないとき

🚑 **このようなときは救急車を要請**

●頭部を打ち，頭が陥没しているとき

●嘔吐を繰り返すとき

●名前を呼んでも返事がないとき

●けいれんがみられるとき

第1章

第2章

第3章

第4章

第5章

第6章

覚えておこう！

RICE

打撲・捻挫・脱臼・骨折などの応急手当の基本は，その頭文字をとってRICEといいます。

●Rest　安静にする

患部を無理に動かしたり，引っぱったりすると，痛みがひどくなるばかりでなく，傷の悪化を招きます。できるだけ安静を保つようにしましょう。

●Icing　冷やす

患部を冷やすことにより，内出血や腫れを抑えます。氷嚢を使用するときは，氷の角を水で丸くし，中の空気を抜くと患部に密着しやすくなります。

●Compression　圧迫・固定する

患部を包帯などで圧迫・固定することにより患部の安静を保ち，出血や痛み，腫れを防ぎます。患部が動いてしまうことによりできる新たな傷も防ぎます。

●Elevation　高く上げる

患部を高く上げることで，出血量を減らしたり，腫れを抑えます。

捻挫や骨折は外側から見ただけでは判断がつきにくいことがあります。捻挫だと思っていたら骨折していたというケースもあるため，専門医に診てもらうようにしましょう。

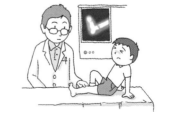

（田中）

骨折した　捻挫した　脱臼した

骨折

腫れ

　子どもは体の大きさに占める頭部の割合が大きく，またバランス感覚が未熟なため，高いところから落ちたり，転んだりして骨折（こっせつ）や捻挫（ねんざ）をすることがあります。

園や家庭での対応

① 　三角巾などの包帯や副木（ふくぼく）を患部にあて，動かないように固定します。
② 　氷嚢（のう）や水で濡らしたタオルで冷やします。
③ 　上肢であれば机の上にのせたり，三角巾で動かないようにつります。
④ 　下肢であれば足の下にタオルなどを入れて患部を心臓より高く上げて様子をみます。

図3－9　骨折や捻挫の手当

　骨折が疑われる場合は，患部に副木をあてて動かないように固定し，医療機関を受診する。
　ちょうど良い副木がない場合は，下記のような物で代用できる。

アイスキャンデーの棒やかまぼこの板，筆記用具など

箸，ものさし，傘，雑誌など

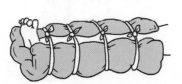

木の枝や毛布など

🏥 このようなときは医療機関へ

●患部が明らかに変形しているとき

●立ち上がれないほど痛がるとき

●患部を動かすことができないとき

●皮膚の色が変わり，大きく腫れているとき

●顔色が悪くなり，ふるえがきているとき

　骨折と捻挫を見分けるのは難しいため，様子を観察して疑わしいときには迷わずに受診するようにしましょう。

🚑 このようなときは救急車を要請

●折れた骨が皮膚を破って外に突き出している開放性骨折のとき

●ショック状態となり血圧の低下や意識障害がみられるとき

 覚えておこう！

ショック

　医学的にいうショックとは，血圧が下がり全身の血液の流れが急に悪くなった結果，体全体の機能が著しく低下した状態をいい，命に関わることもあります。ショックの原因は多量の出血，激しい下痢や嘔吐，脱水，強い痛みや不安感などさまざまです。

　例えば，骨折をして多量の出血がみられる場合には，出血，痛みによる苦痛や不安感などによりショックをおこす可能性があるということです。また，胸やおなかを打った場合など，体の外から見て傷がないような場合でも，内臓を損傷しているとショックをおこすことがあります。いずれの場合も適切な応急手当をし，医療機関を受診します。傷病者の手当を行うときは，ショックをおこす可能性があることを念頭におき，ショックの予防に努めることが大切です。心身の安静をはかり，安心させ，元気づけるような言葉かけを心がけましょう。

　ショックの兆候は，顔色蒼白，浅くて速い呼吸，脈拍が触れにくい，皮膚の冷感や冷や汗，ぐったりしているなどです。

ショックの予防

●原因の除去：止血や患部の固定など，適切な応急手当を迅速に行います。

●適当な体位：状態に応じた最も良い体位をとらせます。

●保　　　温：体温を保てるようにします。

●安　　　静：揺さぶるなどして激しく動揺させないようにします。　　　　　（田中）

第1章

第2章

第3章

第4章

第5章

第6章

かまれた　ひっかかれた

傷　　出血

子どもは友だちとけんかをしてかまれたり，ひっかかれたりすることがあります。また，散歩中に犬にかまれる，猫にひっかかれる，園で飼育しているニワトリにつつかれる，遠足などに行った野山でヘビにかまれることなどもあります。なお，友だちをかんでしまった子どもに対しては，感染予防の観点から，口をゆすぐよう促します。

園や家庭での対応

① 傷口を流水で洗います。
② 洗浄をして，清潔なガーゼで傷口を保護します。

> 🏥 **このようなときは医療機関へ**
>
> ●動物にかまれたとき
> ●傷口が深く，出血が止まらないとき
> ●目の周りや眼球をひっかかれたり，つつかれたとき

口の中の怪我

唇・口の中の怪我　歯の怪我

子どもはぶつかったり転んだりして口の中や唇を切ったり，歯が折れたり欠けたりすることがあります。口の中の傷は軽いことが多く治りやすいのですが，園で手当をするのが難しいと判断した場合は歯科や口腔外科を受診します。

折れたり欠けたりした歯は，状態によっては元の位置に戻せる可能性があります。歯をもつときは，根の方をもたないように注意します。水道水で洗わずに生理食塩水や牛乳の中に入れて乾燥させないように保存し，できるだけ早く受診しましょう。

園や家庭での対応

① ぬるま湯で軽くうがいをさせ，明るい場所で口の中の状況を確認します。

② 口の中に異物がある場合は取り除きます。

③ 口の中が出血している場合は，脱脂綿や清潔なガーゼをかませ，出血が止まるのを待ちます。

④ 頬が腫れている場合は，冷たいタオルなどで冷やします。

> **🏥 このようなときは医療機関へ**
>
> ●なかなか出血が止まらないとき
>
> ●歯が折れたり，欠けたり，グラグラしているとき
>
> ●あごや歯ぐきを激しく痛がるとき

鼻出血
びしゅっけつ

鼻出血

子どもは鼻をいじったり，ぶつけたりしてよく鼻血を出します。また，暑い環境でのぼせて鼻血を出す子どももいます。出血量が少なくすぐに止まるようなら心配はいりません。

出血がひどいときには鼻の中に詰め物（鼻栓）をして止血することもありますが，ティッシュや綿球を入れると血が乾いたときに粘膜に繊維がくっついてしまいます。基本的には詰め物は使用せず，キーゼルバッハ部位をしっかりおさえて止血し，出てきた血液を受け止めるようにしましょう。また，頻回に出血するときは，耳鼻科を受診しましょう。

園や家庭での対応

① いすに少し前かがみに座らせます。鼻出血しているときに上を向かせたり，仰向けに寝かせると血液がのどのほうに流れて嘔吐を誘発することがあるのでやめましょう。

② 鼻のつけ根にあるキーゼルバッハ部位を強めにつまみます。

このようなときは医療機関へ

●頭部を強く打った後の鼻出血

●15分以上，出血が止まらないとき

図3-10　キーゼルバッハ部位

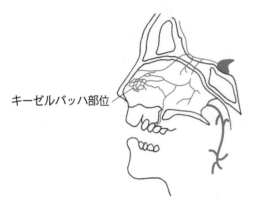

キーゼルバッハ部位

図3-11　鼻出血の手当

少し前かがみに座り，キーゼルバッハ部位をつまむ

目の怪我

涙目　目の充血　まぶたの腫れ

　砂やゴミなどの異物が目に入った場合は，しばらく目を閉じていると涙と一緒に流れ出ることがあるので少し様子をみます。その際には目に傷をつけてしまわないように，こすらないように注意します。また，目や目の周辺にボールなどが当たった場合は，時間が経過してから視力などに影響することがあります。このことを保護者にも伝えて，園においても注意深く経過観察をします。

園や家庭での対応

①　流水または洗面器に水をためて，目を洗います。

②　異物が入ったほうの目をつぶらせ，目頭を軽く押さえ，自然に涙が出てくるのを待ちます。

③　異物が見えるようであれば，湿らせた綿棒やガーゼなどで取り除きます。

> 🏥 **このようなときは医療機関へ**
>
> ●洗剤や鉛筆，箸，ガラスなどが目に入ったとき
>
> ●異物がなかなか取れないとき
>
> ●異物が取れた後も充血しているとき
>
> ●眼球に出血がみられるとき
>
> ●物が二重に見えたり，かすんで見えるとき
>
> ●目が開けられないとき
>
> ●激しい痛みが取れないとき

虫さされ

かゆみ　　腫れ

　蚊，ハチ，ダニ，ノミなどの虫に刺されたり，毛虫の毛が皮膚につくと，患部が赤く腫れ，かゆくなったり，熱をもったりします。子どもは皮膚も薄く，免疫も未熟なため，腫れがひどくなりやすく，また患部をかきむしって化膿させてしまうこともあります。

　虫が多い夏の外遊びの際には，虫除けスプレーや蚊取り線香などを上手に利用し，できるだけ虫に刺されないようにしましょう。また，木陰や軒下などにハチの巣や毛虫などがいないか定期的に点検し，見つけた際には速やかに駆除するようにしましょう。

🔴 園や家庭での対応

① その場から離れて安全な場所に移動します。

② ハチなどに刺された場合は，ピンセットやセロハンテープで針を抜きます。ハチなどの針を取り除くときは，針に残っている毒の部分をつぶさないようにします。何もない場合は，針を指でつまむのではなく，クレジットカードのような薄くて硬いものではじくように取ります。

③ 患部を大量の水で洗います。

④ 冷たいタオルや氷嚢で冷やします。

⑤ 抗ヒスタミン薬などの軟膏を塗ります。

⑥ かいてしまうときは，かかないようにガーゼなどで患部を覆います。

⑦　刺されたあとに吐き気があったり，全身がかゆくなるなどの症状があらわれたときは，軽症であってもすぐに受診します。

 このようなときは医療機関へ

●スズメバチやアシナガバチなどの大きなハチに刺されたとき

●ミツバチのような小さなハチでも，一度にたくさん刺されたとき

●ひどく腫れたり痛みが強いとき

🚑 **このようなときは救急車を要請**

●ハチなどに刺されてアナフィラキシーショックをおこし，血圧の低下や意識障害がみられるとき

やけど

やけど

水ぶくれ

　子どものやけどのほとんどは軽症ですが，重症の場合は跡が残ったり，命に関わることもあります。また，湯たんぽや使い捨てカイロ，ヒーターの温風などを長時間同じ部位にあてていると，低温やけどになることがあります。やけどの重症度は，患部の面積と深度で決まるので，低温やけどでも広範囲の場合は重症となります。

図3－12　やけどの手当

園や家庭での対応

① 流水で痛みや熱感がなくなるまで冷やします。衣服が患部に張りついている場合は無理にはがさずにシャワーなどを使って冷やします。

② 患部をガーゼなどで保護します。

③ 水ぶくれは細菌感染を防ぐためにできるだけつぶさないようにします。

痛みや熱感がなくなるまで流水で患部を冷やす。
流水をあて続けるのが難しい場合は，バケツなどに水をため，その中に患部を入れて冷やす。

表3-4　やけどの深度

	皮膚の外観	症 状	経 過
I度	発　赤	ヒリヒリした痛み	数日で治癒
II度	水　疱	時に強い疼痛	感染がなければ1～2週間で治癒
III度	青白色，皮膚がない	疼痛を感じない	数か月を要し瘢痕が残る 皮膚移植が必要

このようなときは医療機関へ

● 患部に衣服がくっついてはがれないとき

● 顔や陰部をやけどしたとき

● 広範囲のやけど

● I度で手のひらより大きなやけど

● II度で500円硬貨より大きなやけど

● III度のやけど

（ワンポイントアドバイス）　外科，整形外科，形成外科，皮膚科の違い

　子どもが怪我をしたときに，何科を受診したらよいか迷うことがあります。各科の違いは以下の通りです。傷や怪我の種類や程度に応じて，受診する科を判断しましょう。

● 外　　科：手術によって怪我や病気を治療する科です。大きな傷や深い傷の場合は一般的に外科を受診します。

● 整形外科：筋肉，骨格，関節など外側からは直接見えない場所の損傷をレントゲンなどを用いて診断し，治療する科です。捻挫，打撲，骨折などが疑われる場合は外科の中でも整形外科を受診します。

● 形成外科：皮膚の表面に近い部分の怪我を治療したり，やけどの跡や怪我で失われた体の部分の修復などを行う科です。顔面の傷や骨折，大きな火傷などの場合に受診します。

● 皮 膚 科：小さな傷や浅い傷，軽度のやけどなどは皮膚科を受診します。

　体や顔に跡が残りそうな怪我の場合には，軽度の怪我であっても形成外科を受診するほうがよいことがありますので，園から直接医療機関へ搬送する際には保護者とよく相談して搬送先を決めましょう。　　　　　　　　　　　　　　　　　　　　　　　　　（内山）

第1章

第2章

第3章

第4章

第5章

第6章

誤飲・誤嚥

窒息

誤飲とは食べ物や本来飲み込まない物を誤って飲み込むことをいい，誤嚥とは気管に物が入ってしまうことをいいます。

誤飲・誤嚥が疑われたら，何をどのくらい飲み込んだのかを残った物などで確認し，対応します。何を飲み込んだのかわからないような場合には，かかりつけ医か中毒110番などを利用し，対応を聞くことができます。

子どもはその発達段階において何でも口に入れて確かめる時期があるため，誤飲・誤嚥を予防するには，ボタン，タバコ，電池，小銭，薬など誤飲・誤嚥する可能性があるものは子どもの手の届かない場所へ置くなどの配慮が必要です。

 園や家庭での対応

① ボタンなどの固形物の場合は吐けるようであれば吐かせます。

② 風船やラップなどのビニールの場合は，口の中をみて取れそうであれば取り出します。

③ 万が一誤飲・誤嚥が発生し，呼吸困難になってしまったときは速やかに気道異物の除去を行いましょう（p.116 2 気道異物の除去 参照）。

🏥 このようなときは医療機関へ

●灯油，強酸性・強アルカリ性洗剤などを飲んだとき

🚑 このようなときは救急車を要請

●呼吸困難になったとき　　　●意識がなくなったとき

図3－13　中毒センターの連絡先

日本中毒情報センター
　大阪中毒110番　　　　　 TEL：072－727－2499（365日24時間対応・情報提供料：無料）
　つくば中毒110番　　　　 TEL：029－852－9999（365日9〜21時対応・情報提供料：無料）
　たばこ誤飲事故専用電話　 TEL：072－726－9922（365日24時間対応，自動音声応答による
　　　　　　　　　　　　　　　　　　　　　　　　　　　　　　情報提供・情報提供料：無料）

出所：日本中毒情報センターHP
　　　https://www.j-poison-ic.jp/110serviece/service-guide-genelal/　（2022年8月23日閲覧）

図3−14　誤飲の対応

第1章

第2章

第3章

第4章

第5章

第6章

緊急度
高

灯　油

灯油やガソリン，除光液などは何も飲ませず，吐かせずに至急医療機関を受診する。

漂白剤　　　　　　トイレ用洗剤

強酸・強アルカリ系漂白剤やトイレ用洗剤などは水か牛乳を飲ませ，吐かせずに至急医療機関を受診する。

防虫剤（ナフタリン）

防虫剤（ナフタリン）は水を飲ませて吐かせ，至急医療機関を受診する。牛乳を飲ませてはいけません。

薬　品　　　　　　　　洗濯洗剤

薬品，洗濯洗剤などは水か牛乳を飲ませて吐かせ，医療機関を受診する。

たばこ

たばこは少量ならば何も飲ませずに吐かせて様子をみる。
大量に誤飲したり，ニコチンが溶けている水を飲んだ場合は医療機関を受診する。

クレヨン　　　　　石けん　　　　　　文房具　　　　　シャンプー

マッチ　　　　　　防虫剤　　　　　　乾燥剤

クレヨン，石けん，文房具，シャンプー，マッチ，防虫剤（パラジクロオベンゼン），
乾燥剤（シリカゲル）などは少量であれば水を飲ませて様子をみる。
文房具やお金などは原則として便と一緒に排泄されるのを待つ。

低

2 止血法

　怪我をした場合には傷口から出血がみられます。万が一，大出血がみられた場合にも迅速かつ確実に止血できるよう，止血法を覚えておきましょう。

　人の体の全血液量は体重1kg当たり約80mℓといわれており，一度にその1/3以上を失うと命に危険を及ぼします。例えば，体重19kgの子どもの場合，全血液量は約1.5ℓとなり，その1/3量は約500mℓ（500mℓのペットボトル1本分）となります。

　なお保育者は便や嘔吐物同様，血液や傷口からの浸出液からも感染する病気があることを理解しておきましょう。自分の手に傷や皮膚炎などがあると，そこから感染しやすくなるので出血を伴う傷の手当をする際には気をつけます。止血をする際は血液に直接触れないようビニール手袋などを使用します。また血液の付着したものを捨てる場合は，他の人が血液に触れてしまうことを防ぐために，血液が付いている面が外側に出ないよう覆ってから捨てたり，ビニール袋に入れてから捨てます。子どもの場合は特に血を怖がったり，血がなかなか止まらなかったりすると不安に感じます。傷の手当や止血をする際は，子どもの様子を十分に観察しながら行い，安心できるような声かけを心がけます。

（1）直接圧迫止血法

　直接圧迫止血法は清潔なガーゼなどで出血しているところを直接強く押さえて，しばらく圧迫する方法です。この方法が確実で基本的な止血方法です。出血がおさまっ

たことを確認できたら，ガーゼなどを包帯で覆い，固定します。出血が続いている状態で包帯で覆っても，包帯による圧迫だけでは十分に止血できない場合があるので注意が必要です。

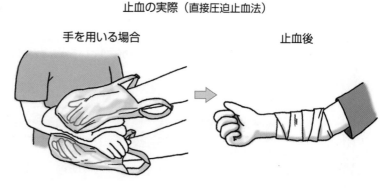

止血の実際（直接圧迫止血法）

手を用いる場合　　　　　止血後

（2）止血帯止血法

　止血帯止血法は出血している手や足から体（心臓）に近い方を帯状のもの（止血帯）で締め上げて，血液の流れを止めることにより止血する方法です。通常の出血ではまず直接圧迫止血法を行いますが，直接圧迫止血法では止血が難しい太い血管の損傷や

切断などによる手足の出血には止血帯止血法を行います。止血帯止血法は，正しく行わないと再出血したり組織に障害を及ぼしたりします。技術的にも難しいため，救急法の講習を受講したうえで行うことが望ましいでしょう。

第1章

第2章

第3章

第4章

第5章

第6章

覚えておこう！

もし指の切断事故があったら

指の切断事故。考えただけでも恐ろしいことかもしれません。保育現場では決してあってはならない事故の一つです。しかし実際には，大型遊具や，三輪車，ベビーカー，チャイルドシートを取り付けた大人用自転車等のどこかに指を挟むことが原因で，乳幼児の指の切断および負傷事故がおきているのが現状です。

指等の切断は，その断面が刃物などで鋭利に切断された場合や，挫滅（外部からの強い衝撃・圧迫等による内部組織の破壊）が少ない場合などは，適切な処置によって再接着できることも多くなってきました。事故後の適切な対応を，周囲の大人が知っているかどうかで，怪我をした子どもの予後が大きく左右されてしまいます。決してあってはならない事故ですが，万が一に備えて対応を覚えておきましょう。

切断された手の方は，患部にガーゼなどをあて，直接圧迫止血法を行い，心臓より高い位置にもっていくようにします。このとき，保育者は血液感染を防止するためにも，できる限りビニール手袋などを装着して手当をするようにしましょう。

切断された指（切断指）は，洗わず，湿ったガーゼで包んでから清潔なビニール袋にそのまま入れます。しっかりと口をしめた上でそれを氷水の入ったビニール袋に入れ，冷やしながら病院にもっていきます。このとき切断された指を直接氷水に浸けてしまうと組織が傷んでしまうため，必ずビニール袋の上から冷却するようにします。また切断指は約4℃の状態に保存されていることが望ましいといわれており，ドライアイスなどで冷やすことは厳禁です。また再接着が可能な時間の目安としてはおよそ6～8時間以内といわれています。

急いで救急車を要請し，医療機関に搬送することはいうまでもありませんが，この場合は微小血管をつなげるマイクロサージャリーの技術をもった形成外科医や外科

切断指は洗わずに，湿ったガーゼに包んでから清潔なビニール袋に入れ，その上から氷で冷やす。
※切断指を直接氷水に入れてはいけません。

氷水

湿ったガーゼに包んだ切断指

医がいる病院に搬送してもらう必要があります。

　日頃から、自分たちの地域で受けられる医療について常に関心をもち、近隣の医療機関でどのような医療が受けられるのか、最新情報を取り入れておきましょう。

（鈴木）

日本形成外科学会HP「切断指」（https://jsprs.or.jp/general/disease/kega_kizuato/
　kega/setsudanshi.html　2022年8月23日閲覧）

3 包 帯 法

　包帯とは救 急 絆創膏（きゅうきゅうばんそうこう）や巻軸包帯（かんじくほうたい）（一般的な包帯），ネット包帯，三角巾（さんかくきん）などのことです。傷口を保護し，圧迫・固定することにより痛みや出血を防ぐことを目的として使います。正しく使わないと血液の循環を妨げるだけでなく，傷を悪化させる可能性もあるので，それぞれの包帯の特徴を理解して正しく使えるようにしましょう。

救急絆創膏　巻軸包帯　ネット包帯　三角巾

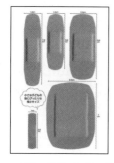

出所：（株）ヤガミ『保健消耗品カタログalu×alu vol.3』，2021年。

（1）絆創膏

　傷の手当によく使われるのが救急絆創膏です。救急絆創膏には，いろいろな大きさや形のものがあります。傷の大きさや部位にあわせて使い分けましょう。絆創膏は濡れたり，貼ったままにすると不衛生です。毎日もしくは汚れたらそのつど取り替えるようにします。

●絆創膏の貼り方

指の間などの傷

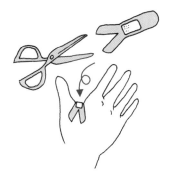

絆創膏の両端に切り込みを
入れて使う。

指先等

絆創膏の先端部は血液の循環を妨げ
ないように，ずらして貼る。

切り傷

傷口をつき合わせる
ように貼る。

第1章

ちょっと一息 **魔法のばんそうこう**

　保育の現場では，怪我をしていないのに絆創膏を貼りたがる子どもや，毎日のように絆創膏を貼ってほしいという子どもが時々みられます。傷がなくても貼ってもらえると納得して，自分のクラスや活動に戻ることができます。友だちとケンカをしたり，かまってほしかったりとその背景にあるものはさまざまですが，長く続いたり，頻繁に来るようなら，家庭環境や友だち関係などに問題があることも考えられます。そのような場合は気をつけて様子を観察し，保護者には家庭での様子を聞いてみます。

　たいていの場合は絆創膏を貼ってもらったとたん元気になります。こうした子どもにとって絆創膏は，傷だけでなく心も元気にしてくれる魔法の絆創膏のようです。そのうちに不思議と「先生，ばんそうこう，貼って〜」と来なくなるものです。子どもが成長し，自分自身で困難を乗り越えられるようになると，魔法の絆創膏は必要なくなるのかもしれません。

(田中)

（2）巻軸包帯

　一般的に包帯と呼んでいるものです。部位によって巻き方が異なりますので，しっかり覚えましょう。

●巻き始め・巻き終わり・解き方

巻き始め

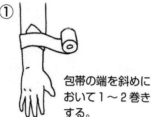

① 包帯の端を斜めにおいて1〜2巻きする。

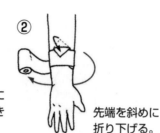

② 先端を斜めに折り下げる。

③ 次の一巻きで挟むように押さえる。

巻き終わり

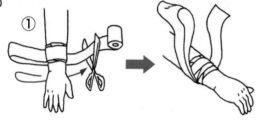

① 包帯を折り返して，適当な長さで切る。

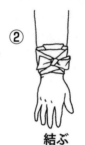 

② 結ぶ　　テープ

両方の端で結ぶ。またはそのまま巻いて，テープで止める。

解き方

 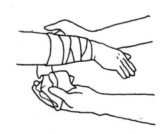

包帯を左右の手に交互にもちかえ，解いた包帯を手にまとめながら解く。

●巻き方の種類

らせん巻き

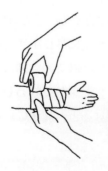

前に巻いた包帯の上を1/2〜1/3ずつ重ねながら巻いていく。

8字巻き

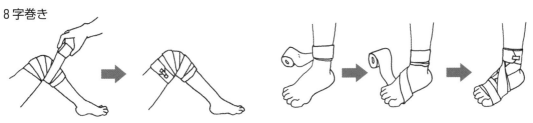

膝や肘を巻く方法。関節部を挟んで8の字に巻いていく。

●指と手の包帯

指　先

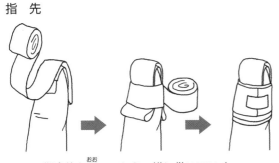

指全体を覆ってから，横に巻いていく。

手のひら

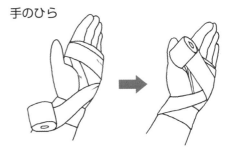

手首に巻いたあと，手のひらをらせん状に
巻き，少しずつずらしながら手首に戻る。

（3）ネット包帯

　伸縮するネットが筒状になっている包帯です。使用する部位にあわせて切ることにより，長さが自由に調節できます。迅速にいろいろな部位に使えるので便利です。

●ネット包帯のいろいろな使い方

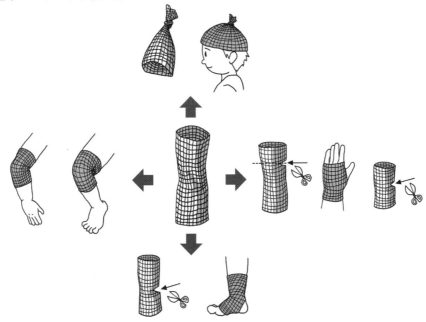

（4）三角巾

　三角巾は広げたり，たたんだりして使うことにより，傷の大きさにあわせて使うことができます。三角巾の使用法を知っていると，ハンカチなどの身近なもので代用することができます。部位によって三角巾の折り方や巻き方が異なりますので，しっかり覚えましょう。また，三角巾を扱うときは端が床や地面について不衛生にならないように注意します。

●三角巾の作り方と名称

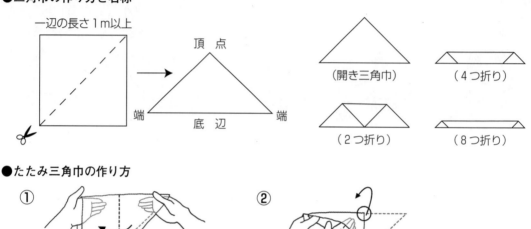

●たたみ三角巾の作り方

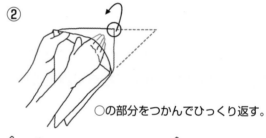

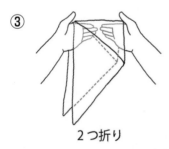

適当な幅になるまで①②を繰り返す。

●結び方・解き方・しまい方

結び方

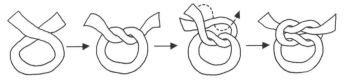

結び方が悪いと緩んだり，ほどけたり，逆に解きにくくなることがある。結ぶときには本結び（横結び）にし，患部の真上では結ばないようにする。

解き方

① 三角巾の片方の端を反対側へ引っぱる。

② 結び目がひっくり返る。

③ ひっくり返った結び目を押さえて三角巾を引き抜きます。

しまい方

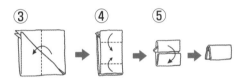

① 三角巾の両端をあわせて2つに折る。

② 両端と頂点を図のように折る。このとき図のように両端の部分を少しはみ出すように折る。三角巾を使うときに，この両端をもって開くと端がばらばらにならない。

③ 縦に2つ折りにする。

④ 中央に向かって上下から折る。

⑤ さらに2つに折る。

●額や側頭部の傷に巻くときの方法

① 三角巾を，傷を覆うのに十分な幅に折る。

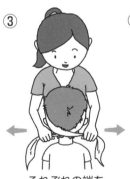

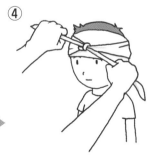

② 患部に傷を保護するガーゼをあて，その上から三角巾で押さえる。

③ それぞれの端を後頭部を通って前にもってくる。

④ 患部の上を避けて結ぶ。

⑤ 三角巾の端は横に挟み込んで処理する。

第1章

第2章

第3章

第4章

第5章

第6章

●腕を骨折したときや肘を脱臼したときの方法

①

患部のある腕の肘側に三角巾の頂点がくるようにおく。患部がない方の肩に片方の端をかける。

②

もう一方の端を患部がある方の肩に向かって折りあげ，端同士で結ぶ。このとき指先の状態がわかるように，指の先を見えるようにしておきます。

③

肘側にある頂点は，肘が出てしまわないように止め結びにする。

ちょっと一息　　**いざというときに包帯の代わりになるもの**

　私たちの身の回りには包帯の代わりに使える物がたくさんあります。考えてみてください。例えばシーツやスカーフなどの大判の布は三角巾として，ストッキングは三角巾やネット包帯と同じように使えます。身近にあるレジ袋も使うことができます。ここではレジ袋を使った腕の吊り方を紹介します。実際にやってみるとよくわかります。

●レジ袋で腕吊り

①

レジ袋の両端を切る。

②

切ったところから，かぶる。

③

吊りたいほうの腕をレジ袋の中に通す。

　救急用品がない場合でも，このような方法を知っておくと便利です。レジ袋もない場合は，シャツのボタンをはずして腕を吊ることもできます。

（田中）

3 一次救命処置

　怪我や急病で意識を失ったり，呼吸機能や循環機能が低下またはみられない状態になったときに，呼吸や循環のはたらきを維持し，生命を救うためにその場でただちに行う手当を一次救命処置（いちじきゅうめいしょち）といいます。一次救命処置には心肺蘇生法（しんぱいそせいほう）などが含まれ，保育者などの医療従事者ではない人が行える応急手当です。

　5年ごとに国際蘇生連絡協議会が中心となって改訂するJRC蘇生ガイドラインにより，2010（平成22）年からは人工呼吸より胸骨圧迫を優先的に行うことになり，この2つを組みあわせて行うことが望ましいとされています。

　2020（令和2）年の改訂では，「反応がなかったり判断に迷う場合は大声で助けを呼び119番通報をして司令員の指示を仰ぐ」，「普段通りの呼吸がなかったり判断に迷う場合はただちに胸骨圧迫を開始する」など判断に迷った場合の対応や，「乳児に胸

覚えておこう！

ドリンカーの救命曲線

　怪我や病気などで呼吸や循環がみられない状態になったとき，どうして迅速な応急手当が必要なのでしょうか？

　呼吸が停止してから2分以内に救命処置を始めると90％は蘇生しますが，呼吸停止5分後では25％，10分後ではほとんど蘇生できないといわれています。また，呼吸が停止した後はやがて心臓も停止し，脳や臓器に血液中の酸素が送られなくなります。特に脳は酸素を大量に必要とする臓器なので，この状態が3〜4分以上続くと蘇生しても重大な後遺症が残る可能性があります。

　消防庁のデータによると，救急車を要請してから現場に到着するまでの平均時間は8.9分（2020年）ですので，その場に居合わせた人々が救急車の到着までに行う一次救命処置が重要になります。

（内山）

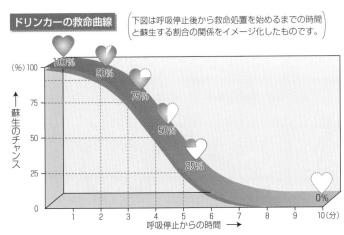

ドリンカーの救命曲線

下図は呼吸停止後から救命処置を始めるまでの時間と蘇生する割合の関係をイメージ化したものです。

出所：消防庁『「令和3年版 救急・救助の現況」の公表』（https://www.fdma.go.jp/pressrelease/houdou/items/211224_kyuuki_1.pdf　2022年8月23日閲覧）

骨圧迫を行う際に2本の指で胸郭の1／3の深さを圧迫するのが困難な場合は，片手の手根を使用しても良い」，また大人の場合「胸骨を押す深さは胸が約5cm沈むように圧迫するが6cmを超えないようにする」などが追記されました。なお子どもの場合は，胸の厚さの1／3の深さまで圧迫することは変わりません。

１ 心肺蘇生法の手順

　乳幼児に対する心肺蘇生法は基本的には成人と同じですが，心停止の原因や年齢による体格の違いから，手順にいくつか違いがあります。保育者は，成人への心肺蘇生法の手順はもちろんのこと，乳幼児向けの手順もあわせて習得しておきましょう。

（1）周囲の状況と全身状態の確認

　傷病者を発見した場合には，まず周囲を見渡して安全であることを確認します。倒れている人と同じ危険が自分にもふりかかる可能性があるからです。もし，倒れている場所が車の往来が激しい場所であったり，物が落ちてくるような危険がある場合は，状況に応じてできる限り安全な場所に傷病者を移動させます。

　そして，傷病者の全身状態を確認しながら近づいていき，もし大出血をしているようであれば，まず止血をします。

（2）意識の確認（反応はあるか）

　意識の有無は，傷病者に顔を近づけ，肩をやさしくたたいて耳元で「大丈夫ですか？」などと声をかけて確認します。これらの刺激に対して，目を開けたり，体を動かすなどのなんらかの反応があれば意識があると判断します。

　乳児の場合は足の裏をたたいて刺激し，顔をしかめたり，泣いたりするかで判断します。これらに対して反応がなければ，心肺停止かこれに近い状態と判断します。

図3－15　意識の確認

幼児では肩，乳児では足の裏などをやさしくたたきながら声をかけ，反応をみる。

（3）協力者を求める

「誰かきてください」などの大声を出して周囲の人に助けを求めます。

周囲に協力者がいる場合は「あなたは救急車を呼んでください」「あなたはAEDが近くにないかさがしてもってきてください」などの協力を求めます。もし，周囲に協力者がみつからなかった場合は，救助者が救急車を呼び，心肺蘇生を開始します。また，119番通報をした際には，救急車が到着するまでに行っておくことやアドバイスを尋ねておくとよいでしょう。

（4）呼吸をみる（心停止の判断）

呼吸の状態は胸や腹部の動きをみて10秒以内で確認します。ふだんどおりの呼吸がみられない，または呼吸をしているのかどうかがはっきりしない場合は，心停止と判断します。意識はないがふだんどおりの呼吸をしていれば，体を横向きにする回復体位にして，協力者や救急隊員の到着を待ちます。

図3−16　呼吸の確認

胸や腹部の動きをみて10秒以内で判断する。

図3−17　回復体位

体を横向きにして，上側の手の甲を顎の下にいれ（気道確保），上側の膝を90度に曲げる（姿勢保持）。

（5）胸骨圧迫

ふだんどおりの呼吸をしていない場合は心肺停止状態とみなし，胸骨圧迫を行います。胸骨圧迫は，傷病者の胸部を上から押して人工的に心臓内から体内に血液を送り出し循環させるものです。

①　救助者は傷病者の胸の横に膝をつきます。

②　乳児の場合は両乳頭を結ぶ線の少し下に中指と薬指の2本の指先を垂直に立てて圧迫します。幼児では胸の真ん中に両手または片手の手のひらのつけ根を置き圧迫します。

③　圧迫する際は肘をまっすぐに伸ばし，傷病者の体の真上から垂直に体重をかける

ようにします。圧迫する力は小児は胸の厚みの約1/3（成人では約5㎝で6㎝を超えない）を目安に，十分に沈み込む程度の強い力です。また，胸を押したらしっかりと元の位置まで戻します。圧迫回数は1分間に100〜120回のテンポで，続けて30回圧迫します。

図3-18　胸骨圧迫

幼児は両手または片手で，乳児は中指と薬指の2本で，傷病者の体の真上から下に向かって垂直に圧迫する。

人工呼吸を開始するタイミング

●乳幼児の心臓停止の多くは窒息や溺水など呼吸器系の障害によっておきることが多いため，乳幼児に心肺蘇生法を行うときは，胸骨圧迫を30回完了するのを待たずに，できるだけ早く人工呼吸を2回行います。

（6）気道確保

　効果的な人工呼吸のためには空気の通り道である気道を確保する必要があります。気道確保の方法は，下あごを引き上げて，頭部を後方に傾け喉の奥を広げる頭部後屈あご先挙上法が一般的です。

　乳幼児は首が柔らかいため，後方に傾け過ぎないように注意します。

図3-19　気道確保（頭部後屈あご先挙上法）

下あごを引き上げて，頭部を後方に傾けて空気の通り道を確保する。

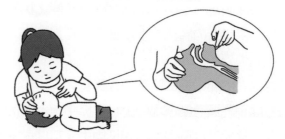

（7）人工呼吸

　呼吸停止が原因で心停止になることが多い乳幼児には，できるだけ早く気道確保と

人工呼吸を行うことが重要です。

① 傷病者の気道を確保し，鼻をしっかりつまんで，救助者の口から傷病者の口へ呼気を吹き込みます。

② 乳児の場合は顔が小さいため，救助者は大きく口を開け，乳児の鼻と口を同時に覆（おお）うように口をあてて呼気を吹き込みます。

③ 胸骨圧迫30回に対し人工呼吸2回の組み合わせで行い，できるだけ途切れないようにします。

図3－20　人工呼吸

気道を確保し，幼児は
鼻をしっかりつまんで，
乳児は鼻と口を救助者
の口で覆（おお）って，呼気を
吹き込む。

（8）AEDの使用

AEDが手元にあれば，ふだんどおりの呼吸がないことを確認した時点でAEDを使用します。AEDの使用方法はAEDの種類によって違うので，それぞれのAEDの音声指示に従います。

覚えておこう！

AED（Automated External Defibrillator：自動体外式除細動器（じどうたいがいしきじょさいどうき））

AED（自動体外式除細動器）は心臓の状態を判断し，必要に応じて心臓に電気ショックを与える器械です。心臓がけいれんし，体に血液を循環させる役割が果たせない心室細動（しんしつさいどう）という状態になると，約10分後にはほとんどの人が死に至るといわれています。この心室細動の状態をもとに戻す唯一の方法は除細動，つまり，けいれんを取り除くことで，早期に除細動ができるAEDの使用が必要となります。

AEDに入っているパッドを胸部に装着すると器械が心電図を読み取り，除細動が必要な状態なのかを判断し，救命の手順を音声にて指示してくれます。

近年，AEDの必要性が周知され，園や学校，職場，たくさんの人が集まる公共の施設などさまざまな場所に置かれるようになりました。身の回りのどこにAEDが設置されているか，確認しておきましょう。　　　　　　　　　　　　　　　　　　　　（内山）

電気ショックが必要な場合に，ショックボタンを押さなくても自動的に電気が流れるオートショックAEDが2021（令和3）年7月に認可されています。しかし，従来のAEDの場合はショックボタンを押す指示が出されたら，周囲の人が傷病者に触れていないことを確認して，保育者がボタンを押してください。

　AEDが手元にない場合は，胸骨圧迫を続けながらAEDの到着を待ち，届き次第，装着します。

　AEDは乳児にも使用できます。未就学児（小学校入学前）にAEDを使用するときは未就学児用AEDパッドを使いますが，もし未就学児用がないときは，小学生〜大人用のパッドを使用することもできます。

　AEDを使用した場合は，傷病者を救急隊員に引き渡すまでパッドをはずしたり，電源を切ってはいけません。

図3-21　AEDの使用方法

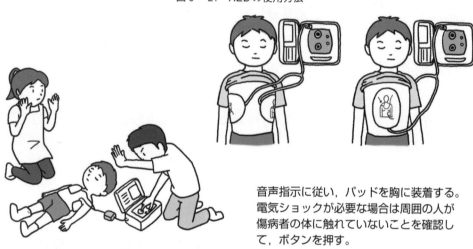

音声指示に従い，パッドを胸に装着する。
電気ショックが必要な場合は周囲の人が
傷病者の体に触れていないことを確認し
て，ボタンを押す。

　傷病者がふだんどおりの呼吸を再開したり，嫌がるような動きをみせたら心肺蘇生をいったん中止します。しかし，中止後に再び意識を失ったり，呼吸が停止することもありますので，救助者は傷病者のそばに付き添い，傷病者の意識，呼吸，脈拍，顔色，体温などの状態を観察しながら，救急隊員の到着を待ちます。もし再び悪化がみられたら心肺蘇生を再開します。

　心肺蘇生法の手順や胸骨圧迫，人工呼吸の回数を覚えることは，確かに重要なことですが，心肺蘇生法は数や時間の正確さにとらわれすぎず，傷病者の命を救うために勇気をもって迅速に開始することが何よりも重要です。

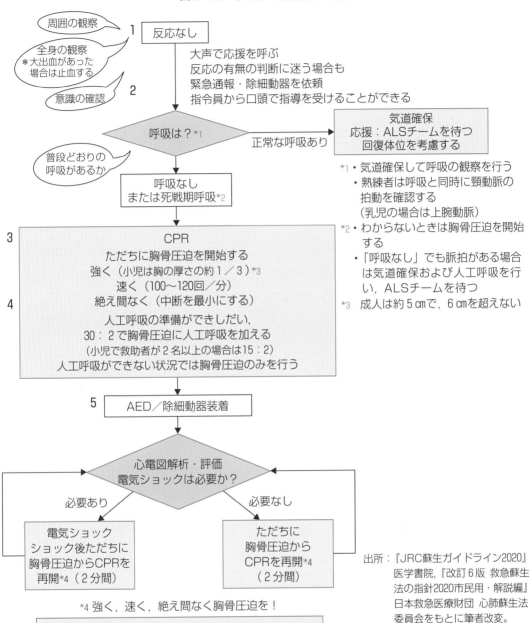

図3−22　子どもの心肺蘇生の手順

周囲の観察

1　反応なし

全身の観察
＊大出血があった
場合は止血する

大声で応援を呼ぶ
反応の有無の判断に迷う場合も
緊急通報・除細動器を依頼
指令員から口頭で指導を受けることができる

意識の確認

2

呼吸は？*1　　　正常な呼吸あり　→　気道確保
応援：ALSチームを待つ
回復体位を考慮する

普段どおりの
呼吸があるか

呼吸なし
または死戦期呼吸*2

*1・気道確保して呼吸の観察を行う
　・熟練者は呼吸と同時に頸動脈の
　　拍動を確認する
　　（乳児の場合は上腕動脈）
*2・わからないときは胸骨圧迫を開始
　　する
　・「呼吸なし」でも脈拍がある場合
　　は気道確保および人工呼吸を行
　　い，ALSチームを待つ
*3　成人は約5cmで，6cmを超えない

3　　CPR
ただちに胸骨圧迫を開始する
強く（小児は胸の厚さの約1／3）*3
速く（100〜120回／分）
絶え間なく（中断を最小にする）

4　　人工呼吸の準備ができしだい，
30：2で胸骨圧迫に人工呼吸を加える
（小児で救助者が2名以上の場合は15：2）
人工呼吸ができない状況では胸骨圧迫のみを行う

5　AED／除細動器装着

心電図解析・評価
電気ショックは必要か？

必要あり　　　　　　必要なし

電気ショック
ショック後ただちに
胸骨圧迫からCPRを
再開*4（2分間）

ただちに
胸骨圧迫から
CPRを再開*4
（2分間）

出所：『JRC蘇生ガイドライン2020』
医学書院，『改訂6版 救急蘇生
法の指針2020市民用・解説編』
日本救急医療財団 心肺蘇生法
委員会をもとに筆者改変。

※は新型コロナウイルス感染症流行
期の手順

*4 強く，速く，絶え間なく胸骨圧迫を！

ALSチームに引き継ぐまで，または患者に正常な
呼吸や目的のある仕草が認められるまでCPRを続ける

新型コロナウイルス感染症流行期の手順
※可能な限り日常的にマスクを装着しておく
※傷病者の顔にあまり近づきすぎないようにする
※胸骨圧迫を開始する前にマスクやハンカチ・タオル・衣服などで傷病者の鼻と口を覆う
※成人には人工呼吸の技術と意思があっても実施しない。乳児・小児には技術と意思があれば人工呼吸を組
　み合わせて行ってよい。人工呼吸用の感染防具があれば使用する
※救急隊員の到着後に傷病者を救急隊に引き継いだあとは，すみやかに石鹸と流水で手と顔を十分に洗う

第1章
第2章
第3章
第4章
第5章
第6章

2 気道異物の除去

気道や食道に異物が詰まると，呼吸ができなくなり，咳き込む，話しかけても声が出せない，のどをつかむような仕草をするなどの苦しい状態を示します。

背中をたたいたり，咳をすることなどで異物が取り除ければ良いのですが，異物が取り除けない場合や呼吸困難により意識がなくなった場合には，早急にのどから異物を取り除く必要があります。

（1）乳児の場合

泣いたり顔をしかめるなど何らかの反応がある場合は自分の手に乳児のあご，体を前腕にのせ，頭部を低くして，もう一方の手のひらのつけ根（手掌基部）で背中の真ん中を力強くたたく背部叩打法を行います。背部叩打法で取れなければ，胸部を圧迫する胸部突き上げ法を背部叩打法と交互に行い，異物が取れるか反応がなくなるまで続けます。万が一，反応がなくなった場合は，心肺蘇生法を開始します。

図3－23　反応のある乳児に対する気道異物除去

① 背中を強くたたく方法（背部叩打法）
乳児をうつぶせにして，腹側に腕をとおします。乳児の下あごを支えて軽く突き出し，上半身がやや低くなるようにし，手のひらのつけ根で両側の肩甲骨の間を4〜5回叩きます。

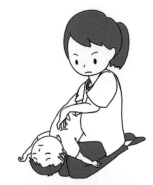

② 胸骨を圧迫する方法（胸部突き上げ法）
背部叩打法で除去できなければあおむけにして，胸骨圧迫の要領で4〜5回圧迫する。
①と②を，異物が取れるか，反応がなくなるまで繰り返します。

（2）幼児の場合

素早く抱きかかえる，または大腿部で支え，頭を低くして手のひらのつけ根で背中の真ん中をたたきます（背部叩打法）。もしくは，後ろから抱くような形で腹部に腕をまわし，一方の手で握り拳を作り，親指側を傷病児の上腹部に当て，胃を圧迫するように瞬間的に突き上げます（腹部突き上げ法（ハイムリック法））。

腹部突き上げ法は乳児や妊婦には行ってはいけません。腹部突き上げ法を行った後

図3-24　反応のある幼児に対する気道異物除去

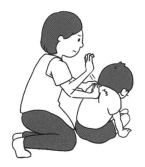

腹部突き上げ法は乳児や妊婦には行ってはいけない。

① 背中を強く叩く方法（背部叩打法）
子どもを抱きかかえられない場合などは，座らせた状態で肩を一方の手で支え，もう一方の手のひらのつけ根で子どもの左右の肩甲骨の中間あたりを力強く何度も連続して叩きます。

② 腹部を突き上げる方法（腹部突き上げ法）
背部叩打法で除去できなければ，片手で握りこぶしをつくり親指側をみぞおちにあて，もう一方の手で握りこぶしを支えて，胃の方に向かって突き上げる。
①と②を，異物が取れるか，反応がなくなるまで繰り返します。

は，異物が除去できても，臓器を損傷している可能性があるため必ず医療機関を受診します。

参考文献

衞藤　隆・田中哲郎・横田俊一郎・渡辺　博編著『最新Q&A　教師のための救急百科　第2版』大修館書店，2018年。
加藤啓一監修『養護教諭のための救急処置〈第3版〉』少年写真新聞社，2016年。
環境省『熱中症環境保健マニュアル2022』，2022年。
環境省の熱中症予防情報サイト（https://www.wbgt.env.go.jp/　2022年8月23日閲覧）
群馬県保険医協会HP『小児の虫垂炎』，2007年（http://gunma-hoken-i.com/news/117.html　2022年8月23日閲覧）
郷木義子・松﨑美保子監修『目で見てわかる応急手当マニュアル～教育・保健・福祉領域で健康支援に関わる専門職のために～』ふくろう出版，2020年。
国立成育医療センターHP『熱中症（熱射病）』（https://www.ncchd.go.jp/hospital/sickness/children/heatstroke.html　2022年8月23日閲覧）
こども家庭庁『保育所における感染症対策ガイドライン（2018年改訂版，2023（令和5）年5月一部改訂，2023（令和5）年10月一部修正）』，2023年。
汐見稔幸・小西行郎・榊原洋一編著『乳児保育の基本』フレーベル館，2007年。
事故情報データバンクシステムHP『事故情報』（http://www.jikojoho.caa.go.jp/ai_national/　2022年8月23日閲覧）
消防庁『「令和3年版 救急・救助の現況」の公表』（https://www.fdma.go.jp/pressrelease/houdou/items/211224_kyuuki_1.pdf　2022年8月23日閲覧）
ジョンソン・エンド・ジョンソン㈱HP『キズパワーパッド™の使い方』（https://www.band-aid.jp/kizupowerpad/use　2022年8月23日閲覧）

東京消防庁防災部防災安全課「もしものときの応急手当　のどに物が詰まったとき」（https://www.tfd.metro.tokyo.lg.jp/lfe/topics/stop/pdf/2020_stop_02.pdf　2022年8月23日閲覧）

夏井　睦『創傷治療ハンドブック』三輪書店，2021年。

奈良間美保『小児看護概論・小児看護臨床総論（第14版）』医学書院，2020年。

二宮英編著『わかりやすい薬の知識［改訂版］』新日本法規出版，2004年。

日本救急医療財団心肺蘇生法委員会監修『改訂6版　救急蘇生法の指針2020　市民用・解説編』へるす出版，2021年。

日本形成外科学会HP「切断指」（https://jsprs.or.jp/general/disease/kega_kizuato/kega/setsudanshi.html　2022年8月23日閲覧）

日本小児神経学会監修『熱性けいれん診療ガイドライン2015』診断と治療社，2015年。

日本スポーツ協会「スポーツ活動における熱中症予防ガイドブック」，2019年。

日本生気象学会『日常生活における熱中症予防指針　ver. 4』，2022年。

日本整形外科学会HP「切断された指の再接着」（http://www.joa.or.jp/jp/public/sick/condition/replantation_of_finger_tip_injuries.html　2022年8月23日閲覧）

日本赤十字社『赤十字救急法基礎講習〔7版〕』日赤サービス，2022年。

日本赤十字社『赤十字幼児安全法講習〔11版〕』日赤サービス，2022年。

日本蘇生協議会監修『JRC蘇生ガイドライン2020』医学書院，2021年。

日本保育園保健協議会HP『保育園とくすり　連絡票』（https://nhhk.net/assets/doc/health/contact.pdf　2022年8月23日閲覧）

深井喜代子編集『新体系看護学全書　基礎看護学基礎看護技術2』メヂカルフレンド社，2021年。

福岡市医師会保育園・幼稚園保健部会『保育園・幼稚園におけるけいれん対応マニュアル〜熱性けいれんを中心に〜』，2017年。

平成27年度教育・保育施設等の事故防止のためのガイドライン等に関する調査研究事業検討委員会「教育・保育施設等における事故防止及び事故発生時の対応のためのガイドライン【事故防止のための取組み】〜施設・事業者向け〜」，2016年。

輸液療法日本小児救急医学会 診療ガイドライン作成委員会編「エビデンスに基づいた子どもの腹部救急診療ガイドライン2017」，2017年。

第4章 CHAPTER 4 子どものかかりやすい感染症対策

1 感染症の集団発生の予防

感染症とは、ウイルスや細菌、真菌などの病原体が体内に侵入し、その病原体が体内で育ったり増えたりして、その結果、体になんらかの症状が現れた状態のことをいいます。病原体が体内に侵入して発育または増殖することを感染といいますが、感染したからといって、すぐに発病するとはかぎりません。病原体が体内に侵入してから、なんらかの症状が現れるにはある一定の期間（潜伏期間）があり、この期間は病原体の種類によって異なります。子どもがかかりやすい主な感染症については、潜伏期間や症状および予防法を覚え、子どもが感染症にかかってしまった場合も適切な対応がとれるようにしておきましょう。

1 感染経路と予防策

感染症が発生するには、感染症成立のための三大要因といわれる、感染源、感染経路、被感染者（感染する人）の感受性（感染を受ける可能性のある人のことを「感受性のある人」といいます）が大きく関わっています。この三大要因のうち、少なくとも一つ以上を阻止することで、感染症を防ぐことができるといわれています。子どもは免疫力も未熟で感染症にかかりやすいという特徴があり、園での集団生活では、適切な感染予防策を講じる必要があります。

以下に園で特に問題となる感染経路とその対応について解説します。

（1）飛沫感染

感染している人が咳やくしゃみをすると、口から小さな水滴が飛び散ります（飛沫）。その飛沫の中には病原体が含まれており、それを周囲にいる人が吸い込むことで感染

します。飛沫が飛び散る範囲は１～２ｍといわれています。

園や家庭での対応

　感染者から２ｍ以上離れるか，感染者が，しっかりマスクを装着することで，園での呼吸器感染症の集団発生を減少させることが期待できます。飛沫感染対策としては，職員全員がマスクを着用するなどの咳エチケットを行ったり，マスクが着用できる年齢の子どもはマスクの着用を促すとよいでしょう。流行期間中は，手洗いをしっかり行うことが重要です。

（２）空気感染

　感染している人が咳やくしゃみをしたときに口から飛び散る飛沫には，病原体が含まれていますが，その病原体が乾燥して飛沫核（ひ まつかく）となり，感染性を保ったまま空気中に拡散することで，比較的遠くにいる人もそれを吸い込んで感染します。

園や家庭での対応

　空気感染する感染症（麻しん，水痘，結核等）の予防接種をあらかじめ受けておくことが最も有効です。BCG（結核の予防接種）は０歳（標準的には生後５～８か月）で１回接種，麻しんと風しんを予防するMRワクチンは１歳になったらすぐと５歳児クラス（年長組）の２回，水痘は１歳になったらすぐと３か月以上あけて（標準的には６～12か月あけて）１回の２回接種をします。

　空気感染対策としては，基本的には発症者を隔離することと，しっかり換気をすることがあげられます。

（３）接触感染

　直接接触感染は，感染している人に直接触れること（握手，だっこ，キスなど）で伝播（でん ぱ）します。間接接触感染は，汚染されたもの（ドアノブ，手すり，遊具など）を介して伝播（でん ぱ）します。通常，接触感染は，体の表面に病原体が付着しただけでは感染しませんが，その手で口，鼻，眼を触ったり，病原体のついているおもちゃをなめたりすることで，病原体が体内に入りこみます。その他，傷口から病原体が侵入することもあります。

正しい手洗い・うがいの方法

　子どもは毎日の園生活の中で砂や泥で遊んだり，植物や虫に触るなどさまざまなものに触れています。また，汗や鼻水を手で拭いたり，トイレで上手に後始末ができなくて排泄物が手に付着したりと，子どもの手は想像以上に汚れているため，登園時，遊びの後，食事の前，排泄の後などの生活の節目できちんと手を洗う必要があります。

　また，日本では，うがいもよく行います。コロナ禍でうがいを控えることもあるかもしれませんが，むし歯予防の観点からもうがいの仕方を正しく伝えることは大切でしょう。

　手洗い・うがいは個人の健康を守るためだけではなく，感染症のまん延を防ぐためにも大切な清潔習慣となりますので，自発的に行えるように言葉がけなどを工夫しながら繰り返し援助していきましょう。

　子どもは保育者のやり方を見てまねるため，言葉で教えることも大切ですが，まずは保育者自身が正しい方法で手本を見せる必要があります。

　手や指についた菌やウイルスの数は，流水による15秒の手洗いだけで1/100に，また石けんなどで10秒もみ洗いし，15秒すすいだ場合は1/10000に減らすことができるといわれています。きちんと手洗いができていれば，その後，消毒液を使用する必要はありません。

●手洗いの方法

　次の順番で30秒以上，石けんを使って流水で洗います。洗った後はペーパータオルや，清潔なタオルやハンカチなどで水分を拭き取るようにします。タオルの共用は衛生上好ましくないので避けましょう。

図4-1　手洗いの方法

① 流水で，手と手首を十分に濡らす。

② 石けんを泡立て手のひらをこするように洗う。

③ 手のひらで，もう片方の手の甲をのばすように洗う。

④ 指と指を組み合わせて，指の間を洗う。

⑤ 手のひらを使い，指の先や爪のすき間を洗う。

⑥ 片方の手で包むようにして，指を1本ずつ洗う。

⑦ 手首も忘れずに洗う。

⑧ 清潔なタオルやハンカチ，ペーパータオルなどで水分を拭き取る。

第1章
第2章
第3章
第4章
第5章
第6章

図4－2　汚れが残りやすい部分

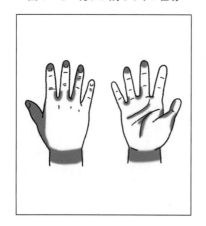

図4－3　ガラガラうがいとブクブクうがい

ガラガラうがいは口に水を含み，顔を上に向けて口を開けて，「アー」「オー」などの声を出しながらのどの奥をゆすぐ。
ブクブクうがいは口に水を含み，正面を向いたまま口を閉じて，頬を動かして口の中をゆすぐ。
いずれも1回につき10秒くらいかけて2～3回行う。

●うがいの方法

　うがいには口内に残った食べ物などを取り除くブクブクうがいと，のどをきれいにするために行うガラガラうがいがあります。離乳食を食べ始めると口の中に水をためることができるようになるので，2歳過ぎから食後にブクブクうがいを，3歳過ぎからは外出後にガラガラうがいを教えます。

（内山）

園や家庭での対応

　患者の対応をした後は手洗い等をしっかり行います。子どもも全職員も手洗いを徹底します。病原体のついた手で，口，鼻，眼などを触ると，そこから感染するため，意識して，触らないように気をつけます。タオルの共用は絶対にしないようにします。可能であれば，ペーパータオルを使用します。また固形石けんは不衛生になりやすいので液体石けんを使用しましょう。

　また，登降園時に子どもと保育者がハグやハイタッチをすることがあります。大切なスキンシップの一つですが，感染拡大の程度によって行うかどうかは適切に判断していきましょう。

（4）経口感染

　病原体を含んだ食べものや水分が口に入ることで，病原体が消化管に達して感染します。便の中に病原体が排泄されることがあるため，汚染された便器やトイレのドアノブを触った後，その手でものを食べるなどして感染することもあります。

園や家庭での対応

食材の衛生的な取り扱いや，適切な温度管理に気をつけ，しっかり加熱をします。調理従事者の手や指の衛生，体調管理も重要です。生肉を取り扱った後の調理器具で，その後，加熱しない食材の調理をしないようにします。最近では食育活動がさかんに行われることも多く，保育者や保護者が調理する際も十分注意します。

ノロウイルスや腸管出血性大腸菌感染症などの感染症にかかった子どもは，病状が回復して無症状になっても，便中には病原体が排出されて感染力を有することもあるため，便の処理後は十分に手洗いを行います。またトイレの衛生などには細心の注意をはらいます。

（5）血液媒介感染

血液を介して感染します。血液には病原体が潜んでいることがあり，そのような血液が，傷ついた皮膚や粘膜につくことで感染することがあります。

園や家庭での対応

血液や体液には，病原体が潜んでいる可能性があり，血液や傷口から出ている浸出液などに，素手で直接触らないようにすることが重要です。子どもや職員の皮膚に傷ができたら，なるべく早く傷の手当を行い，他の人の血液や体液が傷口に触れないようにします。血液・体液からも感染する可能性があるため，傷の手当をする際はビニール手袋を装着するようにしましょう。厚生労働省から**保育の場において血液を介して感染する病気を防止するためのガイドライン**が2014（平成26）年に示され，保育者自身も血液を介して感染しないように細心の注意をはらう必要性を認識しておきましょう。

手に傷がある場合は絆創膏やガーゼなどで覆い，傷口に他の人の血液や体液が触れないようにします。やむを得ず，素手で扱った場合には流水と石けんで十分に手を洗いましょう。

（6）蚊媒介感染

病原体をもった蚊に刺されることで感染します。日本国内では，日本脳炎ウイルスのほか，2014（平成26）年にはデング熱が流行しました。

園や家庭での対応

日本脳炎に関しては，定期の予防接種があります。標準的には3歳から接種しますが，生後6か月から受けることもできます。

蚊が産卵できないよう，排水溝や下水溝の掃除をして水の流れをよくし，水たまりを作らないようにします。また，植木鉢の水受け皿や古タイヤに水がたまったままになっていないか確認します。

緑の多い木陰や，やぶ等，蚊が発生しやすいところに行く際は，長袖，長ズボンを着用しましょう。

② 予防接種

感染症の原因となるウイルスや細菌が作り出す毒素の力を弱めて，ワクチンをつくり，体に接種して免疫をつくることを予防接種といいます。すべての感染症に対してワクチンがつくれるわけではありませんが，子どもたちが集団で生活する保育施設では，子どもたちにあらかじめ免疫を与えることができるワクチンを接種することで，感染するリスクを下げることができ，感染症の拡大防止につながります。

予防接種はその病気に一番かかりやすい時期，もしくはこの時期に接種するのが効果的であると考えられる時期などを考慮して接種します。また予防接種には，法律により接種する年齢を定めている定期接種と，それ以外の任意接種があります。定期接種は定められた期間に接種すれば自治体が費用を負担してくれます。任意接種は希望により保護者が費用を負担することで近隣の医療機関などで受けることができます。

定期接種では2か月から1歳までの間にB型肝炎，ロタウイルス，Hib（ヒブ），小児用肺炎球菌，DPT-IPV（四種混合），BCG，1歳頃に麻しん風しん混合（MR），水痘（みずぼうそう），3歳頃に日本脳炎を，ワクチンにより定められた回数，接種することが望まれます。また，任意接種では，6か月からインフルエンザ，1歳からA型肝炎，おたふくかぜ，2歳から髄膜炎菌が接種できます。

新型コロナウイルス感染症の予防接種は，2020（令和2）年12月の「予防接種法及び検疫法の一部を改正する法律」により，自己負担がない臨時接種となっていましたが，全額公費による接種は，2024（令和6）年3月31日で終了します。2024（令和6）年4月以降は65歳以上，および60〜64歳で対象となる人は定期接種として実施される予定ですが，乳幼児は任意接種となります。新型コロナウイルス予防接種は生ワクチンや不活化ワクチンとは異なるメッセンジャーRNAやウイルスベクターというワ

クチンです。これらはコロナウイルスのタンパク質をつくるもとになる遺伝情報の一部をからだに注射することでコロナウイルスに対する抗体を作ります。

　子どもに対する新型コロナワクチンについては，5歳から11歳までの子どもだけでなく，生後6か月から4歳までの乳幼児への接種も実施されています。接種を希望する保護者が必要な情報を取得できるよう，国が作成した保護者等に対するパンフレットなどを活用し，園でも周知していくことが求められています。しかしながら，新型コロナワクチンの接種は強制ではないことも理解しておく必要があります。

　予防接種を受けるかどうかは保護者の判断によって決められるものですが，保育者は集団生活における予防接種の有用性と限界について理解し，保護者が不安なく接種していけるように接種内容や時期などの情報提供を行うと良いでしょう。

♪　巻末のワークシート③を使って，自分の予防接種歴や罹患歴を調べてみましょう。

　予防接種には接種を受けてから次の接種までに一定の間隔を開けるという決まりがあります。これは予防接種の効果を高めるためと安全性の2点から定められた期間ですので，この期間を考慮して，計画的に接種する必要があります。

図4-4　異なるワクチンの接種間隔

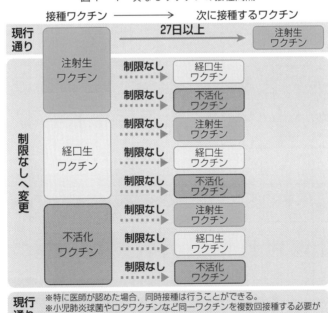

出所：第36回厚生科学審議会予防接種・ワクチン分科会予防接種基本方針部会（2019（令和元）年12月23日）資料2『予防接種の接種間隔に関する検討』より筆者改変
（https://www.mhlw.go.jp/content/10906000/000588375.pdf　2024年1月19日閲覧）

図4－5 予防接種スケジュール（2023（令和5）年4月）

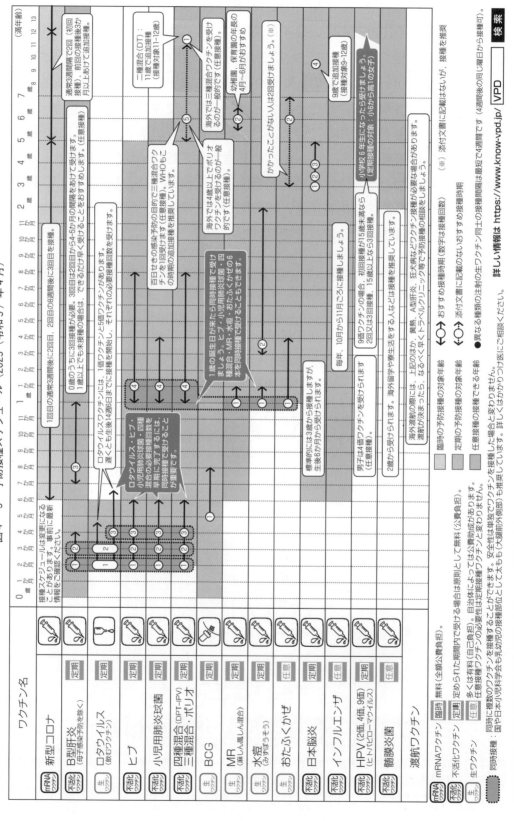

出所：VPD（ワクチンで防げる病気）を知って、子どもを守ろうの会のHP（http://www.know-vpd.jp/dl/schedule_age7.pdf 2023年12月28日閲覧）、国立感染症研究所HP、日本小児科学会HP（http://www.jpeds.or.jp/uploads/files/vaccine_schedule.pdf 2023年12月28日閲覧）を参照し筆者改変。

126

第1章

第2章

第3章

第4章

第5章

第6章

　ワクチンを接種したあと，副反応が出ることがあります。子どもの体質は一人ひとり違うので，副反応の程度は発熱や発しんなどの軽度なものから，けいれんや意識障害，後遺症を残す重度のものまでさまざまです。副反応が出る可能性のある期間は，不活化ワクチンでは接種後48時間以内が多いのですが，生ワクチンでは数日以上たってから出ることもあります。重度の副反応がみられたときは，地域の保健所や市区町村の衛生課，予防課などに報告することで，予防接種健康被害救済制度の対象になることもあります。

　近年では，接種できるワクチンの数が増えてきているため，2種類以上の予防接種を同時に同じ人に行う同時接種も行われています。日本小児科学会では，ワクチンの同時接種は，日本の子どもたちをワクチンで予防できる病気から守るために必要な医療行為であるとしています。

　予防接種は基本的に子どもの健康状態が良いときに受けるものです。保護者はあらかじめ予診票に子どもの健康状態を書き込んでおき，接種直前に体温の測定と医師の診察を受けます。医師はその日の健康状態から接種可能かを判断し，保護者に接種を希望するかどうか確認したあと，接種を行います。

　下記の項目に該当する人は，予防接種を行うのに注意が必要な人です。主治医がいる場合には主治医の病院で，主治医の病院で接種できない場合は事前に地域の保健所や市町村の衛生課，予防課などと相談をして，予防接種を受けることができるかどうかを判断してもらいます。

●心臓血管系疾患，腎臓疾患，肝臓疾患，血液疾患，発育障害等の基礎疾患を有する者

●予防接種で接種後2日以内に発熱のみられた者及び全身性発疹等のアレルギーを疑う症状を呈したことがある者

●過去にけいれんの既往のある者

●過去に免疫不全の診断がされている者及び近親者に先天性免疫不全症の者がいる者

●接種しようとする接種液の成分に対してアレルギーを呈するおそれのある者

●バイアルのゴム栓に乾燥天然ゴム（ラテックス）が含まれている製剤を使用する際の，ラテックス過敏症のある者

●結核の予防接種にあっては，過去に結核患者との長期の接触がある者その他の結核感染の疑いのある者

出所：厚生労働省「定期接種実施要領　令和2年10月1日改正」，2020年
　　　https://www.mhlw.go.jp/content/000858764.pdf （2022年8月23日閲覧）

予防接種を受けた後は急な副反応に備えて，30分間は接種した場所で様子を観察するか，医師とすぐに連絡がとれるようにしておきます。接種当日は入浴しても構いませんが，接種部位をこすったり，はげしい運動などはしないようにします。

子どもが予防接種を受けたときは，接種内容と接種日を報告してもらい，園でも記録し，子どもの体調などに変化がみられるようであれば，速やかに保護者に報告します。

園での感染症まん延を防ぐためには，どの予防接種を受けているのか，罹患歴はあるのか，といった情報が非常に重要になります。予防接種についての情報を，健康診断カードなどに記入できるようにしておき，保護者にそのつど書き入れてもらうようにしましょう（p.155 ワンポイントアドバイス 子どもの健康情報等を一覧にしよう 参照）。

3 保育者が知っておきたい感染症

麻しん（はしか）
（Measles）

| 発熱 | 発しん | 咳 | 目の充血 | コプリック斑 | 定期接種 MR |

非常に感染力が強く，かかると重症化しやすい疾患です。高熱，咳，鼻水などの症状のほか，目の充血や目やになどもみられます。最初，高熱が出ますが，いったんやや下がり，再び高熱が出ます。その頃，口の中の粘膜にコプリック斑という白い斑点がみられます。その後，発しんが顔や首から体全体に広がります。発しんは赤みが強く，やや盛り上がっており，消えた後に褐色（こげ茶色）の色素沈着が残ります。通常7〜9日ほどで回復しますが，重症になることもあります。妊娠中に母親が罹患すると，子どもに感染する場合もあります。

園や家庭での対応

出席停止期間は解熱した後3日を経過するまでです。

1歳になったらなるべく早く麻しん風しん（MR）混合ワクチンを接種します。5歳児（年長組）の1年間に2回目の接種を行います。

園では入園前に麻しんワクチンの接種歴があるか，また麻しんの既往歴があるかを確認し，未接種や未罹患である場合は，入園前にワクチンを接種しておいてもらうよう勧めます。

また麻しんは感染力が非常に強いため，園内で一人でも発症したら，すぐに他の園

児と職員全員の予防接種歴や罹患歴を確認します。未接種や未罹患者がいる場合は，72時間以内にワクチンを緊急接種すると発症を予防できる可能性があるため，嘱託医に速やかに相談し適切な対応を取ります。

インフルエンザ
(Influenza：Flu)

発熱

咳

鼻水

任意接種
インフルエンザ

突然の高熱（39〜40℃）の他，倦怠感，食欲不振，関節痛や筋肉痛，のどの痛み，鼻水，咳，嘔吐，下痢，腹痛がみられることもあります。通常1週間ほどで回復しますが，脳症を併発するとけいれんや意識障害をおこして死に至ることもあります。

園や家庭での対応

出席停止期間は発症後5日を経過し，かつ解熱後2日間（幼児にあっては3日）を経過するまでです。

手洗いなどをしっかりし，患者の唾液，鼻水等が付いた場合は，手洗いの後に消毒用エタノール等で消毒します。飛沫感染対策としては，マスクの着用など咳エチケット（p.20，咳エチケット　参照）を実施します。園では加湿器等を用いて室内の湿度を高めに保ちます。またインフルエンザは例年12〜4月頃に流行し，1月末から3月上旬に流行のピークを迎えます。

予防接種はインフルエンザが流行する12月中旬までに受けることが望ましいと考えられています。生後6か月から接種可能で，13歳未満は2回接種するとよいとされています。接種することで発症率の低下や重症化の予防が期待できるといわれています。

発症中に突然走り出したり，飛び降りたりする異常行動をおこすおそれがあります。これらは発熱から2日間以内におこることが多いため，注意深く見守るようにします。重症化した場合や合併症を併発した場合は，救命できても後遺症を残すことがあるので，悪化したときはもう一度受診したほうがよいでしょう。抗インフルエンザウイルス薬（リレンザ，イナビル，タミフル，ラピアクタ，ゾフルーザ）が有効です。

風しん
（Rubella）

 発熱 発しん リンパ節の腫れ 定期接種 MR

　麻しんに似たピンク色の細かい発しんが顔や首から全身へと広がりますが，麻しんほど重症にならず，熱も発しんも約3日間で治まります。発熱があり，リンパ節が腫れて痛みを訴えます。合併症としては脳炎や関節炎をおこすことがあります。特に妊娠初期の妊婦がかかると，胎児に感染して先天性風しん症候群（低出生体重児，白内障，聴力障害，心臓の異常や精神運動発達遅滞がみられる先天異常）を発症することがあります。

園や家庭での対応

　出席停止期間は発しんが消失するまでです。

　麻しん風しん（MR）混合ワクチンを接種してあるかどうかを確認し，1歳以上で未接種の場合は接種を強く勧めます。1歳になったらすぐにワクチンを接種するよう勧め，5歳児（年長組）の1年間に第2期接種をするよう勧めます。

　園内で一人でも発症したらすぐに他の園児と職員全員の予防接種歴や罹患歴を確認します。未接種や未罹患者がいる場合は，嘱託医に速やかに相談し，ワクチンの緊急接種を実施するかどうかも含め検討します。園に送迎する保護者が妊娠している場合もあるため，先天性風しん症候群に関する知識を伝えて注意を促します。保育者も感染するリスクが高いので，ワクチンを接種しておきましょう。

水痘（みずぼうそう）
（Chickenpox）

 発熱 発しん 水泡 かゆみ 定期接種 水痘

　非常に感染力が強いという特徴があります。始めは紅斑（赤い発しん）が体から首のあたり，顔などにあらわれます。それが丘しん，水疱（水ぶくれ），膿疱，黒いかさぶたと変わり（痂皮化），各段階の発しんが混在するのが特徴で，強いかゆみを伴います。妊婦が感染すると出生児に先天性水痘症候群という先天異常を生じることがあります。

園や家庭での対応

出席停止期間はすべての発しんが痂皮化（黒いかさぶたになる）するまでです。

定期接種なので，1歳になったらすぐにワクチン接種を勧めます。水痘は非常に感染力が強いので，園内で一人でも発症したら発症者の隔離だけでは感染の拡大を防ぐことは困難です。他の園児の予防接種歴や罹患歴を確認し，未接種や未罹患者がいる場合は，速やかに嘱託医に相談し，適切な対応を取ります。

また，分娩5日前〜分娩2日後に母親が水痘を発症すると，出生児が水痘を発症し，重症化することがあり，死亡率も30％との報告もあります。それらの知識を保護者に伝えて注意を促します。

流行性耳下腺炎（おたふくかぜ）
（Mumps）

 発熱　 耳下腺の腫れ　 任意接種 おたふくかぜ

耳下腺，顎下腺，舌下腺が腫れます。痛みを伴い，酸っぱいものを食べると痛みを増します。合併症としては無菌性髄膜炎が多く，難聴になることもあります。脳炎・脳症，精巣炎・卵巣炎などを合併することがあります。妊娠中に母親が罹患すると，子どもに感染する場合もあります。

園や家庭での対応

出席停止期間は，耳下腺，顎下腺または舌下腺の腫脹が発現した後5日を経過し，かつ全身状態が良好になるまでです。

日本小児科学会は，おたふくかぜワクチンの2回接種を推奨しています。また不顕性感染（感染していても症状があらわれない状態）していることもあるため，単に患者を隔離するだけでは流行を阻止することは難しいといわれています。

結　核
（Tuberculosis：TB）

 発熱　 咳　 痰　 定期接種 BCG（スタンプ）

肺結核では，咳，痰，発熱がみられますが，乳児の場合は発熱以外にはっきりした症状があらわれないこともあります。結核性髄膜炎（結核菌が髄膜に達して発病する）などの重症結核を併発すると，高熱，頭痛，嘔吐，意識障害，けいれん等がみられ

るので注意を要します。乳幼児は特に家族内感染が多いといわれています。

　潜伏期間は一定ではなく，発病する人の約半数は，感染後2年以内に発病します。主に空気感染や飛沫感染により感染しますが，経口感染，接触感染，母親の胎盤を通して感染する経胎盤感染もあります。

園や家庭での対応

　出席停止期間は医師により感染のおそれがないと認められるまでです。

　発症予防や重症化の予防にはBCGワクチンが有効です。定期接種期間は生後1歳未満なので，計画的に接種を済ませるようにします。定期接種の標準接種期間は生後5〜8か月です。

　一人でも発生したときは，保健所や嘱託医などに知らせて対応を協議します。

咽頭結膜熱（プール熱）
いんとうけつまくねつ
(Pharyngocojunctival fever：PCF)

発熱　　のどの痛み　目の充血

　感染力が強いのは最もウイルスの排泄が多い初期の数日で，その後数か月は便からウイルスが排出されることがあります。

　夏を中心に流行します。39〜40℃の高熱を出し，のどが腫れて痛む咽頭炎，扁桃腺炎と目の充血や目やになどの結膜炎をおこします。のどの痛みや頭痛，食欲不振を訴えることもあり，これらの症状が3〜7日間続きます。リンパ節が腫れることもあります。

園や家庭での対応

　出席停止期間は主症状（発熱，のどの赤み，目の充血）が消退した後2日を経過するまでです。

　接触感染予防のため，タオルの共用は避けます。プールは塩素消毒を徹底し，プール前にはおしりも洗浄しましょう。ドアノブやスイッチなどからの接触感染が多いといわれています。治った後も長時間，便からウイルスが排出されているため，おむつがえの後には手洗いを徹底します。

流行性角結膜炎
(Epidemic keratoconjunctivitis：EKC)

目やに・なみだ目

充血

アデノウイルスによっておこります。

急に発症して，まぶたが腫れ，目の充血，目やに，なみだ目などの症状が出ます。耳前リンパ節の腫れを伴い，幼児の場合，目に膜が張ることがあります。年間を通して発生しますが，夏を中心に流行します。

園や家庭での対応

感染力が強いので，手洗いをしっかり行い，タオルの共用は避けます。園内で発生した場合は，ドアノブ，スイッチなど人が触れる場所の消毒を行います。アデノウイルスは乾燥にも強いので，遊具の消毒も必要です。プールの塩素消毒が不十分だとプールの水でも感染するので塩素消毒を徹底します。

百日咳
ひゃくにちせき
(Whooping cough：Pertussis)

咳

定期接種
DPT-IPV

連続したコンコンコンという短い咳の後，ヒューと笛を吹くような音を立てながら息を吸うレプリーゼという咳をするのが特徴です。この特有の咳が2〜3週間から数か月にわたって続くことがあります。乳児期早期では典型的な症状があらわれず，無呼吸発作からチアノーゼ，けいれん，呼吸停止になることがあるので注意を要します。

感染のおそれのある期間は，咳が出始めてから4週目頃までで，抗菌薬を飲み始めると7日程度で感染力は弱くなります。

園や家庭での対応

出席停止期間は特有の咳が消失するまで，または5日間の適正な抗菌性物質製剤による治療が終了するまでです。

咳が出ている子どもにはマスクを着用してもらいます。予防接種（定期接種）である四種混合ワクチン（DPT-IPV）（D：ジフテリア，P：百日咳，T：破傷風，IPV：不活化ポリオワクチン）を受けていない場合には受けるように勧めます。

腸管出血性大腸菌感染症（O157, O26, O111等）
(Enterohemorrhagic Escherichia coli infection : EHEC infection)

 腹痛　 下痢　嘔吐　 血便

激しい腹痛や，水様便（水のような便），血便などの症状がみられます。合併症としては溶血性尿毒症症候群や脳症をおこすことがあります。

菌に汚染された生肉，水，生乳（せいにゅう），生野菜等による経口感染や接触感染により感染します。

園や家庭での対応

手洗いをしっかり行い，トイレ等を消毒します。

下痢，腹痛，脱水に対しては水分補給を行います。下痢止め薬は，毒素の排泄を妨げてしまうため使用しません。プールでの集団発生がおこることがあるので，塩素の消毒基準をきちんと守ります。園で発生した際は，速やかに保健所に届け，保健所の指示に従い消毒を徹底します。

また食品は加熱したり，よく洗ってから食べるようにします。特に子どもには生肉を与えないようにします。生肉を調理した後は必ずよく手を洗い，生肉の調理に用いたまな板や包丁は，生野菜などの調理に使用しないようにします。

5歳未満の子どもは，連続2回の検便を行い，いずれも陰性が確認でき全身状態がよければ登園できます。無症状で病原体を保有している場合は，5歳以上の子どもでトイレでの排泄習慣が確立している場合は出席停止の必要はありません。

急性出血性結膜炎
(Acute hemorrhagic conjunctivitis)

 目やに・なみだ目　 充血

強い目の痛みや異物感を感じ，結膜の充血や，結膜の下に出血する結膜下出血がみられます。目やにがみられたり角膜が濁ることもあります。全身症状としては，頭痛，発熱などがみられます。

園や家庭での対応

手洗いをしっかり行い，目やにや分泌物には触れないようにし，タオルの共用は避けます。目の症状が軽減してからも感染力が残る場合があるので気をつけます。

侵襲性髄膜炎菌感染症（髄膜炎菌性髄膜炎）
(Invasive meningococcal disease)

 発熱　 頭痛　 嘔吐

発熱，頭痛，悪心，嘔吐などの症状から始まり，乳児では大泉門の膨隆がみられることもあります。重症化すると，意識障害やけいれん，ショックをおこすため，この病気に関する注意を喚起する必要があります。

園や家庭での対応

出席停止期間は医師により感染のおそれがないと認められるまでです。

抗菌薬による治療を行います。重症化しないためには早期に気づき，治療を開始することが大切です。

2015（平成27）年から2歳以上の子どもに対して，任意接種として髄膜炎菌ワクチンが使用できるようになりました。患者と接触した人や，箸やスプーンなどの食事用具を共有するなど唾液の接触があった人は，患者が診断を受けた24時間以内に，抗菌薬の予防投与を受けることが推奨されています。

溶連菌感染症
(Streptococcal infection)

 発熱　 発しん　 のどの痛み　 イチゴ状舌

39℃前後の急な高熱が出て，のどが炎症をおこし，強い痛みを感じます。舌がイチゴのように赤く腫れるイチゴ状舌がみられ，全身に赤い細かい発しんが出ます。現在は軽症化しているといわれており，鼻やのどの粘膜を採って迅速に診断できるようになりました。治療が不十分な場合には発症数週間後に急性腎炎やリウマチ熱を合併することもあります。

園や家庭での対応

飛沫感染や接触感染により感染するので，手洗いをするなど一般的な予防を行います。多くの場合，抗菌薬を服用することで，後遺症を残すことなく治癒しますが，合併症を予防するため決められた期間，抗菌薬を飲み続ける必要があります。症状が軽くなったからといって薬の服用をやめたりしないようにします。

マイコプラズマ肺炎（マイコプラズマ感染症）
(Mycoplasma pneumonia)

咳

発熱

主な症状は咳で，発熱，頭痛もみられます。解熱しても咳は比較的長く，数週間続くこともあります。乳児にはあまりみられず，通常5歳以降〜学童期の子どもによくみられます。また成人が罹患することもあります。近年，耐性菌が増えており，症状が長引くこともありますが，多くの場合は抗菌薬による治療等で回復します。

園や家庭での対応

飛沫感染により感染するため咳エチケットなどの一般的な予防を行います。咳が出ている子どもにはマスクを着用してもらいます。肺炎マイコプラズマに感染した場合，総称としてマイコプラズマ感染症と診断されることもあります。いずれにしても，発熱や激しい咳が治まっていることが登園の目安になります。

手足口病
(Hand, foot and mouth disease：HFMD)

目の充血

発熱

のどの痛み

手足の末端やおしり，口腔内に小さい水疱性の発しんができます。また発熱やのどの痛みを伴います。熱はあまり高くならないことが多く，通常3日以内に下がります。手足口病をおこす原因ウイルスは複数あるため，免疫の成立していないウイルスによって再びおこることがあります。夏を中心に流行します。

園や家庭での対応

口腔内の水疱は痛みがあるので，食事は熱いものや酸味のあるものは避けます。

症状の出た最初の週が最も感染力が強いのですが，回復後も鼻水などからは1〜2週間，便からは数週間〜数か月間もウイルスが排出されます。おむつの排便処理の際に手袋をしたり，おむつ交換後に手洗いを徹底する必要があります。

伝染性紅斑（りんご病）
(Erythema infectiosum)

両頬の紅斑

　熱は微熱程度で，倦怠感，頭痛などの軽い症状がみられます。その後，両方の頬に赤い発しんが出ます。腕や脚の外側にもレースのような紅斑が出ます。

園や家庭での対応

　発しんがあらわれる前が最も感染力が強いといわれています。発しんが出る時期にはウイルスの排出はほとんどないため，予防には日頃から咳エチケットや手洗いに気をつけておくことが大切です。妊娠中に感染すると流産，死産，胎児水腫（胎児が何らかの原因で全身がむくんだ状態になること）の原因になることもあるので，妊娠中の保護者にも注意を促します。妊娠中の保育者は，流行がおさまるまで休むなど，勤務形態にも配慮が必要です。

ウイルス性胃腸炎（ノロウイルス感染症）
(Norovirus infection)

腹痛　　　下痢　　　嘔吐　　　発熱

　突然，吐き気を催して，その後，嘔吐や下痢，腹痛，発熱が1〜2日ほど続きます。1〜3日で治癒しますが，脱水を合併することがあります。

　生カキや魚介類，サラダなどについたノロウイルスによる経口感染もありますが，飛沫感染，接触感染，空気感染もあります。

園や家庭での対応

　流行期には，前日に嘔吐した子どもの登園は控えてもらうよう保護者に伝えます。

　非常に感染力が強いので，嘔吐物の処理をした後は流水と石けんで十分に手洗いをし，二次感染を防ぎます（嘔吐物の処理については，**覚えておこう！** 嘔吐物などの処理 (p.16) 参照）。多くは1〜3日ほどで回復しますが，その後3週間以上，便の中にウイルスが排出されることがあり，症状回復後も感染力が存在します。排便後やおむつ交換後の手洗いを徹底します。回復しても普段の食事ができるまで登園を避けるよう保護者に依頼します。

　消毒の際は，逆性石けんやアルコールでは効果が十分期待できないため，85℃で

１分間以上の加熱をするか，次亜塩素酸ナトリウムによって消毒します。次亜塩素酸ナトリウムを使用するときは，塩素ガスが発生するため，換気も忘れずに行います。なお次亜塩素酸ナトリウムは，金属を腐食してしまうため，金属を消毒する際は加熱消毒を行います。嘔吐物や下痢便で汚染された衣類は園内では洗わず，二重にしたビニール袋に入れて保護者にもち帰ってもらいます。

ウイルス性胃腸炎（ロタウイルス感染症）
（Rotavirus infection）

腹痛　　下痢　　嘔吐　　発熱

　５歳までの間にほぼすべての子どもが感染します。主な症状は嘔吐や下痢で，白っぽい下痢便をすることがあります。最初は嘔吐の症状が出て，その後，激しい下痢が続きます。発熱を伴うこともあります。便は米のとぎ汁のような白い水様便（水のような便）になり，酸っぱい匂いがします。

園や家庭での対応

　脱水に注意しますが，吐き気が強いときはスプーンなどで少量ずつこまめに水分補給します。ナトリウムやカリウムといった電解質も体から失われるので，経口補水液や乳幼児用のイオン飲料，スープやみそ汁の上澄みなどを与えてもよいでしょう。多くは２〜７日で治癒しますが，回復後も，ウイルスが便中に３週間以上排出されることがあるため，排便後やおむつ交換後の手洗いを徹底します。

　2020（令和２）年10月から２種類のロタウイルスワクチンが定期接種になりました。ワクチン接種により，重症化を減らすことができるといわれており，脳炎などの重い合併症を防ぐことができます。ただし，ロタウイルスワクチンは，腸重積症（p.67）にかかりやすい乳児期後期より前に接種した方がよいとされており，１回目は生後14週６日までに接種を開始します。

ヘルパンギーナ
（Herpangina）

発熱　　のどの痛み

　急に39〜40℃の高熱が出て，のどの奥の口蓋垂（いわゆるのどちんこ）付近に水疱ができます。高熱は数日続き，熱性けいれんを合併することもあります。ヘルパンギーナをおこす原因ウイルスが複数あるため，免疫の成立していないウイルスによって

再びおこることがあります。春から夏にかけて流行し，多くの場合2〜4日で解熱し治癒します。

園や家庭での対応

のどの奥にできた水疱が痛むので，食事はのどごしの良いものにします。回復後も鼻水などからは1〜2週間，便からは数週間〜数か月間もウイルスが排出されます。登園再開後も，排便後やおむつ交換後の手洗いを徹底する必要があります。

RSウイルス感染症
(Respiratory syncytial virus infection：RSV)

発熱　　　咳　　　鼻水

最初は軽いかぜ症状ですが，2〜3日すると激しく咳き込み，ゼーゼーという喘鳴が聞こえるようになります。重症になると呼吸困難をおこすこともあります。2歳以下の乳幼児に多く，月齢が低いほど重症になりやすい傾向があり，特に生後6か月未満の乳児では入院が必要となる場合もあります。また一度かかっても十分な免疫が得られず，再びかかることもあります。

園や家庭での対応

咳が出ている子どもにはマスクを着用してもらいます。流行期には，0歳児と1歳以上児は接触しないよう気をつけます。また，4〜5歳児で呼吸器症状がある子どもを，RSウイルス感染症にかかりやすい0歳児と一緒に保育しないように気をつけましょう。保育環境を清潔に保つことも重要です。

帯状疱しん
(Herpes zoster)

発しん　痛み・かゆみ

水痘に感染した人は治った後も神経節にウイルスが潜伏感染しており，免疫が低下したときなどに，神経の走行に沿って身体の片側に発症することがあります。数日間，軽い痛みや違和感，かゆみなどがみられ，その後，多数の水疱が集まり，紅斑となります。

園や家庭での対応

水痘に未罹患であったり，水痘ワクチンを未接種の人が帯状疱しんの患者に接触すると，水痘にかかる可能性があるため，72時間以内に水痘ワクチンを接種することを日本小児科学会では勧めています。妊婦への感染防止のため，園内で発生した場合は，患児に近づかないよう配慮します。発しんがかさぶたになるまでの間もシャワーは可能で，かさぶたになった後は入浴できます。

突発性発しん
（Exanthema subitum）

発熱 発しん

生まれて初めての発熱となることが多く，乳幼児期にほとんどの子どもがかかるといわれています。高熱が3日ほど続き，その後，解熱すると同時に細かい紅斑が体幹を中心に出ます。かゆみはありません。高熱のわりに機嫌は悪くなく，解熱して発しんが出始めてから突発性発しんだったとわかります。比較的軽症の疾患ですが，熱性けいれん，脳炎・脳症，肝炎などを合併することもあります。

園や家庭での対応

通常は自然に治癒する病気で，特別な治療薬を必要としません。手洗いなどの一般的な予防を行うほか，高熱の子どもがいる場合には特に気をつけて手洗いなどを徹底します。

アタマジラミ症
（Head louse）

かゆみ

アタマジラミの卵は0.5mm程度で約7日で孵化します。体長は2〜4mmで約4週間生きます。卵は髪の毛の根元付近にあることが多く，成虫も髪の毛の根元近くで活動しています。アタマジラミは頭皮から吸血し，3〜4週間後に頭皮にかゆみが出てきます。

園や家庭での対応

アタマジラミに感染している子どもを見つけたら，他に感染者がいないかクラスの

子どもの頭を確認します。午睡のときは子どもの頭同士を接触させないようにします。寝具やタオル等の共用を避けます。毎日シャンプーをして目の細かい櫛で髪の毛を根元からすき，シラミや卵を取り除きます。髪の毛を短くしたりする必要はありません。

　一般的には，フェノトリン（スミスリン®）シャンプーまたはフェノトリンパウダーを使用して駆除しますが，フェノトリン抵抗性（耐性）のアタマジラミもいるので，その場合は，地道に卵や成虫を取り除くしかありません。

　園で定期的に，頭の中をさりげなくチェックするとよいでしょう。

　不衛生にしていて感染する場合もありますが，衛生に気をつけていても，一緒に遊んだりして感染することがあります。差別やいじめにつながらないよう，保育者はもちろん保護者にも正しく知ってもらうことが大切です。

疥癬（かいせん）
（Scabies）

 発しん　 かゆみ

　だっこや手をつないだり，一緒に寝たりなど直接的な接触が比較的長い時間あった場合に感染することがあります。かゆみの強い発しんができ，かゆみは夜間に強くなります。手や足等には線状に盛り上がった皮しんもみられます。男児では陰部に，しこりができることがあります。

園や家庭での対応

　布団などの寝具の共用は避けます。原因となるヒゼンダニは手に比較的多く存在し，手を介して感染することもあるため，手洗いなどの一般的な予防を行います。疥癬はアトピー性皮膚炎や他の湿しんとの区別が難しいことがあるので，迷った場合やかゆみの強い発しんが出たら皮膚科を受診しましょう。外用薬，内服薬により治療します。治療を開始していればプールにも入れます。

伝染性軟属腫（でんせんせいなんぞくしゅ）（水いぼ）
（Infectious molluscum）

 いぼ・水疱

　白あるいは周りが少し赤い小さないぼが，体のいろいろなところにできます。いぼの表面はツルツルしていて光沢（こうたく）があり，中心にはウイルスを含んだ白い芯があります。かきこわすと中のウイルスが体の他の部分について広がります。

園や家庭での対応

　治療は専用のピンセットでつまみ取ったり，液体窒素で凝固させたりしますが，自然経過で治癒することもあるため，園医と相談して対応するとよいでしょう。プールの水で感染することはないので，プールに入っても構いませんが，タオルや浮き輪，ビート板などを介して感染することがあります。また皮膚と皮膚が触れ合うことでも感染します。そのため，水いぼがある場合は，衣類，包帯，耐水性の絆創膏等で覆い，他の子どもにうつさないようにします。またプール後は皮膚表面のバリア機能が低下しやすいので，シャワーをした後，保湿剤等で保湿します。

伝染性膿痂しん（とびひ）
(Infectious impetigo)

かゆみ

水疱

　虫刺され，あせも，アトピー性皮膚炎の湿しんなどをかきこわして，そこに黄色ブドウ球菌や溶血性レンサ球菌が感染することでおこります。水疱やかさぶたをかくことで手に菌がつき，その菌が他の部分につくことで広がります。

園や家庭での対応

　皮膚を清潔にすることが大切です。また皮膚を傷つけてしまうので爪は短く切ります。患部をガーゼなどで覆い，自分の体の他の部位や他人にもうつさないように注意します。タオルや寝具の共用は避けます。プールの水で感染することはないといわれていますが，患部に触れることで他人にうつす可能性があります。治るまではプール遊びを控えます。

B型肝炎
(Hepatitis B)

倦怠感

褐色尿

　B型肝炎ウイルスが肝臓に感染し炎症をおこします。乳幼児期の感染は，症状がないことが多いですが，子どもでも慢性肝炎の状態になったり，まれに肝硬変や肝がんになることもあるため，定期的に検査を受けることが大切です。

第1章

第2章

第3章

第4章

第5章

第6章

●園や家庭での対応

　予防にはＢ型肝炎ワクチンの接種が有効です。３回の接種によりほとんどの人が免疫を獲得することが可能です。入園児の保護者に対し，定期接種について周知することと，定期接種の対象でない子どもについてもワクチンの接種を済ませておくことが重要です。保育者もＢ型肝炎ウイルスの抗原検査，抗体検査ともに陰性の場合は，ワクチン接種をしておくことが重要であることを認識しておきましょう。

　Ｂ型肝炎は血液や体液（唾液，涙，汗，尿等）に含まれるので，血液や嘔吐物，鼻水や痰，便などの排泄物を素手で扱わないようにします。これらに触れるときは使い捨て手袋をつけて対応するようにしますが，それができない場合には，できるだけ血液等が付着しないように気をつけます。対応後はしっかりと手洗いを行います。皮膚や粘膜に傷がある場合は，傷口を絆創膏などで完全に覆（おお）うようにします。手をつないだり，プール遊びでは感染する可能性はかなり低いと考えられています。

　これらの感染症から身を守る注意点は，厚生労働省の**保育の場において血液を介して感染する病気を防止するためのガイドライン**において詳しく解説されています。保育者は正しい知識をもち，普段から感染予防に努めるようにしましょう。

2 感染症発生時と罹患後の対応

1 感染症が発生したら

　感染症が発生したら，それ以上感染症を拡げないように努めることが大切です。

　園で最初の感染症発生の連絡を受けたら，保護者に子どもの症状（いつから，どんな症状が出たかなど）を確認するとともに出席停止期間を伝え，しっかり休養してもらうようにします。登園する際に意見書や登園届が必要になる場合はそのことについても伝えます。

　それと同時に，出席している子どもたちの健康状態の観察を行います。その際，その感染症の特徴的な症状もあわせて観察するようにします。もし発熱や発しんなどの症状がみられた場合には別室で保育を行うなどします。その他，感染経路対策と手洗いうがいなどの予防対策もしっかり行うようにしましょう。

　例えば，その園で初めて手足口病で欠席の連絡を受けたとします。まずは欠席の報告を受けた子どもと同じクラスの子どもたちの検温を行います。あわせて手足口病の特徴的な症状である手や足，口の中に発しんができていないかを観察します。発熱や

新型コロナウイルス感染症への対応

　2019（令和元）年に中華人民共和国で発生した新型コロナウイルス感染症は，2020（令和２）年２月１日より学校保健安全法に定める第一種感染症とみなされてきましたが，2023（令和５）年５月８日に，感染症法上の位置付けの見直しがなされ，５類感染症に位置づけられました。また，学校保健安全法施行規則の第二種の感染症に新型コロナウイルス感染症が追加され，出席停止期間の基準として「発症した後５日を経過し，かつ，症状が軽快した後１日を経過するまで」と定められました。登園を再開するための陰性証明書は必要ではないため，保護者に対して，医療機関での検査の実施を求める必要はありません。なお，登園再開の際は，医師の意見書（図４－６参照）を提出してもらうとよいでしょう。

　新しい感染症は，誰も免疫をもたないため，新型コロナウイルス感染症のようにパンデミック（世界的な大流行）に発展することがあります。園では，日頃から園医や保護者と連携して，正しい感染症予防対策を実践していくことが大切です。常に新しい情報を確認し，最新の知識や対応方法を全職員で共有しておきましょう。　　　　　　　　　　（両角）

そのような症状がみられた場合には保護者に連絡のうえ，別室で保育を行います。

　検温する際や子どもを観察する場合には，体温計や保育者の手指の消毒もしっかり行いましょう。症状がみられない子どもたちには手洗いをしっかり行い，タオルの共用もしないように伝えます。可能であれば，流行期は紙タオルを使用します。排泄物にもウイルスが排泄されるので，おむつの処理も適切に行います。また潜伏期間も考慮し，その間も子どもたちの健康状態を注意深く観察するようにします。それでも感染者が増えてしまった場合には，それ以上感染者を増やさないための措置として園長の判断で，クラス閉鎖や園閉鎖の措置を取ることも可能ではありますが，保育が必要な子どもを預かっている保育所や認定子ども園などではクラス閉鎖や園閉鎖は，なるべく避けたいものです。臨時の保健だよりを発行したり，発生状況を掲示するなど，園から保護者に感染症の発生状況についてなんらかの発信をしていくことも大切です。仮にクラス閉鎖や園閉鎖をしても，その期間中に発症する子どももいます。きょうだいが発症したときも保護者に報告してもらうようにし，園での感染症発生の状況をしっかりと把握し，感染拡大を最小限にすることが大切です。

２ 罹患後の対応

　園や学校では集団生活を行っているので，子どもが感染症に罹患した場合は，感染

を拡大しないよう適切な措置がとられなければなりません。学校保健安全法では，「学校において予防すべき感染症」として学校感染症を規定し，症状の重篤性等によって第一種，第二種，第三種に分類しています。学校（幼稚園を含む）では，子どもが学校感染症に罹患した際，この**学校保健安全法**に基づいて出席停止や臨時休業等の措置をとります。保育所は児童福祉施設ですが，**学校保健安全法**に準拠して同様の措置がとられています。と同時に，より保育所の特性をふまえた**保育所における感染症対策ガイドライン**（2018年改訂版，2023（令和5）年5月一部改訂，2023（令和5）年10月一部修正）がこども家庭庁により発出され，保育所での感染症予防に活用されています。

　学校感染症に罹患した場合は，治癒した後，医師からの意見書や保護者が記入する登園届の提出が必要な場合があります。これらの届出については，市区町村の支援の下に地域の医療機関や地区医師会，都道府県医師会，学校等と十分に検討して決めていきます。以下に，**保育所における感染症対策ガイドライン**（2018年改訂版，2023（令和5）年5月一部改訂，2023（令和5）年10月一部修正）に掲載されている意見書（医師記入）と登園届（保護者記入）を参考様式としてあげておきます。

図4－6　医師の意見書（参考様式）　　　　図4－7　保護者の登園届（参考様式）

出所：こども家庭庁『保育所における感染症対策ガイドライン（2018年改訂版，2023（令和5）年5月一部改訂，2023（令和5）年10月一部修正）』，2023年。

以下に，主な学校感染症と登園の基準を示します。

表 4 - 1　学校，幼稚園，保育所で予防すべき感染症の解説：抜粋表

	感染症名	主な潜伏期間	主な感染経路	登校（園）基準
第一種感染症	急性灰白髄炎（ポリオ）	7 -21日	経口感染	急性期の症状が治癒後
	ジフテリア	2 - 7日	飛沫感染	治癒後
	重症急性呼吸器症候群	2 -10日	飛沫感染	治癒後
	中東呼吸器症候群	2 -14日	飛沫感染，接触感染	治癒後
	特定鳥インフルエンザ	2 - 8日	飛沫感染	治癒後
第二種感染症	新型コロナウイルス感染症	オミクロン株では2 - 3日	飛沫感染，接触感染	発症した後 5 日を経過し，かつ，症状が軽快した後 1 日を経過した後
	インフルエンザ	1 - 4日	飛沫感染，接触感染	発症した後 5 日を経過し，かつ，解熱した後 2 日を経過した後。幼児においては，発症した後 5 日を経過し，かつ解熱した後 3 日を経過した後
	百日咳	7 -10日	飛沫感染	特有な咳が消失するまで，または 5 日間の適正な抗菌薬による治療が終了した後
	麻しん	8 -12日	空気感染，飛沫感染，接触感染	解熱後 3 日経過した後
	流行性耳下腺炎	16-18日	飛沫感染，接触感染	耳下腺，顎下腺または舌下腺の腫脹が発現した後 5 日を経過し，かつ全身状態が良好となった後
	風しん	16-18日	飛沫感染，接触感染，母子感染	発疹の消失後
	水痘	14-16日	空気感染，飛沫感染，接触感染，母子感染	すべての発疹が痂皮化した後
	咽頭結膜熱	2 -14日	接触感染，飛沫感染	主要症状が消失して 2 日経過後
	結核	2 年以内	空気感染	感染のおそれがないと認められた後
	髄膜炎菌性髄膜炎	4 日以内	飛沫感染	感染のおそれがないと認められた後
第三種感染症	コレラ	1 - 3日	経口感染	治癒後
	細菌性赤痢	1 - 3日	経口感染	治癒後
	腸管出血性大腸菌感染症	10時間- 6 日	経口感染	感染のおそれがないと認められた後
	腸チフス，パラチフス	7 -14日	経口感染	治癒後
	流行性角結膜炎	2 -14日	接触感染	感染のおそれがないと認められた後
	急性出血性結膜炎	1 - 3日	接触感染	感染のおそれがないと認められた後
第三種感染症（その他の感染症）	溶連菌感染症	2 - 5日	飛沫感染	適切な抗菌薬による治療開始後24時間以降
	A 型肝炎	15-50日	経口感染	肝機能が正常化した後
	B 型肝炎	45-160日	血液・体液感染，母子感染	急性肝炎の極期を過ぎてから
	C 型肝炎	6 - 7 週	血液・体液感染，母子感染	急性肝炎の極期を過ぎてから
	手足口病	3 - 6日	経口感染，飛沫感染	症状が回復した後
	ヘルパンギーナ	3 - 6日	経口感染，飛沫感染	症状が回復した後
	無菌性髄膜炎（エンテロウイルスによる）	3 - 6日	経口感染，飛沫感染	症状が回復した後
	伝染性紅斑（りんご病）	4 -14日	飛沫感染，母子感染	症状が回復した後
	ロタウイルス感染症	1 - 2日	経口感染	下痢，嘔吐が消失した後
	ノロウイルス感染症	12-48時間	経口感染	下痢，嘔吐が消失した後
	サルモネラ感染症	12-36時間	経口感染	下痢，嘔吐が消失した後
	カンピロバクター感染症	2 - 5日	経口感染	下痢，嘔吐が消失した後
	肺炎マイコプラズマ感染症	2 - 3 週	飛沫感染	症状が回復した後
	肺炎クラミジア感染症	平均21日	飛沫感染	症状が回復した後

	感染症名	主な潜伏期間	主な感染経路	登校（園）基準
第三種感染症（その他の感染症）	インフルエンザ菌ｂ型感染症	不 明	飛沫感染，飛沫感染	症状が回復した後
	肺炎球菌感染症	1－3日	飛沫感染，飛沫感染	症状が回復した後
	RSウイルス感染症	4－6日	接触感染，飛沫感染	症状が回復した後
	ヒトメタニューモウイルス感染症	3－5日	接触感染，飛沫感染	症状が回復した後
	ライノウイルス感染症	2－3日	接触感染，飛沫感染	症状が回復した後
	パラインフルエンザウイルス感染症	2－6日	接触感染，飛沫感染	症状が回復した後
	エンテロウイルスD68感染症	3－6日	接触感染，飛沫感染	症状が回復した後
	EBウイルス感染症	30－50日	接触感染	症状が回復した後
	サイトメガロウイルス感染症	不 明	接触感染，母子感染	症状が回復した後
	単純ヘルペスウイルス感染症	2日－2週	接触感染，母子感染	歯肉口内炎のみであればマスクをして可
	帯状疱疹	不 定	接触感染	病変部が被覆されていれば登校して可。ただし水痘を発症する可能性が高い子どもの多い幼稚園，保育所ではかさぶたになるまで登園は控える
	日本脳炎	6－16日	節足動物感染	症状が回復した後
	突発性発疹	9－10日	接触感染	症状が回復した後
	ボツリヌス症	12－48時間	経口感染，皮膚感染	症状が回復した後
	ネコひっかき病	皮膚症状まで7－12日	動物媒介感染	症状が回復した後
	破傷風	3－21日	泥や土を介しての感染	症状が回復した後
	デング熱	蚊に刺されて3－14日	節足動物感染	症状が回復した後
	ジカウイルス感染症	3－12日	節足動物感染，母子感染	症状が回復した後
	重症熱性血小板減少症候群	6－13日	節足動物感染	症状が回復した後
	アタマジラミ症	孵化まで10－14日	接触感染	制限はない
	伝染性軟属腫（水いぼ）	2－7週	接触感染	制限はない
	伝染性膿痂疹（とびひ）	2－10日	接触感染	制限はない
	疥 癬	4－6週	接触感染	治療開始後
	蟯虫症	1－2か月かそれ以上	経口感染	制限はない
	ヒトパピローマウイルス感染症	3か月－数年	接触感染（性感染），母子感染	制限はない
	ヒトT細胞白血病ウイルス1型感染症	数年－40年以上	血液感染・体液感染，母子感染	制限はない
	ヒト免疫不全ウイルス感染症	母子感染では12－18か月，AIDS発症までは5年以上	血液感染・体液感染，母子感染	制限はない

出所：日本小児科学会　予防接種・感染症対策委員会『学校，幼稚園，認定こども園，保育所において予防すべき感染症の解説 2023年5月改訂版』，2023年，学校，幼稚園，認定こども園，保育所で予防すべき感染症の解説：抜粋表より筆者改変。

第1章

第2章

第3章

第4章

第5章

第6章

参考文献

岡部信彦・多屋馨子『予防接種に関するQ&A集　2021』日本ワクチン産業協会，2021年。

厚生労働省『保育所保育指針』，2017年。

厚生労働省『児童福祉施設の設備及び運営に関する基準』，2022年。

厚生労働省『定期接種実施要領　令和2年10月1日改正』，2020年（https://www.mhlw.go.jp/content/000858764.pdf　2022年8月23日閲覧）

国立感染症研究所『定期/任意予防接種スケジュール』，2023年（https://www.niid.go.jp/niid/images/vaccine/schedule/2023/JP20231216_03_1.png　2024年1月9日閲覧）

こども家庭庁『保育所における感染症対策ガイドライン（2018年改訂版，2023（令和5）年5月一部改訂，2023（令和5）年10月一部修正）』，2023年。

鈴木美枝子編著『これだけはおさえたい！保育者のための子どもの保健［改訂版］』創成社，2024年。

第36回厚生科学審議会予防接種・ワクチン分科会予防接種基本方針部会（2019（令和元）年12月23日）資料2『予防接種の接種間隔に関する検討』
（https://www.mhlw.go.jp/content/10906000/000588375.pdf　2022年8月23日閲覧）

日本小児科学会『日本小児科学会が推奨する予防接種スケジュールの変更点』，2022年
（http://www.jpeds.or.jp/uploads/files/vaccine_schedule.pdf　2022年8月23日閲覧）

日本小児科学会　予防接種・感染症対策委員会『学校，幼稚園，認定こども園，保育所において予防すべき感染症の解説　2023年5月改定版』，2023年（http://www.jpeds.or.jp/uploads/files/yobo_kansensho_20220601.pdf　2023年12月27日閲覧）

平松裕司「水痘感染妊婦の取り扱い」『岡山医学会雑誌』第120巻，pp.219-221，2022年。

VPDを知って，子どもを守ろうの会『予防接種スケジュール』，2023年
（http://www.know-vpd.jp/dl/schedule_age7.pdf　2024年1月7日閲覧）

文部科学省スポーツ・青少年局学校健康教育課監修『児童生徒等の健康診断マニュアル　平成27年度改訂』日本学校保健会，2015年。

文部科学省『新型コロナウイルス感染症の最新情報について』（令和2年1月31日）
（https://www.mext.go.jp/content/20200129-mext_kenshoku-000004520_44.pdf　2022年8月23日閲覧）

第5章 保育における保健的対応

1 保育における保健的対応の基本的な考え方

1 子どもの健康観察

　日常の保育において，子どもたちの健康状態を把握することは大変重要なことです。乳幼児は大人に比べて免疫機能が未熟なため感染症にかかりやすく，病状も急変しやすいという特徴があります。また集団保育の場においては一人の感染者が多くの感染者を発生させてしまう危険性があり，一人ひとりの健康観察をしっかり行うことが安心・安全な保育には欠かせません。

　そのためには，子どもたち一人ひとりの平熱や既往症など，その子どもの情報を常に把握しておく必要があります（p.155　ワンポイントアドバイス　子どもの健康情報等を一覧にしよう　参照）。

　特にまだ発話のない乳幼児に対しては，子どもが発する言葉以外のシグナルをすばやくキャッチし，対応する力が求められます。例えば「耳が痛い」とまだ言えない子どもであったとしても，よく耳を触る，頭を振る，後ろから小声で呼んでも振り返らない，などのシグナルがあれば，耳に何らかの異常があるのかもしれないという意識をもって接する必要があります。

　いつもと様子がちょっと違うという気づきが，子どもの病気の早期発見につながります。泣きかたがいつもと違う，いつもより甘えてくる，いつもなら好んで食べるものを食べたがらない，など，ふだんと違う様子がみられたら，全身状態をよく観察したり，検温したりしながら注意深く様子をみるようにしましょう。

　次のページに子どもの健康状態を把握するポイントをあげておきます。これらのポイントを常に頭に置いておきましょう。

　日常の保育の始まりは保護者が子どもを連れてくるところから始まります。登園時

第1章
第2章
第3章
第4章
第5章
第6章

図５−１　子どもの健康状態を把握するポイント

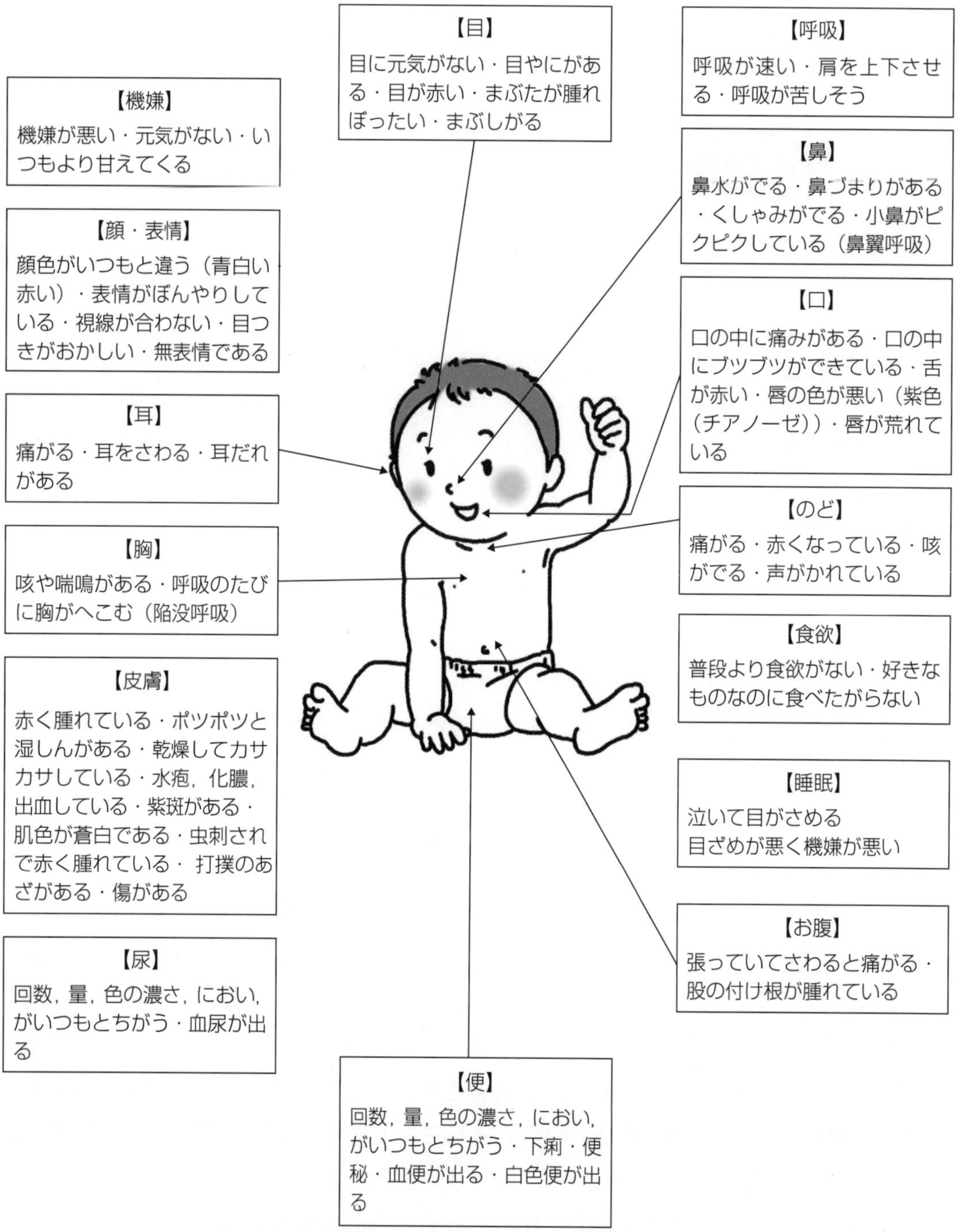

【目】
目に元気がない・目やにがある・目が赤い・まぶたが腫れぼったい・まぶしがる

【呼吸】
呼吸が速い・肩を上下させる・呼吸が苦しそう

【機嫌】
機嫌が悪い・元気がない・いつもより甘えてくる

【鼻】
鼻水がでる・鼻づまりがある・くしゃみがでる・小鼻がピクピクしている（鼻翼呼吸）

【顔・表情】
顔色がいつもと違う（青白い・赤い）・表情がぼんやりしている・視線が合わない・目つきがおかしい・無表情である

【口】
口の中に痛みがある・口の中にブツブツができている・舌が赤い・唇の色が悪い（紫色（チアノーゼ））・唇が荒れている

【耳】
痛がる・耳をさわる・耳だれがある

【のど】
痛がる・赤くなっている・咳がでる・声がかれている

【胸】
咳や喘鳴がある・呼吸のたびに胸がへこむ（陥没呼吸）

【食欲】
普段より食欲がない・好きなものなのに食べたがらない

【皮膚】
赤く腫れている・ポツポツと湿しんがある・乾燥してカサカサしている・水疱，化膿，出血している・紫斑がある・肌色が蒼白である・虫刺されで赤く腫れている・打撲のあざがある・傷がある

【睡眠】
泣いて目がさめる
目ざめが悪く機嫌が悪い

【お腹】
張っていてさわると痛がる・股の付け根が腫れている

【尿】
回数，量，色の濃さ，におい，がいつもとちがう・血尿が出る

【便】
回数，量，色の濃さ，におい，がいつもとちがう・下痢・便秘・血便が出る・白色便が出る

出所：こども家庭庁『保育所における感染症対策ガイドライン（2018年改訂版，2023（令和５）年５月一部改訂，2023（令和５）年10月一部修正）』，2023年。

にいつもと違う様子はないかなど観察しましょう（登園前に怒られて来たのでしょんぼりしている，いつもより甘えて保護者から離れられずにいる，など）。また登園時は朝の忙しい時間ではありますが，必ず保護者に声をかけ，子どもの様子についてたずねるようにしましょう。また目につく場所に傷がないかなども登園時に確認します。見つけた場合は保護者にも前日の夜のできごとなどを聞き，園での対応などについて確認しておきます。登園時の怪我の有無についての確認は，後で「園でできた傷か，自宅でできた傷か」といったトラブルをおこさないためにも有効です。登園時に見つけた怪我についても必ず記録しておきましょう。その他，体調不良，咳や鼻水が出る，下痢気味などの情報も記録しておくことで，一人ひとりの体調や様子，クラスごとの感染症の罹患状況などを把握することができます。現在，出欠管理に関しては，ICT機器

表5－1　出席簿の記入例

出席簿（体調管理を含む）

年　　月　　クラス名

番号	氏名	1火	2水	3木	4金	5土	6日	7月	8火	9水	10木	11金	12土	13日	14月	15火	16水	17木	18金	〜	28月	29火	30水	31木	出席	病欠	事欠	停止	忌引
1	○○ ○○		事												熱37.8	インフル/テ	インフル/テ	インフル/テ	インフル/テ								1	7	
2	△△ △△							咳	咳・鼻汁	咳・鼻汁	咳・鼻汁	カゼ/病			カゼ/病	鼻汁										2			
3	●● ●●				ケガ							下				熱37.8	インフル/テ	インフル/テ										6	
4																													
5																													
6																													
	出席数																												
	病欠数																												
	事故欠数																												
	出席停止																												
	忌引																												

＜凡例＞
咳…咳　　鼻汁…鼻汁　　　嘔吐…嘔　　下痢…下　　　熱…熱○○℃　　　風邪…カゼ　　　　体調不良…不良
インフルエンザ…インフル　　咽頭結膜熱…プ熱　　　水痘…水痘　　　流行性耳下腺炎…おたふく
伝染性紅斑…りんご　　手足口病…手足口　　溶連菌感染症…溶　　　流行性結膜炎…結　外傷…ケガ
伝染性膿痂疹…とびひ　　中耳炎…中耳　　　感染性胃腸炎…腸　　　嘔吐下痢症…嘔下

用語解説　事故欠席

　事故欠席とは「故（ゆえ）ある事で（理由がある）欠席」ということで，病欠，出席停止，忌引（きび）きではない，その他の欠席のことをいいます。病気や怪我ではなく，家の都合で休んだ場合などは，事故欠席として数えます。

を活用する園が増えてきました。登園降園の状況だけでなく欠席理由等も入力しておくと，感染症対策にも役立ちます。

（1）バイタルサインの測定方法

バイタルサインとは，「生きている徴候（しるし）」という意味があり，一般的には体温，脈拍，呼吸，血圧のことを指します。ここでは園で測定する体温，脈拍，呼吸の測定方法について解説します。

① 体温の測定

体温は，皮膚の血管の拡張・収縮，発汗やふるえなどにより，常に一定に保たれるよう調節されています。しかし乳幼児はこうした体温調節機能（p.52 用語解説 体温調節機能とうつ熱　参照）が未熟なため，外界の温度に左右されやすいという特徴があります。また新陳代謝がさかんなため，大人に比べると平熱が高い傾向があります。しかし逆に平熱の低い低体温の子どももいるため，一人ひとりの子どもの平熱を知っておくことは大変重要です。

体温測定の部位としては，腋窩（脇の下），口腔（口の中），直腸，鼓膜などがありますが，園では基本的に腋窩で測定します。

体温を正確に測定する（実測値）には5～10分ほどかかりますが，最近では予測値が数秒でわかる電子体温計もあります。子どもはじっとしているのが苦手なので，このような予測値で測れる体温計を上手に利用

表5－2　年齢別正常体温

	体温（℃）
乳　児	36.0 ～ 37.4
幼　児	36.0 ～ 37.4
成　人	35.5 ～ 36.9

出所：鈴木美枝子編著『これだけはおさえたい！　保育者のための子どもの保健［改訂版］』，2024年。

図5－2　体温の測り方（腋窩）

45度

子どもと密接するため，向かい合わずに後ろから測定する。

図5－3　体温の測り方（鼓膜）

○

鼓膜に対して垂直に当たるようにする。

×

耳式体温計の入れ方によっては，正確に測定できないことがあるので注意する。

するとよいでしょう。ただし、予測値は条件によっては実測値と大きく外れた値が出ることもありますので、あまりにもかけ離れた測定値が出たときは、もう一度測定してみましょう。

　腋窩で体温を測定するには、保育者の膝の上に子どもを座らせ、子どもの衣服の下から体温計を入れます。体温計は、上半身に対して下から45度の角度で入れ、脇の下の一番くぼんだところに感温部があたるようにします。保育者は、子どもの脇をしっかり閉じ、上から腕を押さえます。腋窩で体温測定する際は保育者と子どもが密着するため、対面で測定することは避け、後ろから抱きかかえるとよいでしょう。

　乳児の場合は登園時や午睡後など、毎日決まった時間に必ず検温します。幼児も、新型コロナウイルス感染症等のまん延防止の観点から、1日の中で決められた時間帯に数回測定します。毎日体温を測定することで、ちょっとした体調の変化に気づくことができます。子どもの体調の変化は体温にあらわれることが多く、気になる症状がみられるときは、必ず検温するようにしましょう。なお、検温した後は必ず体温計を消毒するようにします。決まった時間以外に検温した場合は、連絡帳等に記入し、あわせて他の症状などについても保護者に伝えるようにします。

②　脈拍の測定

　脈拍とは、心臓が収縮して大動脈に血液を送り込むときに生じる圧力の波が、全身の動脈に伝わり、体の表面に近い動脈に触れることで感じることのできる拍動のことをいいます。乳幼児は1回の拍動で心臓から大動脈に送り込める血液の量が少ないため、回数を増やす必要があり、大人に比べて脈拍数は多くなります。また発熱したときや、運動した後、泣いた後などは、脈拍数は多くなります。

　脈拍を測定できる部位は複数箇所あります（図5−5）が、通常は橈骨動脈で測定します。

図5−4　脈拍の測り方

どちらの向きからも脈をとれるようにしましょう。

表5−3　年齢別安静時脈拍数

	脈拍数（毎分）
乳　児	120 〜 140
幼　児	80 〜 120
成　人	60 〜 80

出所：鈴木美枝子編著『これだけはおさ
　　　えたい！　保育者のための子ども
　　　の保健［改訂版］』、2024年。

測定方法は，手首の親指側の方にある橈骨動脈に人差し指，中指，薬指の3本の指をあて，脈が触れることを確認してから1分間拍動を数えます。乳児の場合は皮下脂肪が多いため，橈骨動脈や頸動脈だと脈が触れにくいことがあります。そのようなときは上腕の内側中央の上腕動脈や，股のつけ根の大腿動脈を触れて測定するとよいでしょう（図5－6）。1分間測定することは，じっとしていることが苦手な乳幼児にとっては難しいため，30秒測定した値を2倍にしたり，15秒間測定した値を4倍にしたりする方法を用いることもあります。

図5－5　脈拍が測れるところ

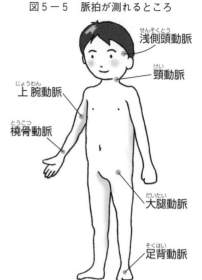

図5－6　乳児の脈の測り方

上腕動脈や大腿動脈を触れると測定しやすい。

③　呼吸の測定

私たちは息を吸ったり吐いたりすることで，体内に酸素を取り込み，血液中の不要な二酸化炭素を排出しています。乳幼児は1回の呼吸で取り入れられる酸素の量が少ないため，大人より呼吸数が多くなります。ぜん息の発作時などには呼吸が乱れることもあるため，注意深く観察する必要があります。

乳児は腹式呼吸をしているため，安静にしている乳児の腹部の上

図5－7　呼吸の測り方

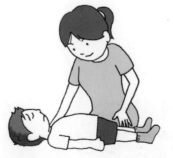

胸やお腹，鼻や口元を見ながら測定するとよい。

表5－4　年齢別安静時呼吸数

	呼吸数（毎分）
乳　児	30 〜 40
幼　児	20 〜 30
成　人	15 〜 20

出所：鈴木美枝子編著『これだけはおさえたい！　保育者のための子どもの保健［改訂版］』，2024年。

ワンポイントアドバイス　**子どもの健康情報等を一覧にしよう**

　園で子どもの体調が悪くなったときには，まず体温を測ります。平熱には個人差があるので安易に判断せず，その子どもの平熱と比較する必要があります。そのたびに健康診断票を見て確認していると時間もかかりますし大変です。そのようなときに備えて，日頃の保育でよく使うことが予想される子どもの平熱，熱性けいれんなどの注意すべき疾患，おこしやすい症状，アレルゲンなどの健康情報を，クラス単位でまとめた一覧表にしておくと便利です。一覧表に記載したことはプライバシーに関わります。保管には十分に注意しましょう。

表5-5　子どもの健康情報一覧

番号	名　前	平　熱	既往歴・アレルギー, その他気になることなど	MR接種	流行性耳下腺炎	備　考
1	○○　○○	36.3	鼻血が出やすい			
2	▲▲　▲▲	36.5			ⓡ	
3	△△　△△	36.2	アトピー, ハウスダスト, ペット（犬猫）			
4	●●　●●	36.9			・	
5	□□　□□	36.4	生卵, 牛乳, 小麦, 大豆	・	・	BCGのみ
6		35.5			・	
7		36.3	心雑音, 経過観察中		・	
8		37.0	肘が抜けやすい→△○整形外科受診		・	
9		36.7				
10		36.9	喘息→すぐ連絡		ⓡ	
11		36.0	便秘気味			
12		36.3		・	・	4種混合・BCG
13		36.5	熱性けいれん→発熱したら保護者に連絡		・	
14		36.6			・	
15		35.8	トイレ近い			
16		37.2	中耳炎		・	
17		36.0	川崎病			
18		36.8	虫さされ, 赤くなって腫れる		・	
			健診結果, 保護者からの保健調査から転記。保護者からの健康に関する申し出等を記入。	／は接種済・は未接種	／は接種済・は未接種ⓡは罹患済	

○○○ぐみ　　担任　△△　△△△

＊流行性耳下腺炎などがクラスで流行した場合には，新たに欄を設けて（この場合，右側の流行性耳下腺炎），おたふくかぜワクチンを接種した子どもとまだ接種していない子ども，すでに流行性耳下腺炎に罹患した子どもを分けて記入しておくと，クラスの罹患状況が把握しやすい。また発しんなどが出た場合に疾患を推測する助けとなる。

（田中）

下運動を観察したり，呼吸を感じたりすることで呼吸数を数えます。幼児は胸腹式呼吸をしているため，腹部や胸部の上下運動を観察します。また，口や鼻から吐き出される息の様子を感じることで数える方法もあります。なお，呼吸は意識すると変化しやすいため，測定していることを気づかれないようにしましょう。

② 健康診断

　園では子どもの健康を守ることを目的として健康診断が行われます。園などの集団

生活においては，子ども一人ひとりの健康が集団での健康を守るために重要です。健康診断では各々の健診や検査の結果，発育・発達の状況から健康状態を総合的に評価し，子どもの健康の保持・増進，疾病や異常の早期発見，早期治療につなげていきます。

　2021（令和3）年に文部科学省初等中等教育局健康教育・食育課から出された事務連絡では，健診時の脱衣を伴う検査で一定の配慮を行うこと，また，プライバシーの保護にも配慮すること等が示されています。乳幼児といえども，子どもの心情も考慮した上で実施するように心がけましょう。

　2016（平成28）年度より検査項目から座高，寄生虫卵の有無の検査が削除され，新たに「四肢の状態」が必須項目に加えられています。「四肢の状態」の検査では手足の形態及び発育，運動器の機能の状態に注意することとしています。また検査項目より削除された寄生虫卵の有無の検査ですが，主にぎょう虫卵検査が行われていました。検査がなくなっても，ぎょう虫がいなくなったわけではありません。特に年齢の低い子どもでは検出されることがあります。保育者は，ぎょう虫症が疑われる場合には検査を勧めるようにしましょう。

　幼稚園では**学校保健安全法第13条**により，毎学年定期に園児の健康診断を行うことが定められています。保育所などの児童福祉施設においては**児童福祉施設の設備及び運営に関する基準第12条**で，入所時の健康診断と少なくとも1年に2回の定期健康診断，および臨時の健康診断を**学校保健安全法**に規定する健康診断に準じて行わなければならないとされています。よって本テキストでは**学校保健安全法**に基づいて健康診断を解説します。

（1）健康診断の準備

　健康診断は，毎学年6月30日までに行われることとされています（学校保健安全法施行規則第5条）。健康診断が始まる前の準備として，子どもの健康診断票を作成します。保護者への健康診断の日程連絡，保健調査票の整理などを，健康診断が始まる前までにしておきます。

（2）健康診断の方法

　健診にあたっては会場の準備設営と医師が手指を消毒する消毒液，使用する器具等を準備します。子どもが健診を怖がるようであれば，保育者が声をかけ，寄り添って一緒に健診を受けるなどの配慮をします。

●会場の準備について

内科健診や歯科健診において，健診を行う医師の位置は，室外から入る光や音を考慮して配置します。

●一般的な手指の殺菌消毒液の作り方

10％の逆性石けん液（オスバンS®など）で0.1％の手指消毒液を２L作る場合は，10％の逆性石けん液20mlに水を加えて２Lにします。

●器具の消毒

舌圧子や歯鏡（ぜつあっし）（しきょう）は十分な数を用意し，煮沸消毒（沸騰水中で15分以上煮沸）しておきます。

① 内科健診

主に栄養状態，脊柱や胸郭の病気や異常，皮膚疾患，心臓の病気や異常などをみます。聴診器等は医師が持参することがほとんどです。医師が手指を消毒する消毒液を準備します。

② 運動器検診

2016（平成28）年度より脊柱，胸郭の病気や異常に加えて「四肢の状態」が必須項目に加えられました。検査では四肢の形態，発育

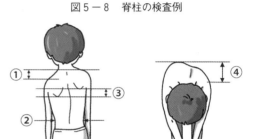

図５－８　脊柱の検査例

① 両肩の高さに差がある。
② 左右の脇線の曲がり方に差がある。
③ 両肩甲骨の高さ・位置に差がある。
④ 前屈した左右の背面の高さに差がある。

並びに運動器の機能の状態に注意することが規定されています。事前の保健調査や，日頃の姿勢や歩行の様子などから，気になる様子がみられる子どもは園医等に伝え，必要に応じて検査を行います。

③ 歯科健診

むし歯（う歯），歯周疾患，歯列（しれつ）（歯並び）や咬合（こうごう）（かみ合わせ）などの異常を発見するとともに，形態および機能が発達段階に即して正常に発達しているかを観察します。歯鏡，手指消毒液，照明灯などの照明器具を準備します。

④ 視力検査

近視や遠視などの屈折異常，不同視（左右の視力に大きな差がある）などをみます。

日本学校保健会の児童生徒等の健康診断マニュアル　平成27年度改訂においては，弱視（斜視などの原因により視力の発達が不十分で視力が出ない目）は遅くとも６歳頃ま

でに発見し治療をしなければ，生涯にわたり十分な視力が獲得できないとしており，視力が発達する時期である園での視力検査が重要であるとしています。

　視力表，遮眼器，指示棒，消毒用アルコール綿，巻き尺などを準備します。あまり狭くない部屋でカーテンを使用し，直射日光が入らないように注意します。室内の明るさにも気をつけ，視標面の明るさは500～1,000ルクスとします。視力表の背後の窓などで逆光にならないよう気をつけます。

　初めて視力検査を受ける場合は，検査の前に答え方を練習しておくと良いでしょう。

視力表，幼児用単独絵視標

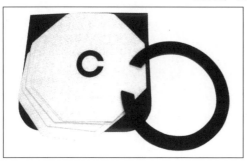

出所：(株) ヤガミ『保健福祉カタログ』No.211，2022年。

① 　視力表から眼までの距離は5mとし，立たせるか，椅子に座らせます。
② 　最初に左眼を遮眼器等で眼球を圧迫しないように，のぞき見しないように覆^{おお}います。右眼で眼を細めないで視標のランドルト環の切れ目の向きを答えさせます。
③ 　0.3の視標が，上下左右4方向のうち正答が2方向以下の場合は「判別できない」とし，Dと判定します。4方向のうち，3方向以上正答できれば「正しく判別」と判定し，0.7の視標にうつります。
④ 　0.7の視標も同様に判定し，「正しく判別」と判定したら，1.0の視標にうつります。
⑤ 　1.0の視標も同様に判定し，終了したら左眼も同様に行います。

図5－9　視力検査方法

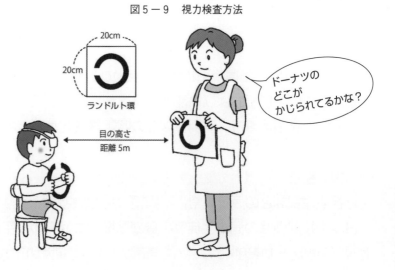

表5－6　視力判定の手順

視力の判定	使用視標	判定の可否	判定結果	次の手順	備考（事後措置等）
	0.3	判別できない	D	終　了	視力C，Dの場合は眼科への受診を勧める。
		正しく判別	－	0.7で検査	
	0.7	判別できない	C	終　了	視力Bの場合，幼稚園の年中，年少児を除く児童生徒等には受診を勧める。年中，年少児には受診の勧めは不要。
		正しく判別	－	1.0で検査	
	1.0	判別できない	B	終　了	
		正しく判別	A	終　了	受診の勧めは不要。

＊「正しく判別」とは，上下左右4方向のうち3方向以上を正答した場合をいう。
＊「判別できない」とは，上下左右4方向のうち2方向以下しか正答できない場合をいう。

出所：文部科学省スポーツ・青少年局学校健康教育課監修『児童生徒等の健康診断マニュアル　平成27年度改訂』，2015年。

⑤　聴力検査

難聴などの聴力障害がないか調べます。3歳児においては3歳児健診時の聴力のチェックに準じて行われます。「いぬ」や「くつ」などのいくつかの絵を見せて，ささやき声で検査する方法（囁語法）や子どもの後ろから耳元で指をこする検査方法などがあります。4歳から就学前の子どもにおいては，遊戯聴力検査を行う場合もありますが，ここでは一般的なオージオメータによる検査を解説します。

まず1,000Hz 30dBの音を聞かせ，聞こえるかどうか答えさせます。明確な答えが得られたら4,000Hz 25dBの音を聞かせ，聞こえるかどうか答えさせます。

オージオメータ

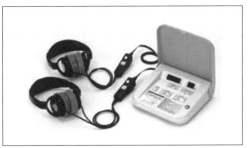

出所：（株）ヤガミ『保健福祉カタログ』No.211，2022年。

図5－10　聴力検査方法

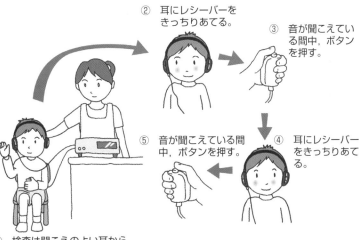

② 耳にレシーバーをきっちりあてる。

③ 音が聞こえている間中，ボタンを押す。

④ 耳にレシーバーをきっちりあてる。

⑤ 音が聞こえている間中，ボタンを押す。

① 検査は聞こえのよい耳から始めますが，どちらがよく聞こえるかわからない場合は右耳から始めます。

⑥　色覚検査

　色覚検査は2003（平成15）年度より健康診断の必須項目ではなくなり，希望者に対して検査を行うこととなっていました。しかし，子どもが自分の色覚の特性を知らないまま成長して，就職するときに初めて色覚の異常を知るという報告などもあります。そこで，2016（平成28）年度より子どもや保護者に同意を得て個別に検査や指導を行うなど適切に対応できる体制を整えることとなりました。あわせて，保育者が色覚異常について適切な知識をもち，子どもの日頃の様子から早期に色覚の異常に気づくことも大切です。

（3）健康診断票の書き方

　各々の健康診断が終わったら，そのつど，健診票に結果を記入していきます。健診票は進学したり転園したりする際に，進学先，転園先の学校や園に提出することがあります。自分だけがわかるように書くのではなく，誰が見てもわかるように健康診断の結果は正しい記入の仕方で丁寧に書くことを心がけましょう。

幼 児 健 康 診 断 票

ふりがな 氏　名						男・女	生年月日		年　　　　月　　　　日生	

年		齢	3　歳	4　歳	5　歳	身 体 計 測	月	歳		歳		歳	
								身　長	体　重	身　長	体　重	身　長	体　重
年		度	令和元年度	令和2年度	令和3年度		7						
身　　　長　（cm）			96.9	103.5	109.4		12						
体　　　重　（kg）			14.5	17.4	21.3		3						

栄　養　状　態					要注意
脊柱・胸郭・四肢					
視 力	右				A（　）
	左				A（　）
聴 力	右				
	左				
皮　膚　疾　病					
心臓の疾病・異常					
その他の疾病・異常					
園 医	所　　　見				
	月　　　　日	4.20	4.22	4.23
事　後　措　置					肥満傾向の ため食事等 の保健指導
園 医	プール前健診所見				
	月　　　　日	6.18	6.20	6.17
事　後　措　置					

保健調査より
アレルギー	有・無	
喘　息	有・無	
病　名	予防接種歴	り患歴
麻しん		
風しん		
水痘		
流行性耳下腺炎		

感染症り患年月日
年　月　日〜	年　月　日
年　月　日〜	年　月　日
年　月　日〜	年　月　日
年　月　日〜	年　月　日
年　月　日〜	年　月　日
年　月　日〜	年　月　日
年　月　日〜	年　月　日

歯　　　式	現在歯 ／　未処置歯 C　処置歯 ○　要注意乳歯 ×　要観察歯 CO　喪失歯（永久歯）△

3歳

	乳　　歯		永　久　歯		その他の疾病・異常		
	現 在 歯 数	20	現 在 歯 数	0	歯 科 医	所　　見	
	未処置歯数	0	未処置歯数	0		月　　日	5.8
	処置歯数	0	処置歯数	0	事　後　措　置		

4歳

	乳　　歯		永　久　歯		その他の疾病・異常		
	現 在 歯 数	20	現 在 歯 数	0	歯 科 医	所　　見	う歯要受診
	未処置歯数	1	未処置歯数	0		月　　日	5.10
	処置歯数	0	処置歯数	0	事　後　措　置		う歯治療済 月/日

5歳

	乳　　歯		永　久　歯		その他の疾病・異常		
	現 在 歯 数	19	現 在 歯 数	3	歯 科 医	所　　見	
	未処置歯数	0	未処置歯数	0		月　　日	5.11
	処置歯数	1	処置歯数	0	事　後　措　置		

＊疾病異常等がない場合は，該当欄に斜線を引くこと。
＊検査等を該当学年であるにもかかわらず諸事情により受けることができなかった場合は，「未検査」と記入する。

表 5 － 8　健康診断票記入上の注意

様　　　式		記　入　上　の　注　意
氏　　　　　　名		楷書で記入する。
性　　　　　　別	男　女	該当する方を○で囲む。
生　年　月　日	年 月 日	
学　校　の　名　称		ゴム印等を用いて正確に記入する。
年　　　　　　齢	歳	定期の健康診断が行われる学年の始まる前日に達する年齢を記入する。
年　　　　　　度	平成　年度	
身　　　長（cm）	・	測定単位は，小数第 1 位までを記入する。
体　　　重（kg）	・	
栄　養　状　態		栄養不良又は肥満傾向で特に注意を要すると認めたものを「要注意」と記入する。
脊柱・胸郭・四肢		病名又は異常名を記入する。
視　力 右	（　）	裸眼視力は，かっこの左側に，矯正視力はかっこ内に記入する。この場合において，視力の検査結果が1.0以上であるときは「A」，1.0未満0.7以上であるときは「B」，0.7未満0.3以上であるときは「C」，0.3未満であるときは「D」と記入して差し支えない。
視　力 左	（　）	
眼の疾病及び異常		疑いのある病名又は，異常名を記入する。
聴　力 右		1,000Hzにおいて30dB又は4,000Hzにおいて25dB（聴力レベル表示による）を聴取できない者については，○印を記入する。なお，上記の者について，さらに聴力レベルを検査したときは，併せてその聴力レベルデシベルを記入する。
聴　力 左		
耳 鼻 咽 頭 疾 患		疑いのある病名又は異常名を記入する。
皮　膚　疾　患		疑いのある病名又は異常名を記入する。
結核 疾病及び異常		疑いのある病名又は異常名を記入する。
結核 指 導 区 分		規則第 9 条の規定により決定した指導区分を記入する。
心臓 臨床医学的検査（心電図等）		（心電図等の臨床医学的検査の所見を記入する） 心電図等の臨床医学的検査の結果及び疑いのある病名又は異常名を記入する。
心臓 疾病及び異常		（上記の結果を踏まえ，病名又は異常名を記入する）
尿 蛋白第 1 次		検査の結果を＋等の記号で記入する。
尿 糖 第 1 次		検査の結果を＋等の記号で記入する。
尿 その他の検査		蛋白もしくは糖の第 2 次検査又は潜血検査等の検査を行った場合の検査項目名及び検査結果を記入する。
その他の疾病及び異常		疑いのある病名又は異常名を記入する。
園医 所　　　見		学校保健安全法施行規則第 9 条の規定によって園においてとるべき事後措置に関連して園医が必要と認める所見を記入押印し，押印した月日を記入する。
園医 月　　　日		
事　後　措　置		学校保健安全法施行規則第 9 条の規定によって園においてとるべき事後措置を具体的に記入する。
備　　　　　　考		健康診断に関し必要のある事項を記入する。

出所：文部科学省スポーツ・青少年局学校健康教育課監修『児童生徒等の健康診断マニュアル 平成27年度改訂』日本学校保健会，2015年をもとに筆者作成。

表5－9　健康診断票（歯・口腔）記入上の注意

記入欄		記入上の注意
歯　式		歯式には，それぞれの乳歯に該当するアルファベット（A～E）が書かれています。永久歯は数字（1～8）になります。A～Eの乳歯の後に生えてきた永久歯がそれぞれ1～5になります。対応するマス目に健診結果を記号で記入します。
	－, ／, ＼	現在歯（今生えている歯）は，乳歯・永久歯ともに該当する歯を斜線「／」「＼」または連続横線「－」を記入します。現在歯とは，今現在生えているすべての歯のことで，健康な歯のほか，むし歯，要観察歯，要注意乳歯を含みます。
	C, ○	むし歯は乳歯・永久歯ともに，未処置歯は「C」，処置歯（治療した歯）は「○」に区分して記入します。治療途中の歯も「C」とする。
	×	要注意乳歯には「×」と記入します。何らかの原因で乳歯が残り，後から出てくる永久歯の歯列に障害を及ぼすとして，歯科医師による精査が必要と診断された歯です。
	CO	要観察歯に「CO」と記入します。視診ではむし歯とは断定できないが，初期病変の疑いがある歯で，歯科医師による継続的な観察が必要と診断された歯です。健全歯として扱います。
歯の状態		歯式の欄に記入された当該事項について上下左右の歯数を集計し，その数を該当欄に記入する。
その他の疾病及び異常		病名及び異常名を記入する。
歯科医所見		歯科医が，治療等が必要と認める所見を記入押印し，押印した月日を記入する。要観察歯がある場合は歯式欄に加え，この欄にも「CO要相談」と記入する。
事後措置		学校保健安全法施行規則第9条の規定によって園においてとるべき事後措置を具体的に記入する。

出所：文部科学省スポーツ・青少年局学校健康教育課監修『児童生徒等の健康診断マニュアル　平成27年度改訂』日本学校保健会，2015年より筆者作成。

図5－11　子どもの歯（乳歯）と第1大臼歯

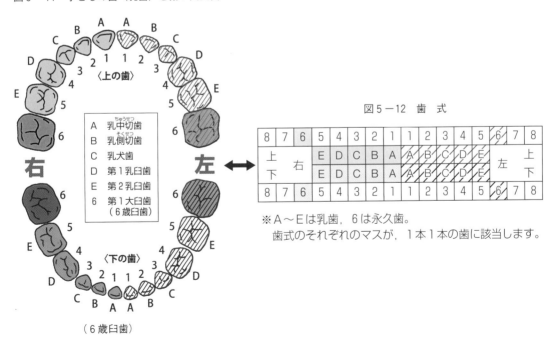

A　乳中切歯（ちゅうせつ）
B　乳側切歯（そくせつ）
C　乳犬歯
D　第1乳臼歯
E　第2乳臼歯
6　第1大臼歯（6歳臼歯）

右　左

〈上の歯〉
〈下の歯〉
（6歳臼歯）

図5－12　歯　式

8	7	6	5	4	3	2	1	1	2	3	4	5	6	7	8
上	右		E	D	C	B	A	A	B	C	D	E		左	上
下			E	D	C	B	A	A	B	C	D	E			下
8	7	6	5	4	3	2	1	1	2	3	4	5	6	7	8

※A～Eは乳歯，6は永久歯。
　歯式のそれぞれのマスが，1本1本の歯に該当します。

　ちょっと難しそうな歯式ですが，慣れれば書くのも読むのもそう難しくはありません。歯式は歯科衛生士が書いてくれるから大丈夫などと安心していませんか？

　例えば，歯科健診が終わった後に，保護者から「どこの歯がむし歯でした？」「要観察歯って何ですか？」などと質問を受けることがあります。要観察歯（CO）は，今の時点ではむし歯とは判断できませんが口腔環境が悪ければ，むし歯に移行する可能性が高い歯です。逆に口腔環境を改善させれば，健全な状態に移行する可能性もあります。また，むし歯や要観察歯，歯肉炎などが高い頻度でみられる子どもは，虐待を受けている可能性があります。育児放棄（ネグレクト）されている場合は，食生活がひどく偏っていたり，仕上げみがきがされていないために歯や口腔の疾患にかかりやすく，口臭がする場合もあります。身体的虐待を受けている場合は歯や唇の外傷がみられることがあります。これらの様子がみられた場合には，他の虐待の兆候とあわせて注意深く観察する必要があります。

　その他，歯式からは永久歯が出ているかなどの子どもの口の中の様子も知ることができます。6歳頃に生えてくる永久歯，第1大臼歯（別名，6歳臼歯，歯式の6番）は，一番奥に生えてくるので気づきにくいだけでなく，生えかけている途中は前の歯との段差があってみがきにくく，むし歯になりやすい永久歯の一つです。せっかく生えてきた永久歯をむし歯にしないためにも，このような歯式の情報を日頃の歯みがきにも活かしていきたいものです。

　歯に関する正しい知識を身につけ，保護者からの質問に答えたり，保護者や子どもに対して適切な歯みがき指導（p.196（ワンポイントアドバイス）「はみがきできたかなカード」を使って歯みがきの確認をしてみよう　参照）を行ったりすることができるようにしておきましょう。

（田中）

癒合歯（ゆ ごう し）

　2本の歯がくっついて1本の歯のようになっている歯。乳歯が癒合歯だった場合は永久歯に生え替わるときに注意が必要です。

叢　生（そう せい）

　歯が大きかったり，あごが小さいために歯が重なりあって生えている状態。むし歯になりやすいといわれています。

反対咬合

前歯のかみ合わせが上下逆（上が内側，下が外側）になっている状態。いわゆる受け口。

開　咬（オープンバイト）

かみ合わせたときに上下の前歯の間が開いている状態。指しゃぶりが原因となることがあります。

交叉咬合

上の歯と下の歯の中心がずれるかみ合わせ。

上顎前突
上の前歯が前に出ているかみ合わせ。

（4）健康診断が終わったら

健康診断が終わったら健診結果を健康診断票にまとめます。健康診断票は5年間保存します（**学校保健安全法施行規則第8条**）。健康診断等の結果は21日以内に本人および保護者に通知し，事後措置として疾病の予防処置を行い，治療や必要な検査，予防接種等を受けるよう指示します（**学校保健安全法施行規則第9条**）。保護者へ結果を伝える際には連絡帳や個人カード等で通知するようにします。身長・体重・疾病など，健診の結果には扱いに配慮が必要な個人情報が含まれます。結果の伝え方や管理には十分配慮します。

3 身体計測の方法

体全体や各部位の大きさ，重さ，長さなどの発育と運動機能や精神機能の発達は互いに密接に関連しているため，発育，発達を関連づけて調べることは子どもの心身の成長を知る大きな手がかりになります。発育は，体重，身長，胸囲，頭囲などの身体計測で確認することができます。身長や体重などを定期的に計測し，子どもが現在，どのような成長段階にあるのかを客観的に評価しましょう。

身体計測の際には，計測の目的をよく理解し，誰が測っても同じ数値が得られるように全員が決められた手技や手順で正確に測る必要があります。計測した値が前回の値と大きく異なっていたり，標準値から大きくはずれていたときは，もう一度測り直して間違いがないか確認します。

（1）体　重

　出生時の平均体重は約3,000gですが，新生児は尿や胎便[たいべん]が排泄されるため生後3〜5日間で一時的に体重が150〜300g程度減少する生理的体重減少がみられます。しかし，哺乳量が増加することにより7〜14日頃にいったん出生時の体重に戻り，その後は増加していきます。体重は筋や皮下脂肪，栄養状態や病気の影響を受けて増減するため，乳幼児の健康状態を知る指標として，正確に計測する必要があります。

　体重はデジタル体重計や分銅式台 秤[ふんどうしきだいばかり] を用いて計測するため，事前に目盛りのくるいなどがないか確認しておきます。乳児は授乳の直後は避け，幼児は排尿，排便を済ませて，なるべく同じ時間帯に測るようにします。

　計測間隔は，生後1か月までは週に2回，1〜6か月は週に1回，6か月〜1歳は2週に1回，1歳以降は月に1回程度が目安とされています。

1）2歳未満の乳幼児の体重計測

　仰向けか座位で測れる乳児用体重計を使用します。できるだけ全裸で測りますが，おむつをつけて計測するときは濡れていないかを確認し，もし濡れていたら新しいものに交換してから計測します。また，おむつをつけて
いたり服を着たまま計測したときは，その分の重さを
差し引きます。

　乳幼児は計測の際に泣きあばれることがあります
が，一瞬力を抜くときがあるので，このときの静止し
た状態での数値を読みとるようにします。また，乳幼
児がじっとできないときには保育者が抱いて一般体重
計で測り，保育者の体重分を引く方法もあります。
① 　体重計を平らで固い場所に置き，薄手のタオルな
　　どを敷いてから，目盛りを0に合わせます。

図5−14　保育者が抱いて測る場合

図5−13　仰向けでの体重計測

② 仰向けか座位で乳幼児をそっと体重計の中央に乗せ，静止した目盛りを少なくとも10g単位まで読みます。

2） 2歳以上の幼児の体重計測

立位がとれるようになった幼児は一般の体重計を使って測ります。

図5－15　立位での体重計測

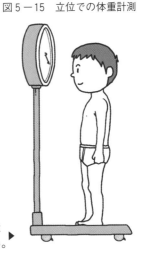

① 体重計を平らで固い場所に置き，目盛りを0に合わせます。
② パンツ1枚となり，裸足（はだし）で体重計の中央に静かにのってもらいます。
③ まっすぐ前を向かせた状態で，静止した目盛りを10g単位まで読みます。

キャスター付の体重計は動かないように注意する。▶

（2） 身 長

出生時の平均身長は約50cmで，1歳で出生時の約1.5倍（約75cm），4歳で約2倍（約100cm），12～13歳で約3倍（約150cm）になります。身長は遺伝の影響を受けることがありますが，栄養状態や病気の影響を短時間では受けにくいので，長期間継続して観察していくことで，成長に関する病気を発見することができます。

身長は仰向けで測る場合は乳幼児用身長計，立位で測る場合は学童用または一般用身長計を用いて計測します。計測前に尺柱（しゃくちゅう）などが正しく直角で，横規（おうき）や移動板がなめらかに滑るようになっているか確認します。

1） 2歳未満の乳幼児の身長計測

乳幼児用身長計を使用し，二人一組で測ります。新生児は全身の筋緊張が強く，屈曲位をとっているため計測値に誤差が生じやすいのですが，股関節（こかんせつ）や膝関節（しつかんせつ）を伸ばしすぎないように慎重に測る必要があります。

図5－16　仰向けでの身長計測

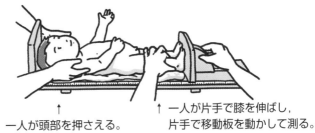

① 身長計を平らで固い場所に置き，台板にタオルなどを敷きます。
② 着衣を脱がせ，頭頂部を固定板につけて，寝かせます。

↑ 一人が頭部を押さえる。

↑ 一人が片手で膝を伸ばし，片手で移動板を動かして測る。

③ 一人が横から見て耳珠点と眼窩点がつくる平面（耳眼面）が台板と垂直になるように頭部を押さえます。

④ もう一人が片手で膝関節を軽く伸ばし，他方の手で移動板をすべらせて足の裏が台板と垂直になるようにした状態で，目盛りを１mm単位まで読みます。

２）２歳以上の幼児の身長計測

学童用または一般用身長計を用いて立位で計測します。

① 身長計を平らで固い場所に置き，横規を上げます。

② パンツ１枚となり，裸足で身長計にのり，左右の足先を30度くらいに開いて立たせます。このとき，かかと，臀部，胸背部が尺柱に一直線に接するようにします。

③ 両手は手のひらを内側にして大腿に沿うように自然に垂らし，あごを軽く引いて，真横から見て耳珠点と眼窩点がつくる平面（耳眼面）がまっすぐになるようにします。

④ 横規を静かに下げて頭部に接触させ，目盛りが真横からみて同じ値になるのを確認し１mm単位まで読みます。なお，子どもが動いてしまう場合は，横規を頭部に２，３回接触させ，同じ値になるのを確認しましょう。

図５−17 立位での身長計測

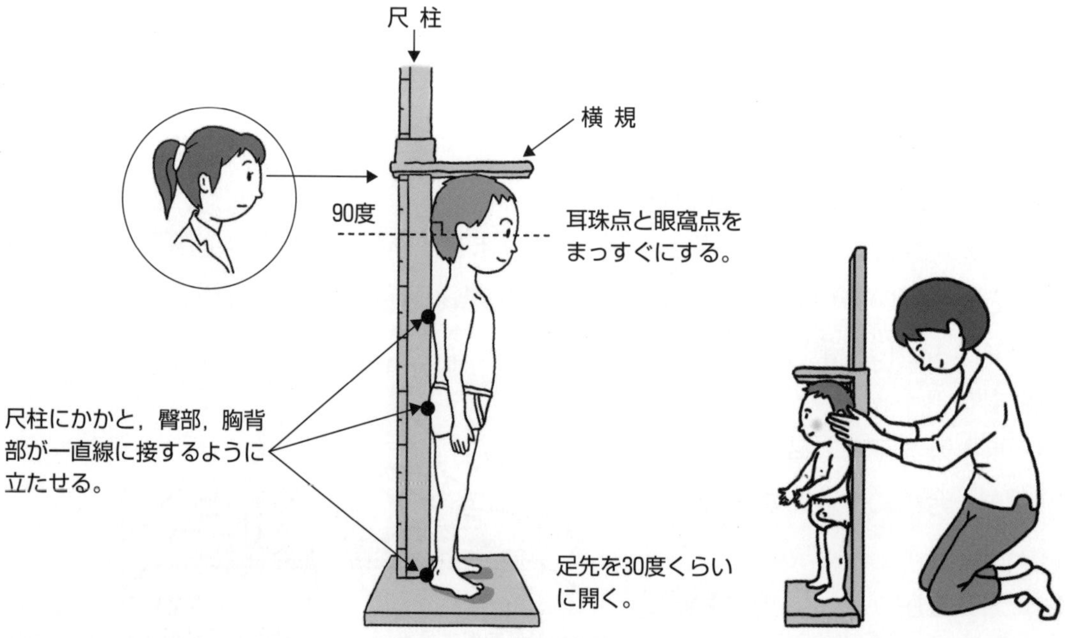

尺柱

横規

90度

耳珠点と眼窩点をまっすぐにする。

尺柱にかかと，臀部，胸背部が一直線に接するように立たせる。

足先を30度くらいに開く。

（3）胸　囲

　胸囲は胸腔内にある肺や心臓などの臓器の発育を知るために計測され，出生時の平均胸囲は約32cmです。

　計測には合成樹脂製でJIS規格の巻尺を使用します。泣いているときの計測は避け，また，幼児は計測を意識して胸に力を入れてしまうことなどがありますが，このようなときは話しかけたりして緊張をやわらげながら測ります。

1）2歳未満の乳幼児の胸囲計測

① 上半身を裸にして仰向けに寝かせます。

② 両腕を軽く左右に開かせ，体を少しもち上げて背中の下に巻尺をくぐらせ，背面から前面にまわします。

③ 巻尺が左右の乳頭の上を通るように交差させます。

④ 横からみて巻尺が体軸に垂直になるようにして，自然な呼吸の呼気と吸気の中間に，目盛りを1mm単位まで読みます。

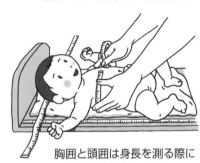

図5-18　仰向けでの胸囲計測

胸囲と頭囲は身長を測る際に一度に測ることにすると，子どもへの負担を減らせる。

2）2歳以上の幼児の胸囲計測

① 上半身を裸にして立たせます。

② 両腕を軽く左右に開かせ，背面は肩甲骨の下を，前面は左右の乳頭上を通るように巻尺を背面から前面にまわします。

③ 強く締めつけず，皮膚面からずり落ちない程度の強さで，横からみて巻尺が体軸に垂直になるように交差させます。自然な呼吸の呼気と吸気の中間に，目盛りを1mm単位まで読みます。

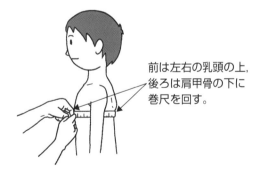

図5-19　立位での胸囲計測

前は左右の乳頭の上，後ろは肩甲骨の下に巻尺を回す。

（4）頭　囲

　頭囲は脳の重量や頭蓋骨内の脳神経系の発育を知るために計測され，出生時の平均頭囲は約33cmです。出生時には頭囲のほうが胸囲よりやや大きく，1歳頃にはほぼ

同じ大きさとなり，その後は頭囲より胸囲の方が大きくなっていきます。

　新生児の頭蓋骨には左右の前頭骨と左右の頭頂骨の間に大泉門と呼ばれる隙間が，左右の頭頂骨と後頭骨の間に小泉門と呼ばれる隙間があります。小泉門は生後6週頃に閉鎖し，大泉門は生後9か月頃から小さくなり始め1歳半～2歳頃に閉鎖します。乳幼児期は脳神経系の発育が急激に進む時期なので，少なくとも月に1回は頭囲を計測し，大泉門の閉鎖状況とあわせて評価します。

　計測には胸囲と同様に合成樹脂製でJIS規格の巻尺を使用します。

図5－20　大泉門と小泉門の位置

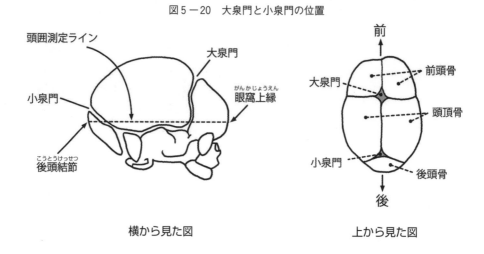

横から見た図　　　　　　　　　　上から見た図

1）2歳未満の乳幼児の頭囲計測

① 　仰向けに寝かせます。

② 　計測者は一方の手に巻尺の0点をもち，他方の手で頭部を軽くもち上げて，後頭部の一番突き出ているところを通るように巻尺をくぐらせます。

③ 　前頭部に巻尺をまわして左右の眉の直上を通るように交差させ，目盛りを1mm単位まで読みます。

2）2歳以上の幼児の頭囲計測

① 　座位または立位で計測します。

② 　計測者は一方の手に巻尺の0点をもち，後頭部の一番突き出ているところと，左右の眉の直上を通るように巻尺をまわして交差させ，目盛りを1mm単位まで読みます。

図5－21　頭囲の計測

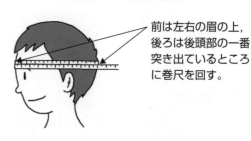

前は左右の眉の上，後ろは後頭部の一番突き出ているところに巻尺を回す。

ワンポイントアドバイス 計測するときの注意点

　身体計測を行う際は正しい計測値となるように，保育者は次のような点に気をつけて計測を行いましょう。また，子どもの髪型や衣服などは，保護者にあらかじめ協力をお願いしておきます。

保育者が気をつけること
●薄着になるため，寒くないように室温を調節します。
●計測する時間帯などの条件を一定にします。特に身長は時間によって変化するので毎月計測する場合には，計測する時間を決めておくとよいでしょう。
●計測の様子が外部から見えないようにカーテンをするなどの配慮をします。
●計測している間は静かに待つように指導します。薄着で肌の多くが露出している状態で怪我をすると怪我が大きくなる危険性があります。
●メガネは衣服の着脱の前に保育者が預かり保管します。

保護者に協力をお願いすること
●髪の長い子どもは後頭部や頭頂部で髪を結んでいると，身長計の尺柱（しゃくちゅう）や横規（おうき）に髪束があたってしまい，正しい計測値が得られません。身体計測のある日は，髪型に気をつけてもらうよう保護者にお願いします。
●下着や衣服には，一枚一枚に名前を書いてもらいます。
●子どもが自分で着脱しやすい服にしてもらいます。特に年少児や入園して間もないうちは慣れるまで気をつけてもらうとよいでしょう。

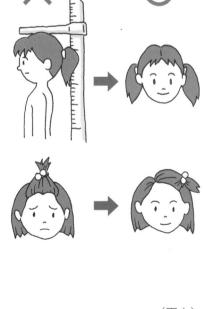

（田中）

4 発育の評価

　発育の評価方法には，同月齢や同年齢の子どもの体格とくらべて，現在どのくらいの差異があるのかを確認する横断的評価と，一人ひとりの子どもの発育状況や成長の速度を長期的に確認する縦断的評価があります。

　いずれの場合も，全国から報告される計測値から算出される標準値などから作成された図表に，実際の計測値をプロット（グラフ上に身長や体重などの計測値を点などの印をつけて示すこと）することで，視覚的に確認することができます。

　学校保健安全法施行規則が一部改正され，2016（平成28）年度より健康診断の必須項目から座高検査が削除されました。今後，子どもの発育を評価するには，身長曲線や体重曲線などの成長曲線を積極的に活用していくことが望まれています。発育の評価は一つのみでは行わず，いくつか組み合わせて行うと良いでしょう。

（1）乳幼児身体発育値

　乳幼児身体発育値とは，厚生労働省が10年ごとに行っている**乳幼児身体発育調査**より作成されるグラフです。乳幼児身体発育調査は，10年ごとに調査を行っているため，2020（令和2）年に調査を実施する予定でした。しかし，新型コロナウイルス感染症の影響で，調査が延期され，2023（令和5）年9月にこども家庭庁が乳幼児身体発育調査を実施しました。今後の結果の公表が待たれます。

　乳幼児の発育の目安はパーセンタイル曲線で表され，主に母子健康手帳などに記載されています。横軸は月齢や年齢，縦軸は身長，体重，胸囲，頭囲などを示していて，3パーセンタイル値から97パーセンタイル値の帯の中に全体の94％の子どもの値が入るようになっています。個人の計測値をプロットすると全国の標準値と比較して評価することができるので，経時的な発育状態を知る目安になります。

　もし，3パーセンタイル未満，または97パーセンタイルを超えるプロット値になった子どもがいた場合は，1回の計測のみで評価を決めずに，経過を追って全身状態とあわせた観察を行い，必要があれば医療機関の受診などを勧めます。

図5-22 乳幼児（男子）身体発育曲線（体重）（平成22年調査）

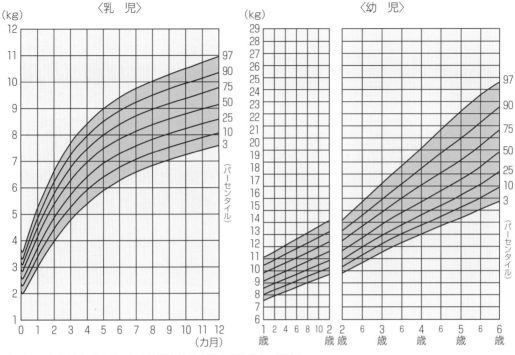

出所：厚生労働省『平成22年乳幼児身体発育調査報告書』，2011年。

図5-23 乳幼児（女子）身体発育曲線（体重）（平成22年調査）

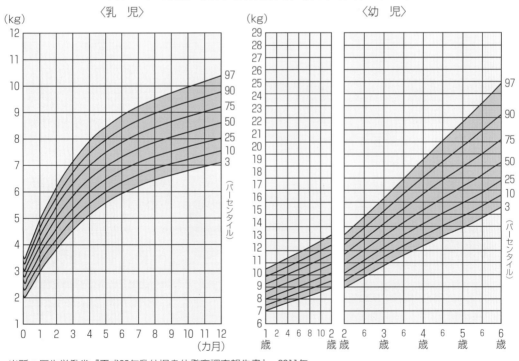

出所：厚生労働省『平成22年乳幼児身体発育調査報告書』，2011年。

図5－24　乳幼児（男子）身体発育曲線（身長）（平成22年調査）

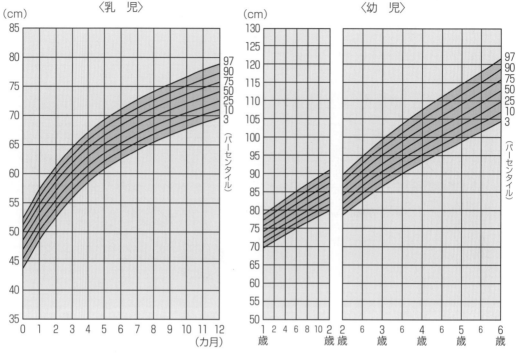

出所：厚生労働省『平成22年乳幼児身体発育調査報告書』，2011年。

図5－25　乳幼児（女子）身体発育曲線（身長）（平成22年調査）

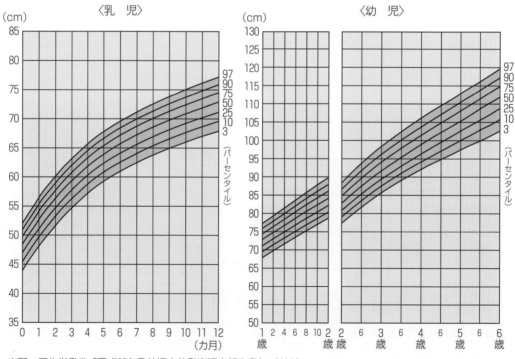

出所：厚生労働省『平成22年乳幼児身体発育調査報告書』，2011年。

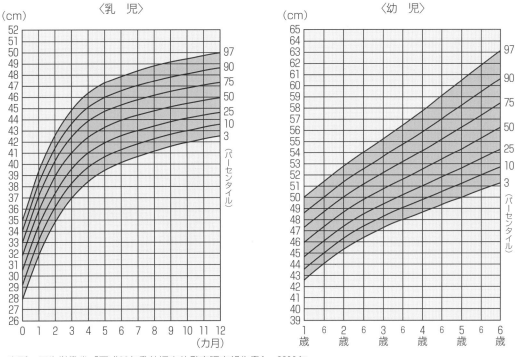

図5-26 乳幼児（男子）身体発育曲線（胸囲）（平成22年調査）

出所：厚生労働省『平成22年乳幼児身体発育調査報告書』，2011年。

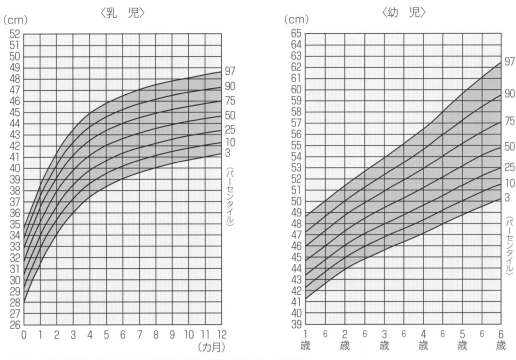

図5-27 乳幼児（女子）身体発育曲線（胸囲）（平成22年調査）

出所：厚生労働省『平成22年乳幼児身体発育調査報告書』，2011年。

第1章

第2章

第3章

第4章

第5章

第6章

図 5 − 28　乳幼児（男子）身体発育曲線（頭囲）（平成22年調査）

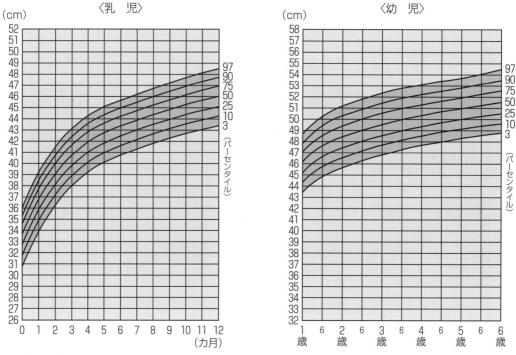

出所：厚生労働省『平成22年乳幼児身体発育調査報告書』，2011年。

図 5 − 29　乳幼児（女子）身体発育曲線（頭囲）（平成22年調査）

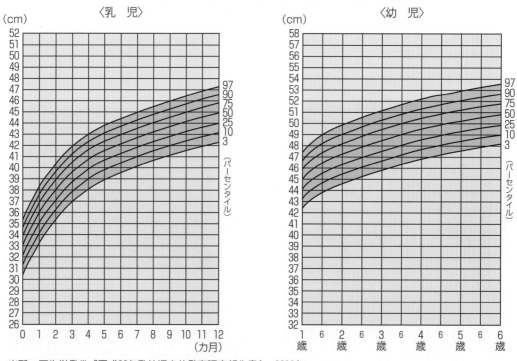

出所：厚生労働省『平成22年乳幼児身体発育調査報告書』，2011年。

身体計測値の記入方法と保護者に伝えるときの注意点

　身体計測を行うときには，クラス全員の身長や体重を記入できる保管用クラスカードに，計測した値を記入していきます。身体計測は定期的に行うため，1年間の推移を記入できる保管用クラスカードを使うと，子どもの発育の様子をひと目で見ることができます。さらに計測した身長・体重から肥満度などの指標も計算しておくとよいでしょう。最近では，保育所等で使用しているICTシステムを使って，子どもの成長や発達の記録をアプリで確認できるようにしている園も増えています。

　保護者には，連絡帳（出席帳）やアプリから，身体計測値をお知らせすることができます。肥満度なども記入することで，子どもの発育の様子を客観的にみることもできます。

　ただし，そうした計測値や肥満度の値などに必要以上に敏感になってしまう保護者もいるので，結果を伝えるときには細心の注意を払う必要があります。

　比較的小さい子どもをもつ保護者は，これまで受けてきた健診などで，そのたびに「小さめですね。」などといわれている場合もあり，「小さい」という言葉に必要以上に傷ついている場合があります。逆に，「大きいことは良いこと」と思いがちですが，他の子どもに比べて「大きい」ことを気に病んでいる場合もあります。「大きめ」「小さめ」という言葉を使うときには，そのような保護者もいることを念頭に置いておく必要があります。

　「大きめ」「小さめ」であっても，その子どもなりに順調に発育していれば問題ないことが多く，また乳幼児期は急速に発育する時期であるために，一時的に体重と身長のバランスによって「太りすぎ」や「やせすぎ」になってしまうこともあります。このような計測値や肥満度になっても，病的でない限りは長い目でみることも大切です。気にしすぎる保護者には，「前回の計測値から順調にのびていますね。」のように，他の子どもとの比較ではなく，その子ども自身が順調に発育しているかという視点を大切にしながら伝えるとよいでしょう。

　逆に，保育者が子どもの発育に関して心配するような状況であっても，そのことを保護者がまったく感じていないため，伝えにくいということもあるでしょう。その場合は，「ほけんだより」などで，保護者全体に対して，成長曲線の書き方や見方などを伝えることで，子どもの発育に関心をもってもらうことも有効です。「ほけんだより」だけでは気づいてもらえない保護者に対しても，それをきっかけに話題に出しやすくなることもあります。

　また伝えづらい内容を保護者に伝える場合であっても，あくまでも「一緒に考えていきましょう。」という姿勢を示していくことが重要となります。と同時に，普段からよくコミュニケーションをとって，保護者と良い関係を作っておくことが大切です。保育者と

保護者が，ともに子どもの成長を見守ることができる関係性を築いていけるとよいですね。

表5－10　保管用クラスカード（身長・体重記入用）

○○○ぐみ		4月19日（木）				5月22日（火）				6月13日（水）				7月6日（金）			
番号	名　前	身長(㎝)	体重(kg)	標準体重	肥満度	身長(㎝)	体重(kg)	標準体重	肥満度	身長(㎝)	体重(kg)	標準体重	肥満度	身長(㎝)	体重(kg)	標準体重	肥満度
1	○○　○○	101.5	15.6	15.8	-1.3%	101.7	15.6	15.9	-1.7%	102.8	15.8	16.2	-2.5%	103.2	16.1	16.3	-1.4%
2	▲▲　▲▲	98.4	15.9	14.9	6.8%	99.1	15.8	15.1	4.7%	99.1	15.8	15.1	4.7%	99.7	15.6	15.3	2.2%
3	△△　△△	109.9	15.3	18.5	-17.4%	110.3	15.6	18.7	-16.4%	欠　席				111.0	16.3	18.9	-13.8%
4	●●　●●	102.1	17.3	16.0	8.2%	103.1	17.4	16.3	6.8%	103.6	17.9	16.5	8.8%	103.9	18.1	16.5	9.4%
5	□□　□□	106.6	15.6	17.4	-10.4%	欠　席				107.9	15.6	17.8	-12.6%	108.2	15.8	17.9	-12.0%
6	▽▽　▽▽	103.6	20.8	16.5	26.4%	105.0	21.5	16.9	27.2%	105.0	22.3	16.9	32.0%	105.6	23.1	17.1	35.1%
7	●○　●○	96.2	13.2	14.3	-7.4%	96.9	13.8	14.5	-4.5%	97.9	13.8	14.7	-6.4%	97.9	13.7	14.7	-7.0%
8																	
9																	

（鈴木）

（2）肥満度と身長体重曲線

　肥満度は，体脂肪量と体重が比例するという前提のもとに，体重から算出したものです。性別，身長より算出した標準体重に対してどの程度多いか，少ないかを知る指標で，下記の計算式から算出することができます。

●肥 満 度 ＝（実測体重 － 標準体重）÷ 標準体重 ×100

　通常，幼児では肥満度＋15％以上が肥満と定義され，＋15％以上＋20％未満を「ふとりぎみ」，＋20％以上＋30％未満を「ややふとりすぎ」，＋30％以上を「ふとりすぎ」としています。また肥満度－15％以上＋15％未満を「ふつう」，－20％以上－15％未満を「やせ」，－20％未満を「やせすぎ」としています。発育の途中であることを考慮し，全身状態とあわせて観察していくことが必要です。これらのラインから大きく外れるような場合は保護者とともに食事や運動などの生活習慣を見直し，より注意深く経過観察を行います。改善がみられない場合は，代謝異常などの病気の疑いもありますので医療機関の受診を勧めます。

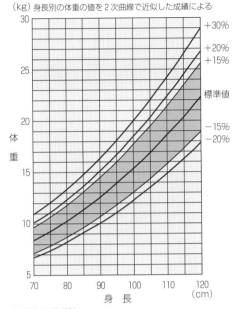

図5−30 幼児の身長体重曲線（男）

（kg）身長別の体重の値を2次曲線で近似した成績による

●標準体重（男）＝
　0.002226×身長（cm）²−0.1471×身長（cm）＋7.8033

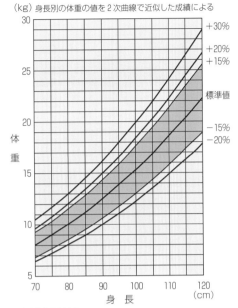

図5−31 幼児の身長体重曲線（女）

（kg）身長別の体重の値を2次曲線で近似した成績による

●標準体重（女）＝
　0.002091×身長（cm）²−0.1139×身長（cm）＋5.7453

出所：厚生労働省『平成22年乳幼児身体発育調査報告書』，2011年。

肥満度区分	体格の呼称
＋30%以上	ふとりすぎ
＋20%以上＋30%未満	ややふとりすぎ
＋15%以上＋20%未満	ふとりぎみ
−15%超＋15%未満	ふつう
−20%超−15%以下	やせ
−20%以下	やせすぎ

（3）カウプ指数

　カウプ指数は生後3か月以降の乳幼児の肥満状態や栄養状態を調べるのに用いられる指数で，身長と体重のバランスをみる目安として利用します。カウプ指数では年齢により，やせすぎ，やせぎみ，ふつう，ふとりぎみ，ふとりすぎの判定数値が異なります。また，一般的に男子は女子よりやや高値を示す傾向があります。

　カウプ指数は下記の計算式から算出できますが，体重（kg）と身長（m）を結ぶ直線の延長からカウプ指数を導き出す計算図表もあります。

●カウプ指数 ＝ 体　重（g）÷ 身　長（cm）÷ 身　長（cm）×10

第1章
第2章
第3章
第4章
第5章
第6章

図5－32　カウプ指数の計算図表

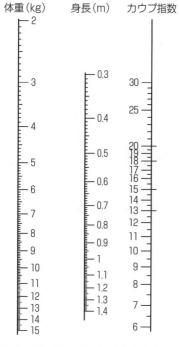

出所：榊原洋一監修『これならわかる！子どもの保健演習ノート改訂第3版追補』診断と治療社，2019年。

図5－33　カウプ指数による発育状況の判定

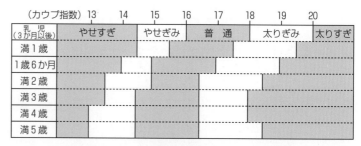

出所：巷野悟郎ほか『子どもの保健第7版追補』診断と治療社，2018年，カウプ指数による発育状況の判定。

♪ 巻末のワークシート④を使って，身長，体重の計測値をもとにカウプ指数を計算したり，グラフに記入したりしてみましょう。

2　3歳未満児への対応

　近年，社会の変化に伴い，3歳未満児の保育のニーズが高まっています。2017年に改訂された**保育所保育指針**では，乳児および1歳以上3歳未満児の保育がより重要視されるようになりました。この時期の子どもは発育・発達が著しく月年齢に応じた関わりが求められる時期であり，保育者の関わり方が子どもの育ちに大きく影響します。保育者は，養護を基盤とした非認知的能力を育む関わりを行うことが求められます。子どもが心も体も健康で安全に過ごすための環境を整え，子ども自ら健康で安全な生活を作り出す力の基礎を育むことを意識し，一人ひとり愛情豊かに応答的な関わりをしていきましょう。

1　3歳未満児の特徴

　生まれてから3歳頃までは，アタッチメントを形成する大切な時期です。子どもと関わる際，保育者は優しく声を掛け，子どもの気持ちを受け止めながら，応答的な対

応を心がけましょう。

　特に母親から得た免疫（移行抗体）がなくなる生後数か月以降から2歳頃までは，抵抗力が弱く免疫機能が未熟であるため，感染症にかかりやすくなります。集団保育の場では，子ども同士が濃厚に接触することが多く，またおもちゃや設備も共同で使用します。特に乳児は，ハイハイで動き回り，手に触れたものを何でも口に入れるなどの特徴があるため，おもちゃや床は毎日清潔にし，保育士が適切な手洗いを実施するなどして感染の予防に努めましょう。

　3歳未満児の身体的特徴としては，体内の水分含有量が多く，体重あたりの不感蒸泄（p.71 用語解説 不感蒸泄　参照）も多いことなどから1日当たりたくさんの水分摂取量が必要になります。そのため，発熱や嘔吐，下痢などがおこると体内の水分が失われたり，鼻汁や鼻閉などにより哺乳や水分の摂取量が減少したりすることで，容易に脱水症をきたします。保育中は体温や全身状態の観察を十分行い，こまめな水分補給を心がけましょう。

　また，3歳未満児の鼻腔は成人と比べて狭く，気道も細いため，刺激により粘膜が少し腫脹しただけでも呼吸困難を引きおこしやすくなります。特に3歳以上児に咳などの呼吸器症状が見られるときは，3歳未満児とはわけて保育するようにしましょう。保育室は，湿度や室温を整え，換気や掃除を定期的に行うようにします。呼吸状態の悪化が見られた場合は，園の看護師等と連携し，保護者に早めに連絡するとともに必要であれば医療機関を受診してもらいましょう。

　1歳を過ぎると自分でできることが増えてきますが，3歳未満児は自分で生活を整えることや衛生対策を行うことがまだ難しいため，大人からの援助や配慮が必要です。よって，この時期に健康で安全な生活を送るために必要な習慣に気が付き，主体的に自ら取り組む気持ちを育てていきましょう。最初はできないことも多くありますが，保育者は子どもの気持ちを尊重し，その子のペースにあわせて関わりましょう。自分でできたときの達成感や心地よさは，子どもの自信につながり，意欲を高め自立性が育まれます。

用語解説　**非認知的能力**

　認知的能力とは対照に，協調性や意欲，忍耐力，自制心，創造性，コミュニケーションといった，学力テスト等では測れない能力。主に，集団の中で困難や失敗などの経験を通して培われる。

第1章

第2章

第3章

第4章

第5章

第6章

2 子どもの生活に対する援助

（1）おむつがえ

おむつには布おむつと紙おむつがあり、子どもの月齢・年齢や状況によって使い分けることができます。一般的には紙おむつの利用が多いのが現状ですが、園によっては貸しおむつのシステムを利用して、布おむつを使用する園もあります。保育者は、それぞれの使い方を習得する必要があります。

子どもが気持ちよく過ごせるように、汚れたらそのつど交換します。こまめにおむつを交換し気持ちのよい状態を保つことで、子どもは清潔なおむつの心地よさを覚え、排泄の自立につながっていきます。

おむつの交換は、専用の交換台や、一定の場所を決めて行います。おむつ替えシートは衛生を保つことのできる素材を選ぶようにしましょう。子どもから目を離すことのないよう、必要な物品は手の届くところに置いておきます。また、おむつ交換はスキンシップのときでもあるので、優しく声をかけながら、ていねいに行いましょう。

用語解説 **貸しおむつ**
専門の業者が、クリーニングした清潔な布おむつを配達し、使用済のおむつを汚れたまま回収するシステム。

1）布おむつのかえ方

準備するもの
布おむつ　蒸しタオル　おむつカバー　おしりふき　おむつ替えシート　おもちゃ

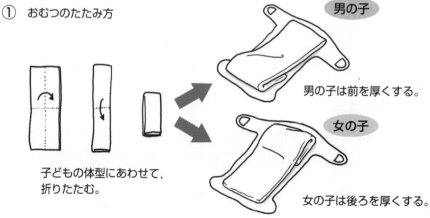

① おむつのたたみ方

男の子
男の子は前を厚くする。

女の子
女の子は後ろを厚くする。

子どもの体型にあわせて、折りたたむ。

② 子どもに声をかけながら，おむつを開く。
便や尿・皮膚の状態を観察する。
おむつのきれいな面で大まかに汚れを拭き取り，
内側に丸めこんで，おむつを引き抜く。

※嫌がったり，動きが激しいときには，
おもちゃをもたせるとよい。

③

男の子　　　女の子

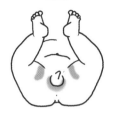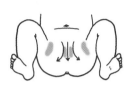

男の子は，陰茎，陰嚢の
裏側，足のつけ根に汚れ
が残りやすいので，もち
上げて拭く。

女の子は大陰唇・小陰唇
の間，足のつけ根に汚れ
が残りやすいので，こす
らないように，前から後
ろへ拭く。

④

股関節脱臼を誘発する
ので，足を強くひっぱ
らない。

両足を軽くもち，
新しいおむつを
おしりの下に入
れる。

⑤

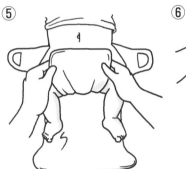

股の部分を厚くし，
足が自然な形に開く
ようにあてる。

⑥

腹部を圧迫しないように，
おむつカバーのテープ部分
を臍の下でとめる。おむつ
の間に指が１〜２本入るこ
とを確認する。

⑦

背中，おなか，足のつけ根を
確認し，カバーからおむつが
はみだしているときには中に
折り込む。

⑧　手を洗い，記録をつける。
※手洗いは感染予防のためにも，一人終わる
ごとに行う。

⑨　汚れたおむつはすぐに汚物入れに入れる。
便の場合は排泄物をトイレに捨てる。家庭
にもち帰ってもらう場合は，汚れたまま，
または水洗いのみでビニール袋に入れてお
く。貸しおむつの場合は，業者の指定の処
理に従う。

第1章

第2章

第3章

第4章

第5章

第6章

2）紙おむつ（テープ型）のかえ方

①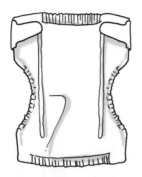

おむつの前後，上下を確認して，正しい向きで置く。

②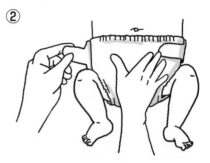

左右均等になるようにあてる。
おむつにプリントされている番号を合わせると，バランスよくつけることができる。

③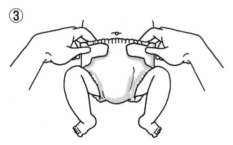

腹部を圧迫しないように，臍より下でテープをとめる。

④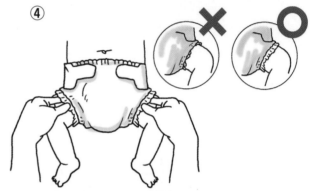

背中に隙間がないか，腹部に指が1〜2本入るか，足のつけ根のギャザーが外に出ているかを確認する。

⑤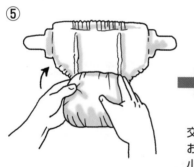

交換したら，便の場合は排泄物をトイレに捨てる。汚れたおむつは，手前からクルクルと巻き，両端のテープでとめ，小さくまとめてから汚物入れに入れる。

※ゴミとして処理するときは，地域のゴミのルールに従って正しく捨てる。

3）紙おむつ（パンツ型）のかえ方

①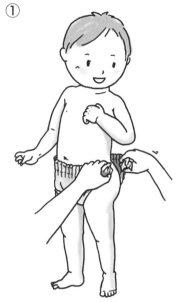

両脇を手でやぶりおむつを開く。
便の場合は排泄物をトイレに捨てる。

②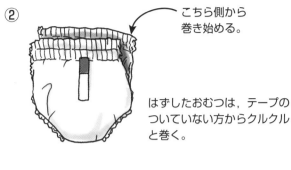

こちら側から
巻き始める。

はずしたおむつは，テープの
ついていない方からクルクル
と巻く。

③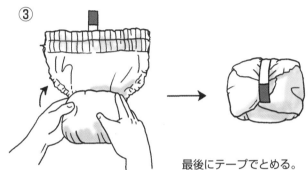

最後にテープでとめる。

注意点

　子どもの肌は薄くてやわらかいので，おむつかぶれなどの皮膚の炎症をおこさ
ないためにも清潔を保ちましょう。汚れがひどい場合は臀部浴やシャワー浴で洗
い流しましょう（p.57 ④おしりの清潔　参照）。しばらく空気に触れさせて，乾燥
させておくとよいでしょう。

用語解説　**おむつかぶれ**

　尿のアンモニアや便の酵素によって皮膚が刺激を受け，炎症をおこした状態。陰部や肛門の周辺が赤
く腫れたり，赤い湿しんが出たり，ひどくなると皮がむけたりします。長時間汚れたおむつを当ててい
ることで発生しやすいので，排泄のあとはなるべくすぐにおむつを交換し，清潔にしてからおしりを乾
燥させるようにします。治りにくいかぶれは，カンジダ症（カンジダというカビによって皮膚が炎症をおこ
す）が原因の可能性もあります。あまり症状がひどいときは，受診するよう勧めましょう。

（2）衣類の着脱

　子どもの衣服には，主に身体の保護と保温といった役割があります。衣服の形は子
どもの月齢・年齢，性別，発達段階に応じて，変えていきます。また，園では子ども

の着衣の様子からネグレクトなどを発見することがあります。保育者は日頃から子どもの衣服の様子にも気を配る必要があります。

子どもの衣服の条件

●保温性，吸湿性，通気性に優れ，衛生的であるもの

●洗濯に耐え，丈夫なもの

●前後がわかりやすく着脱しやすいもの

●皮膚への刺激が少ないもの（木綿など）

●子どもの動きを妨げないもの

●過度の装飾やひも，金具がついていないもの（事故防止のため）

1）子どもの衣類

●0〜3か月

　乳児期は皮膚の機能が未熟で新陳代謝が活発な時期です。肌着は保温性，通気性があり，汗や垢を吸い取りやすい木綿で，縫い目やタグが肌に直接あたらないものにします。洗濯に耐え，乾きやすいものを選ぶことも大切です。また，おむつ交換が多い時期なので，前開きでシンプルなデザインのものが便利です。

●4〜9か月

　体の動きが活発になってくるため，前開きのものは衣服が乱れやすくなります。月齢が上がってきたら，頭からかぶるものを用意しましょう。乳児は頭が大きいので，えりぐりが開閉しやすいものを選びます。

●10か月〜1歳以降の衣類

　歩行がはじまる時期なので，足の動きを妨げない形の衣服（パンツやスカートなど）を選ぶとよいでしょう。自分ですることに興味をもつ時期なので，子どもの発達段階にあわせて衣服を選びます。上下がわかれたもの，ボタンやファスナーがないもの，前後がわかりやすいもの，ウェストがゴムのものなど子どもが自分で着脱しやすい衣服にします。

　靴はひもがなく，かかとが引っ張りやすいものを選びます。

図5-34　子どもの衣類

● 0～3か月

前身頃と後ろ身頃の
ボタンを足の方から
とめていく。

短肌着（たんはだぎ）
暑い時期は1枚で、寒くなったら長肌着やコンビ肌着と重ねて着る。

長肌着（ながはだぎ）
主に短肌着の上に着せる。ボタンがないので、おむつがえが楽。

コンビ肌着
股の部分にボタンがついているので、足の動きが激しくなったら、ボタンをとめて使用する。

ドレス
おむつ交換が多い時期に適している。

ツーウェイオール
ボタンのとめ方によってドレスにもカバーオールにもなる。

● 4～9か月

ボディシャツ

肌　着

カバーオール

スタイ

ベスト

● 10か月～1歳以降

肌　着

ズボン

Tシャツ

ワンピース

パジャマ

● 小　物

おくるみ

帽子（夏）

帽子（冬）

手ぶくろ

くつ下

くつ

2）着脱の方法

　着替えるときは室温に気をつけます。着替え終わったら，背中のしわを優しく伸ばします。

●前開きの着せ方

①

衣服を重ねて，そでを通しておく。

②

あらかじめ，そでをたくし上げておく。

③

そで口から保育者が手を入れ，子どもの手を握りそでを通す（迎えそで）。

●前開きの脱がせ方

①

上着のボタンをはずし，肌着のひもをとく。

②

そでをたくしあげ，もう片方の手で子どもの肘をもち，内側から抜くようにする。

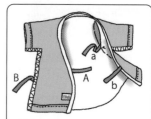
肌着のひもは，子どもの左脇の下にあるひもaとAを結ぶ。次にbとBを結ぶ。

●丸首の着せ方

①

衣服を折りたたみ，えりぐりを広げ，子どもの顔に衣服が当たらないように，子どもの頭を入れる。

②

そでと衣服をたくし上げ，そで口側から保育者の手を入れ，迎えそでで子どもの手を通す。

●丸首の脱がせ方

①

衣服をたくし上げ，もう片方の手で子どもの肘をもち，内側から抜く。

②

子どもの両腕を抜いてから，服のえりぐりを広げ，顔に衣服が当たらないように脱がせる。

3）着脱の援助

保育者は子どものやりたい気持ちを大切に，子どもの状態にあわせた言葉かけをします。見守りながら励まし，できないところをさりげなく手伝います。最後は保育者が衣服を整え，十分にほめて，「できた」という達成感が得られるようにします。

図5-35　着脱への援助の実際

●パンツ・ズボンをぬぐ

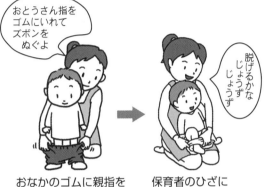

おなかのゴムに親指を入れて，パンツまたはズボンをおろす。

保育者のひざに座らせ，片足ずつ脱がせる。

●パンツ・ズボンをはく

片足ずつはかせてパンツ・ズボンをひざまであげる。

立ちあがってズボンをウエストまであげる。おしりがひっかかりやすいので後ろからさりげなく手伝う。

●はきやすくするための工夫

上着は前を下に，パンツ・ズボンは前を上にして置く。着る順番に並べるとわかりやすい。

●上着を脱ぐための援助

片方の手でもう片方のそで口を引っぱり，手を抜くことを伝える。
両腕が脱げたら，えりぐりを引っぱりながら頭を抜く。

●ボタンをとめる

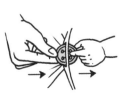

はじめは保育者がボタンを半分通しておき，反対側を子どもに引っぱらせる。
自分でやりたがるようになったら，時間がかかっても見守り，さりげなく手伝う。

（3）沐浴・シャワー浴・清拭

　乳幼児は新陳代謝が盛んなので汗や垢が出やすく，排泄も頻繁なため尿や便で体が汚れやすいという特徴があります。子どもの状態にあわせて，体の清潔を保つようにしましょう。

1）沐浴の方法

　生後1か月頃までは，抵抗力が弱い時期なので，乳児専用の沐浴槽（ベビーバス）を使って入浴させます。沐浴は，皮膚を清潔にするだけでなく，血液の循環をよくして，新陳代謝を高めます。また，裸になるので，全身の状態を観察するよい機会でもあります。

　沐浴は，毎日なるべく決まった時間に行います。熱がある，機嫌が悪い，元気がないなど，体調が悪いときには中止します。また授乳直後や空腹時は避けましょう。沐浴は体力を消耗するので，衣服の着脱も含めて10〜15分で済ませるようにします。

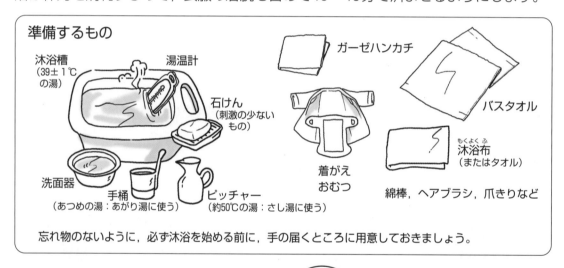

準備するもの

- 沐浴槽（39±1℃の湯）
- 湯温計
- 石けん（刺激の少ないもの）
- ガーゼハンカチ
- バスタオル
- 沐浴布（またはタオル）
- 洗面器
- 手桶（あつめの湯：あがり湯に使う）
- ピッチャー（約50℃の湯：さし湯に使う）
- 着がえ
- おむつ
- 綿棒，ヘアブラシ，爪きりなど

忘れ物のないように，必ず沐浴を始める前に，手の届くところに用意しておきましょう。

① 衣服とおむつを組んでおく。

② お湯の準備をする。
　※浴槽の湯温は，湯温計だけでなく，必ず自分の肘をお湯に入れ，二の腕の内側などで確認する。

耳に水が入らないように，両耳を指で押さえる。

③ 衣服を脱がせて，全身の状態を観察する。体を沐浴布で覆い，首とおしりを支えて，足先からゆっくり入れる。
沐浴布で体を覆うと，子どもはお湯の中で安心して落ちつく。

④

洗面器のお湯を使い，ガーゼで
目頭 → 目尻，顔全体，耳の順
で拭く。ガーゼは，1回ごとに，
拭く面を換える。

⑤

ガーゼで頭をぬらす。指の腹
で石けんを泡立て，円を描く
ように洗い，よくすすぐ。

⑥
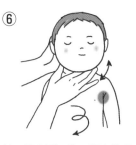
首，脇の下，胸，腹を洗う。
首，脇の下はくびれの中まで
しっかり洗う。

⑦

腕，手，脚を洗う。肘やひざの
くびれの中もしっかり洗う。手
を握っている場合は，保育者の
親指をゆっくり入れ，指を開き
やすくしてよく洗う。

⑧

空いている手を子どもの脇の下に入れ，
腕のつけ根をしっかりつかみ，少しずつ
前に倒して後ろ向きにする。

⑨
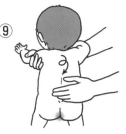
首の後ろ，背中，おしり，
肛門の周囲を洗う。おしり
はしっかり洗う。

⑩
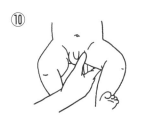
もとの体位に戻し，陰部を
ていねいに洗う。

⑪
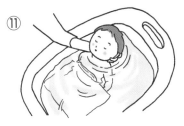
洗い終わったら，ゆったりとお湯に
つけて体を温める。最後にあがり湯，
またはシャワーをかけてあがる。

⑫

バスタオルに寝かせ，水分を拭き
取る。ゴシゴシこすらずに，押さ
えるように拭く。くびれの中の水
分もしっかり拭き取る。
手早く衣服を着せ，臍の手入れが
必要な場合は，消毒してガーゼを
あてる。

⑬

綿棒で鼻，耳のお手入れをする。
爪が伸びていれば切る。
水分補給として，湯冷ましなどを
飲ませる。

皮膚が乾燥している場合は，
乳児用の保湿クリームをぬる
とよい。

第1章
第2章
第3章
第4章
第5章
第6章

2）シャワー浴の方法

　下痢や大量の便などでおしりの汚れがひどいときや，汗をかいたときなどに用います。

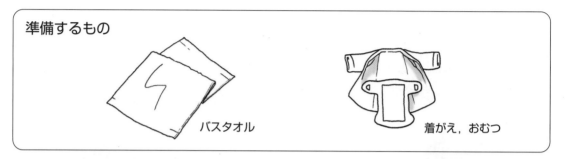

準備するもの

バスタオル　　　　　着がえ，おむつ

① シャワーは湯温の変化があるので，必ず保育者の手で温度の確認をする。
② 転倒しないように，しっかり子どもの体を支える。子どもに声をかけながら，子どもが驚かないようにゆっくりとシャワーをかけていく。
③ おしりは股から手を入れて，肛門の周囲や性器もていねいに洗う。

おしりをよく洗う。
石けんを使う場合はよく洗い流す。

3）清拭の方法

　清拭は，沐浴や入浴に比べて体への負担が少ないことから，病気などで沐浴や入浴ができない場合に行います。また，汗をかいたときや，部分的に強い汚れがある場合などにも用います。子どもの状態にあわせて，全身清拭または部分的な清拭をします。

準備するもの

ガーゼハンカチ　　バスタオル　　洗面器　　ピッチャー　　着がえ，おむつ
（約50℃の湯：
さし湯に使う）　　バケツ，湯温計

① 室温を調節する（24～26℃）。物品を用意し，着替えの衣服とおむつは組んでおく。洗面器とピッチャーに50℃程度のお湯を準備する。

※湯温が下がったり，お湯が汚れたときには，バケツに洗面器の湯を少し捨て，さし湯をする。

ガーゼは，1回ごとに拭く面を換える。

②

バスタオルの上に寝かせる。おむつはつけたまま裸にし，保温のためにバスタオルで覆う。

③

顔から拭く。洗面器の湯でガーゼをしぼり，目頭 → 目尻，顔全体，耳の順で拭く。

④

体の前面を拭く。首，胸，腹，脇の下，腕の順に拭く。清拭する部分のみ露出し，拭き終えたらバスタオルで覆い，次へ移る。

⑤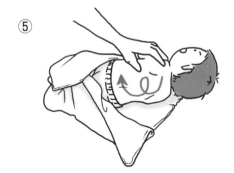

体を横向きにして背中を拭く。

⑥

最後におむつをはずして，おしり，陰部，肛門を拭き，新しいおむつと衣服を着せる。

第1章
第2章
第3章
第4章
第5章
第6章

（4）歯みがき

　歯は食べ物を噛み砕くだけではなく，発音を助けたり，顔の形を整えたり，発育を助ける働きがあります。歯は一生使うものであり，また，乳歯（にゅうし）がむし歯になると歯並びや乳歯の下で準備されている永久歯（えいきゅうし）にも影響が出ることもあります。正しい歯みがきの仕方を習慣づけるとともに，自分できちんと歯をみがけるようになるまでは大人が仕上げみがきをして，むし歯にならないように気をつけましょう。

１）歯みがきの方法と援助

●６〜８か月頃

　乳歯が生え始めたら歯みがきを開始します。離乳食後に白湯（さゆ）を飲ませ，ガーゼや綿棒で歯を拭いたり，口の大きさにあった小さな歯ブラシを使って軽くみがき，口の中に歯ブラシが入ることに慣れさせます。ブクブクうがいができるようになるまで歯みがき粉は必要ありません。

●１歳頃

　歯ブラシに興味をもち，自分で物を握れるようになるため，自分でもてる大きさの歯ブラシをもたせるなどして歯みがきに興味をもたせます。１日１回，夕食後から就寝前にみがくようにし，上手にできたらほめて習慣づけていきます。

●２歳頃

　食後のブクブクうがいとあわせて行います。歯ブラシを口に入れて動かせるようになり，保護者や保育者がみがく姿をまねてみがくことができるようになります。周囲の大人が良い手本となるよう，正しいみがき方をする必要があります。絵本やパネルシアターなどを用いてわかりやすく説明するのもよいでしょう。

●３歳頃

　乳歯が生えそろう頃で，歯ブラシのもち方，動かし方が上手になっています。食後の歯みがきを習慣化させる時期です。

　このあと一人でみがけるようになっていきますが，歯と歯ぐきの境目や歯と歯の間はまだ上手にみがけません。また奥歯は歯ブラシが届きにくいため，大人による仕上げみがきはまだ必要です。

２）仕上げみがきの方法

　園での歯みがきは集団生活の利点を生かして，友だちと一緒に楽しく習慣がつくように援助します。あわせて，保護者による仕上げみがきが重要であることを理解して

図 5 − 36　仕上げみがきの方法

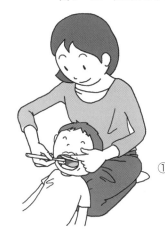

① 子どもを仰向けに寝かせて頭をひざにのせて，鉛筆をもつように歯ブラシをもつ。前歯をみがくときは左手の人差し指で唇を押さえる。

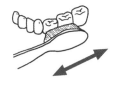

② 歯の側面は歯ブラシを歯に直角，または歯と歯肉の境界部分に斜め45度の角度で当て，左右に細かく動かしみがく。

③ 前歯の裏側や奥歯のかみ合わせ面は，歯ブラシを縦にしてかきだすようにしてみがく。

もらい，園と家庭が一緒に取り組むように心がけます。

　子どもの口は小さいので，奥歯をみがくときは左手の人差し指で口の中をひろげるようにします。奥歯のかみ合わせ面は特にむし歯になりやすい場所なので力が均等に加わるように水平にみがきます。歯や歯ぐきを傷つけないように，力を入れすぎず優しくみがいてあげましょう。

　むし歯の予防には，毎日の歯みがきとともに，バランスの良い食事や定期的な歯科健診も大切です。また，歯ブラシをくわえたまま転倒し，口腔内やのどの奥を怪我したり，場合によっては大事に至る事故もおきていますので，歯ブラシを口に入れているときは立ち歩かないよう配慮することも必要です。

第1章
第2章
第3章
第4章
第5章
第6章

ワンポイントアドバイス 「はみがきできたかなカード」を使って歯みがきの確認をしてみよう

　園ではさまざまな保健指導を行っています。その一つに歯みがき指導があります。自分の歯をきちんとみがけているかどうかというのは，なかなかわからないものです。最近では子どもが使用しやすい歯垢染め出し液などもあります。歯垢が残っているところが赤く染め出されるので，ときにはこうしたものを利用してみるのも一案です。しっかり歯みがきができているか，自分がみがけていないところはどこか，自分の歯をよく観察してもらいましょう。こうした経験を通して，自分の歯の数や形の違い，はたらきの違いなどを知る良い機会にもなります。自分の歯に興味をもつことで歯の大切さを知り，正しく歯みがきをする意識を育てていきましょう。

歯垢染め出し液を使用した歯みがき指導

●園で準備するもの

　歯垢染め出し液，液を入れる容器（紙コップなど），液を歯に塗るための綿棒，赤色鉛筆

●子どもに準備してきてもらうもの

　歯ブラシ，手鏡，コップ，口拭きタオル，浴用タオル（洋服が汚れないようにエプロン代わりにする），洗濯バサミ（浴用タオルを首にまいて，後ろでとめる）

① あらかじめ保護者に手紙を配布し，歯みがき指導をすることを伝えます。当日は液がついてもかまわないような洋服を着てきてもらうとよいでしょう。

② 保育者が歯垢染め出し液を歯のすみずみまで塗り，その後2～3回うがいをして余分な染め出し液を洗い流します。赤く残ったところが，歯垢のついているところです。

③ 手鏡を使って自分の口の中をよく見てもらい，赤く残ったところがどこかをチェックし，「はみがきできたかなカード」に赤鉛筆で色をつけてもらいます（5歳児の記入例参照）。

④ チェックしたあとは赤いところがなくなるように，しっかり歯みがきをしてもらいます。

⑤ 保護者に，子どもが色をぬった「はみがきできたかなカード」を渡し，子どものみがき残しがどこなのか確認した上で，仕上げみがきをするように伝えます。

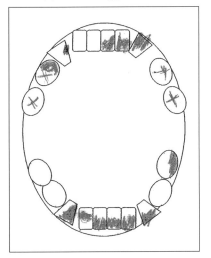

図5-37　5歳児の記入例

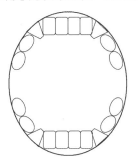

図5-38　はみがきできたかなカード

はみがき できたかな カード

ねん　　がつ　　にち（　さい）なまえ

そめだしえきで　あかくいろのついたところを　いろえんぴつで
ぬってみましょう。あかくそまったところは　みがけていない
ところです。みがきのこしのないように　きをつけましょう。

※保護者の方へ
　歯と歯の間や奥歯の溝，歯の裏側などは，どうしても磨き
　残しが多くなります。一人で磨いたあとは，赤くそまった
　ところを中心に仕上げ磨きをしてあげましょう。

♪ 巻末のワークシート⑤を使っ
て，歯みがきチェックをして
みましょう。

（鈴木）

（5）爪切り

　乳児の爪は薄くて柔らかいのですが，少しでものびると自分の皮膚を傷つけてしまうことがあります。特にアトピー性皮膚炎やとびひなどの皮膚疾患があるときは，のびた爪で皮膚をかいて傷つけてしまうと，そこから細菌感染を招いて悪化することもあります。また，爪がのびると皮膚と爪の間に汚れがたまり衛生的ではありません。乳児期は1週間に2回程度，幼児期は1週間に1回程度を目安に適度な長さに爪を切ります。

　爪切りは入浴後や眠っている間に行いますが，大人用の爪切りは乳児に大きすぎるため，乳児専用の爪切りはさみを使うと安全です。

　原則として爪切りは家庭で行い，園では行いませんが，爪がのびすぎていたり，引っ掛けてしまったり，割れてしまったときには切ってあげるか，絆創膏などで保護するなどの対応をしましょう。

（6）耳・鼻のケア

　乳児期には沐浴や入浴後に，耳の中や縁についた垢や水分を綿棒でとり除いてあげます。耳垢は体の分泌物なので，基本的には自然に体外に出てくるものです。よって，

耳の奥にある耳垢を無理にとろうとすると外耳道を傷つけたり，逆に耳の奥に押し込んでしまうこともあります。耳垢がたまってしまったら無理に取ろうとせず，耳鼻科で取ってもらうのがよいでしょう。

　また，風邪などで鼻汁が増加し，それが悪化すると中耳炎などの原因になることがあるので，鼻がつまったら鼻汁を出す必要があります。しかし，鼻をかむという行為が自分でできるようになるのはおよそ２歳過ぎなので，それまでは大人が綿棒やガーゼ，ティッシュペーパーで拭きとるなどの対応をします。

　２歳頃になると片方ずつ鼻を押さえて鼻から空気を出して鼻をかめるようになり，やがて自分でかめるようになります。鼻のかみ方を教える際には，勢いよくかまない，片方ずつかむということを伝え，鼻をかむことにより鼻に空気が通り，気持ちが良くなることも教えていきましょう。

3　子どもの生活習慣

（1）睡　眠

　睡眠は，生命の維持や覚醒時の脳を正常に働かせるために欠かせないものです。特に，乳幼児期の睡眠は，心や体の健全な発育や生活のリズムに深く関わりをもちます。

　睡眠が乱れると情緒の安定を妨げたり，ストレス，肥満などとも関連があるといわれています。

　新生児期には昼夜の区別もなく，短時間の睡眠と覚醒を繰り返します。しだいに夜間にまとまった睡眠がとれるようになり，日中覚醒している時間が長くなっていきます。８か月頃からは午睡を午前と午後の２回，１歳２か月頃からは午後１回するリズムへと変化していきます。

　３歳未満児にとって，午睡は心身の疲れをとるための大切な時間です。保育者は，子どもが安心して眠れるように，静かな落ち着いた環境を整えましょう。

　午睡には個人差があり，前日の睡眠時間，日中の活動状況，体調や精神の状態などによって眠るタイミングや睡眠時間が変わります。いつもは寝つきがいい子どもがなかなか眠れないときには，体調不良や気持ちが落ちつかないなどの原因が考えられます。

　また，いつも朝から元気がなく，午睡の時間も長すぎるような子どもは，睡眠リズムの乱れが疑われます。保護者に家庭での生活の様子を聞き，睡眠時間や生活環境に問題がある場合は，保護者に睡眠や生活リズムの大切さを伝え，改善していけるよう協力していきます。

1）午睡の援助

●睡眠への導入として，絵本を読む，静かな音楽を流すなど，気持ちが落ちつき自然に午睡の流れになるような雰囲気を作る。

●眠りへの入り方は，一人ひとり違うので，頭をなでてあげたり，体を優しく「トントン」とたたいたり，子守唄を歌うなど，子どもの好みにあわせた援助をする。

●睡眠儀礼やこだわりは，無理にやめさせずに受け入れる。

●どうしても眠れない子どもは，無理に寝かせる必要はないが，休息の時間なので専用のスペースで絵本を読んだり，お絵かきなどをして静かに過ごすとよい。

●午睡の時間は，家庭での睡眠に影響が出ないよう長過ぎないようにする。

●保育者は常に子どもの状態を確認できる場所で過ごし，睡眠中の子どもの様子を観察する。

2）午睡の環境

●部屋を少し暗くし，なるべく外からの音を遮断し，静かな環境を整える。

●布団は間隔を空けて敷き，頭どうし足どうしが同じ方向になるように寝かせる。

●室温は夏は26〜28℃，冬は20〜23℃，湿度は約60％が望ましい。
冷暖房を使うときには，外気との差を5℃以内に保ち，長時間の使用は避ける。

3）寝 具

●敷き布団は窒息防止のために，固めのものを選ぶ。

●シーツは吸水性のよいものを選び，汚れたら換える。少なくとも1週間に1回は洗濯する。

●掛けるものは，タオルケット，綿毛布，掛け布団など用途別に用意し，季節によって調節する。

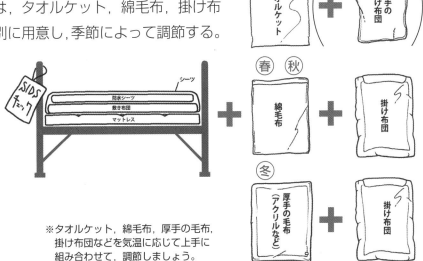

※タオルケット，綿毛布，厚手の毛布，
掛け布団などを気温に応じて上手に
組み合わせて，調節しましょう。

●ベビーベッドは転落や事故防止のため，柵の高さは敷き布団の上から55〜60cm以上，格子の間隔は10cm以内，柵付で，柵には横段のないものを選ぶ。

4）パジャマ

●伸縮性があり，汗を吸い取りやすく，おなかの出ないものが望ましい。

●年齢や発達にあわせて，着脱がしやすいものを選ぶ。

覚えておこう！

睡眠中の保育者としての心構え

　睡眠中に赤ちゃんが死亡する原因には，窒息などによる事故のほか，乳幼児突然死症候群（SIDS：Sudden Infant Death Syndrome）があります。厚生労働省の調査では，2020（令和2）年にSIDSで亡くなった乳幼児の数は95人で，乳児期の死亡原因の第3位となっています。

　SIDSは，それまで健康に育っていた乳幼児が，何の前触れもなく睡眠中に突然死亡してしまう病気です。厚生労働省によると「それまでの健康状態及び既往歴からその死亡が予測できず，しかも死亡状況調査および解剖検査によってもその原因が同定されていない，原則として1歳未満児の突然の死をもたらした症候群」と定義されており，主に1歳未満の乳児におこり，特に生後2〜6か月に多いとされています。SIDSは，事故や窒息とは違い原因は不明ですが，発症率を高める危険因子として，うつぶせ寝，人工乳（粉ミルク）による哺育，妊婦や乳幼児の周囲での喫煙の3つが明らかにされています。あわせて，子どもの温めすぎも危険因子の可能性があるといわれています。

　SIDS のリスクを減らすために重要なのは，寝返りができるようになったら，眠り始めるときにあおむけ寝で寝かせることと，寝返りをしたときに備えて子どもの周囲に何も置かずベッド内の環境を整えることです。日本においてはSIDSに関連した裁判で睡眠体位が問題とされている事例が複数あり，うつぶせ寝で死亡したケースでは，いずれも保育所側が敗訴している現状があります。園では，子どもの命を預かるという意識を高くもち，SIDSに対する最大限の対策を講じていく必要があります。保育者は，午睡中の見守りの重要性を意識し，睡眠中の子どもの観察がおろそかにならないよう，役割分担をして子どもの様子を見てまわるようにしましょう。**教育・保育施設等における事故防止及び事故発生時のためのガイドライン〜施設・事業者向け〜**の中でも，重大事故が発生しやすい場面の一つとして睡眠中をあげており，予防と事故後の適切な対応を行うことが重要だと述べています。

保育所でのSIDSの防止および早期発見をするために

●保育者は，子どもが午睡している間は，目の届く場所で過ごす。

●寝かせるときは必ず仰向けに寝かせる。子どもが自らうつぶせになった場合は，子どものそばを離れないよう観察を続ける。

●室温や寝具，衣類を調整して，体を温めすぎないようにする。

●布団やタオルケットなどが顔にかからないように，首から下にかける。

●子どもの周囲には何も置かないようにする。

●定期的に子どもの顔色，呼吸の状態の観察を行い，記録に残す。0歳児では5分おき，1〜2歳児では10分おきに確認することが望ましい。

※厚生労働省においては特に観察の時間についての明記はありません。しかし，観察直後にSIDSがおこった場合の蘇生を想定すると，SIDSのおこりやすい0歳児に対して5分おきに観察することは重要です（p.109 覚えておこう！ ドリンカーの救命曲線 参照）。

●保育者は，乳幼児の一次救命処置（p.109 ③ 一次救命処置 参照）を身につけ，園内でSIDSが発生したときの対応を話し合っておく。

表5−11　睡眠チェック表

睡眠チェック表（氏名　　　　　　　　　）　歳　か月

記入のポイント

・チェックをしたら表に記録者名と体位の印を記入する

　※0歳児は5分毎　　1歳児は10分毎

　※仰向け　…○

　　横向け　…△

　　うつ伏せ寝を直した時　…✓

・咳や鼻汁など気付いたことがあれば記入する

・その他特記事項がある場合は備考欄に記入する

室温・湿度

室温　夏　26℃前後　　冬　20℃前後

湿度　60%

日付	室温・湿度		室温チェック		10時（　℃）		11時（　℃）					
／	（　℃	%）	12時（　℃）		13時（　℃）		14時（　℃）					
月曜	0	5	10	15	20	25	30	35	40	45	50	55
7時	鈴木○	鈴木○咳	鈴木✓	畦○	畦○	畦○	鈴木○	鈴木○	鈴木○	鈴木○咳		
8時												
9時												
10時												
11時												
12時												
13時												
14時												
15時												
16時												
17時												
18時												
19時												
備考												

（両角）

（2）排　泄

　子どもの排泄が自立するには，生理機能の発達や精神機能の発達，性格など，多くのものが影響し合い，個人差があります。保育者は，排泄の自立への過程を理解し，子ども一人ひとりにあわせた援助を行います。あせらずゆったりとした気持ちで関わっていくことが大切です。

排泄の自立への援助

●0歳

　乳児期前半は，排泄したらそのつどおむつを交換し，きれいにすると気持ちがよいことを感じられるように援助します。乳児期後半は，排泄のときにもぞもぞしたり，いきんだりするので，そのような子どもの様子を察知し，おむつを交換します。保育者が「新しいおむつは気持ちいいね」などと，繰り返し言葉をかけることで，清潔にすることの心地よさを覚えていきます。

●1歳

　1歳前半になったら絵本や映像などを使い，子どもが排泄に興味をもつように働きかけていきます。1歳後半になると，排便時にいきんだり，排尿後に「チッチ」といいながらおむつを押さえたりと，子どもなりのサインで排泄を知らせるようになります（図5－39）。排泄後に知らせてくることも多いのですが，叱らずに教えてくれたことを受け止めましょう。また保育者と一緒にトイレに行き，おまるや便座に座らせて，徐々にトイレや便座に慣れさせていきます。トイレが清潔で明るく楽しい場所になるようにトイレ環境を工夫することも大切です（図5－41）。

●2歳

　トイレットトレーニングは，2歳頃から開始することが多くみられます。発達には個人差があるため，排尿の間隔が1時間半以上あく，一人で歩ける，言葉で排泄を知らせるなどができるようになってから始めるようにします。最初は食事の前後，午睡の前など，生活の区切りにトイレに誘ってみましょう。子どもが出す排泄のサインを察知し，タイミングよく誘うことで，おまるやトイレで排泄をする確率が高くなります。トイレでの排泄を促すと同時に，トイレットペーパーの扱い方も教えていきます。男の子には立ち便器の使い方，女の子には前から後ろへ拭くことなどもいっしょに教えていきます。

第1章

第2章

第3章

第4章

第5章

第6章

図5－39　排泄のサイン

排　尿

足を交差させもじもじしたり，
足踏みをしたりする。

股に手をあてて，「チッチ」
「シーシー」などと言う。

排　尿　　排　便

急に動かなくなる。

排　便

壁ぎわや，たなのすみっこ
など，いつも同じ場所で
立ちつくす。

排　便

立ちどまって，
顔をまっ赤にしたり，
いきむ様子がみられる。

図5－40　立ち便器の使い方

パンツ・ズボンをおろして便器の前に立たせる。
保育者は子どもがお腹をつき出した姿勢になる
ように背中を支える。

排尿後はしっかり尿を切ってから，
パンツ・ズボンをあげる。
最後に水を流す。周囲が汚れたら
保育者に知らせるよう教える。

図5－41　トイレ環境

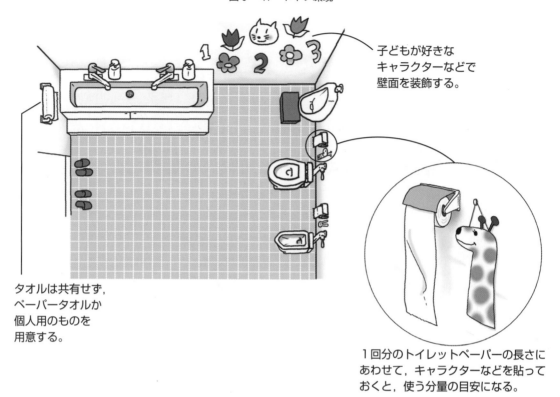

子どもが好きな
キャラクターなどで
壁面を装飾する。

タオルは共有せず，
ペーパータオルか
個人用のものを
用意する。

1回分のトイレットペーパーの長さに
あわせて，キャラクターなどを貼って
おくと，使う分量の目安になる。

　やがて子どもが自発的に排泄を知らせてくれるようになります。失敗することがあっても叱らず，子どもが自分から知らせたときには，十分ほめましょう。一人で排泄後の始末ができるように少しずつ教えていきます。

（3）食　事

1）調乳と授乳，離乳食の与え方

　人間の女性から出る乳汁を母乳といいます。母乳だけで乳児を育てる栄養法を母乳栄養，母乳以外の乳汁およびその加工品を用いて育てる栄養法を人工栄養，母乳と人工栄養を併用する栄養法を混合栄養と呼びます。

　母乳は消化吸収が良くさまざまな免疫物質が含まれています。またミルクアレルギーの心配が少なく，産後の母体の回復を早めるなどの利点があるため，理想的な栄養として推奨されていますが，乳児が園にいる間は母親から直接母乳を与えることができません。そのため，園では母乳の代わりに育児用ミルクを与えて乳児を哺育します。

　育児用ミルクには一般的なもの以外に，低出生体重児用，乳たんぱくにアレルギーがある乳児用，先天性代謝異常症などの治療用として開発された特殊ミルク，離乳

期に与える成分に調整したフォローアップミルクなどの種類があります。いずれも母乳とほぼ同じ成分に改良されています。

　また，2018（平成30）年に**乳及び乳製品の成分規格等に関する省令**の改正があり，液状の人工乳を容器に密封した**乳児用液体ミルク**の製造・販売が日本国内でも可能となりました。

　液体ミルクは調乳する必要がなく，常温で保存することができるため，災害時の備えとしても有用です。しかし，製品により，容器や賞味期限，使用方法が異なるので，使用表示や注意点を必ず確認する必要があります。

> 用語解説　**ミルクアレルギー**
>
> 　新生児・乳児消化管アレルギーとも呼ばれ，ミルクに含まれるカゼインとβ-ラクトグロブリンというタンパク質に身体がアレルギー反応をおこして症状があらわれます。生後，初めて飲んだミルクで症状が出ることもありますが，通常は生後数週間で発症します。症状は，哺乳後の嘔吐，下痢，血便，発熱，発しんなどで，ミルクが飲めないため体重が増加せず，体力が落ちていきます。母乳にはこの２つのタンパク質が含まれていないため，母乳によるミルクアレルギーは少ないといわれています。ミルクを飲ませるときには哺乳後の体調の変化や体重増減に注意しましょう。

●調乳の方法

　乳児の発育にあわせて育児用ミルクの分量や濃度を調整することを調乳（ちょうにゅう）といいます。調乳は調乳室などの清潔な場所できれいに洗った手で行います。また，使用する哺乳瓶，乳首，計量スプーンなどは使用するごとに消毒して，細菌などに汚染されないように衛生的に管理します。

　調乳したミルクはすぐに使用し，残ったミルクは細菌が繁殖しやすいので，飲んだ量を確認した後に破棄します。また，飲んだ量を連絡帳に記入し，保護者に伝えます。

第1章
第2章
第3章
第4章
第5章
第6章

図 5 － 42　調乳の手順

① 　手をきれいに
　　洗う。

② 　哺乳瓶，乳首，鍋，哺乳瓶バサミ，
　　ポット，粉ミルクなどを用意する。

③ 　熱湯で煮沸消毒して冷ます。

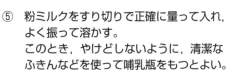

④ 　哺乳瓶に一度沸騰させた後70℃
　　くらいまで下げた湯を出来上が
　　り量まで入れる。

⑤ 　粉ミルクをすり切りで正確に量って入れ，
　　よく振って溶かす。
　　このとき，やけどしないように，清潔な
　　ふきんなどを使って哺乳瓶をもつとよい。

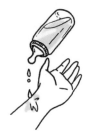

⑥ 　よく振って溶かした後，流水などを使って
　　人肌程度に冷ます。
　　このとき，中身を汚染しないよう，冷却水
　　は哺乳瓶のキャップより下に当てる。

⑦ 　手首の内側に数滴たらして熱すぎ
　　ないか確認する。

●授乳の方法

　授乳は子どもの栄養補給であるとともに，母子・親子や保育者との絆を深め心身の
健やかな成長を促す役割ももっています。

　授 乳は落ち着いた環境の中で行います。授乳量は子どもによって異なるので，回
数よりも１日に飲む量を中心に考えます。

① 　乳児の頭が授乳者の上腕に，臀部が大腿部にくるように楽な姿勢でしっかり抱き
　　ます。

② 　乳児の口にしっかりと深く乳首をくわえさせます。哺乳瓶の底部を高く上げ，乳
　　首の中を乳汁が満たすようにして，空気を飲み込まないように飲ませます。

③　1回の授乳時間は15分間前後が目安
　　で，授乳後はガーゼをのせた保育者
　　の肩に乳児のあごをのせ，背中を軽
　　くさするかたたいて排気（げっぷ）を
　　させ吐乳を防ぎます。

図5−43　授乳の方法

哺乳瓶を立て気味にして
乳首の中に乳汁が満たさ
れるようにすると，空気
を飲み込みにくくなりま
す。

落ち着いた環境の中で，
子どもの目を見て，
優しく話しかけながら
授乳しましょう。

　近年，冷凍技術の進歩により搾乳した
母乳を専用パックに入れて冷凍保存でき
るようになりました。これを受け，就労
などで直接授乳できない母親のために冷凍母乳を預かってくれる園もあります。冷凍
母乳は−18℃以下の冷凍庫で保存し，使用直前に解凍します。一度，解凍した母乳
はすぐに使用し，使用しなかった場合は再冷凍や冷蔵庫での保存をせずに処分します。

図5−44　冷凍母乳の解凍方法

① 手をきれいに洗う。

② 冷凍庫から冷凍母乳の入った
　パックを取り出す。子どもの
　名前を確認し，日付の古い物
　から使う。

③ 室温か流水で母乳を溶か
　す。電子レンジや熱湯を
　使って解凍すると母乳の
　成分が変化してしまうの
　で，使用しない。

切り口を消毒綿
で拭く。

④ 消毒したはさみを使って
　パックを開けて，消毒し
　てある哺乳瓶にうつす。

⑤ 40℃前後の湯で湯煎し，
　人肌程度に温める。

⑥ よく振ってから与える。

●離乳と離乳食の進め方

　乳児期の栄養は主として乳汁ですが，身体の発育とともに乳汁だけではたんぱく質やミネラルなどの栄養素が足りなくなってきます。また，摂食機能も，乳汁を吸うことから，食物を噛み潰して飲み込むことへ発達するため，徐々に乳汁から離していきます。このことを離乳といい，乳汁による栄養から食物による栄養に移行する時期を離乳期，この時期に与える特別な形態の食事を離乳食と呼びます。2019（令和元）年に改定された**授乳・離乳の支援ガイド**によると，離乳の開始時期は首のすわりがしっかりして寝返りができ，5秒以上座れる，スプーンを口の中にいれても押し出さなくなる生後5，6か月頃が適当です。そして，栄養源の大部分が乳汁以外の食物から摂取できるようになる12〜18か月頃に完了するのが良いとされています。

離乳初期（生後5〜6か月）

　いろいろな味や舌ざわりを経験させながら食べ物に慣れさせる時期です。なめらかにすりつぶした状態のものを1日1回，スプーン1さじから与え始めます。母乳や育児用ミルクは，授乳のリズムに沿って子どもが欲しがるままに与えます。

離乳中期（7〜8か月）

　舌でつぶせる程度の固さのものを1日2回与え，食品の種類を増やしていきます。また，この時期にはスプーンを欲しがったり，自分の手でつかんで食べたがったりすることもありますので，このような食行動を尊重してあげます。授乳のリズムに沿って母乳は欲しがるまま，ミルクは1日3回くらい与えます。

離乳後期（9〜11か月）

　歯ぐきでつぶせる固さのものを1日3回与え，食欲に応じて量を増やしながら，1日の食事のリズムを整えていきます。みんなで一緒に食べる楽しい食卓経験ができるように心がけましょう。授乳のリズムに沿って母乳は欲しがるまま，ミルクは1日2回くらい与えます。

完了期（12〜18か月）

　歯ぐきで噛みつぶせる程度の固さのものを目安に与え，1日3回の食事のリズムから1日の生活リズムを整えていきます。離乳食の量に応じて乳汁の摂取量を減らし，徐々に離乳食が栄養の主体となるようにしていきます。また噛み取る練習をして，一口量を覚えていく時期です。

　口腔内での舌の動きは離乳初期には前後のみですが，中期には上下，後期には左右に動くようになるため，これらの様子をよく観察し，口の中に入れる食物の量や大き

さを調整しながら食事の介助を行います。

　離乳は発達にあわせて段階的に進めていくことが原則ですが，個人差があるため，食事の形態を考慮して嫌がるようなら強制をせずに，楽しい食事の雰囲気を作って焦らずに進めていきましょう。

図5－45　離乳食の進め方の目安

		離乳の開始 ➡ 離乳の完了			
		以下に示す事項は，あくまでも目安であり，子どもの食欲や成長・発達の状況に応じて調整する。			
		離乳初期 生後5～6か月頃	離乳中期 生後7～8か月頃	離乳後期 生後9～11か月頃	離乳完了期 生後12～18か月頃
食べ方の目安		○子どもの様子をみながら1日1回1さじずつ始める。 ○母乳や育児用ミルクは飲みたいだけ与える。	○1日2回食で食事のリズムをつけていく。 ○いろいろな味や舌ざわりを楽しめるように食品の種類を増やしていく。	○食事リズムを大切に，1日3回食に進めていく。 ○共食を通じて食の楽しい体験を積み重ねる。	○1日3回の食事リズムを大切に，生活リズムを整える。 ○手づかみ食べにより，自分で食べる楽しみを増やす。
調理形態		なめらかにすりつぶした状態	舌でつぶせる固さ	歯ぐきでつぶせる固さ	歯ぐきで噛める固さ
1回当たりの目安量					
I	穀類（g）	つぶしがゆから始める。 すりつぶした野菜等も試してみる。 慣れてきたら，つぶした豆腐・白身魚・卵黄等を試してみる。	全がゆ 50～80	全がゆ 90～軟飯80	軟飯80～ ご飯80
II	野菜・果物（g）		20～30	30～40	40～50
III	魚（g）		10～15	15	15～20
	又は肉（g）		10～15	15	15～20
	又は豆腐(g)		30～40	45	50～55
	又は卵（個）		卵黄1～ 全卵1／3	全卵1／2	全卵1／2～ 2／3
	又は乳製品（g）		50～70	80	100
歯の萌出の目安			乳歯が生え始める	1歳前後で前歯が8本生えそろう。 離乳完了期の後半頃に奥歯（第一乳臼歯）が生え始める。	
摂食機能の目安		口を閉じて取り込みや飲み込みが出来るようになる。 	舌と上あごで潰していくことが出来るようになる。 	歯ぐきで潰すことが出来るようになる。 	歯を使うようになる

※衛生面に十分に配慮して食べやすく調理したものを与える

出所：厚生労働省「授乳・離乳の支援ガイド」改定に関する研究会『授乳・離乳の支援ガイド』，2019年より筆者改変。

２）子どもの食習慣と食育

　乳幼児期は規則正しく食べる，バランス良く食べる，偏食をしない，自分が食べる適量を知る，食のマナーを学ぶなどの食習慣を確立する時期です。望ましい食習慣は身体を健やかに成長させ，生活を豊かにしてくれます。また，乳幼児は新陳代謝が高く，各栄養素や熱量の体重１kg当たりの所要量が成人に比べて大きいため，適切な栄養補給が必要となります。

●摂食行動の発達

　乳児の摂食行動は乳を吸うという動作から，固形の食べ物を口の中に入れて噛み，飲み込むという複雑な行動に進んでいきます。表５−12に，月齢・年齢による摂食行動の発達を示します。

表５−12　月齢・年齢による摂食行動の発達

月齢・年齢	摂食行動の発達
５〜６か月	食べ物や食器に興味を示す。舌を前から後ろに動かして食べ物をのどの奥に送る。スプーンを手のひら握りにしてなめる。
７〜８か月	あごが発達し食べ物を上手に口の中に取り込める。舌を上あごに押しつけて，食べ物をつぶすことができる。
９〜11か月	歯が４〜６本はえ，前歯で食べ物をかじり取れる。奥の歯ぐきで，食べ物をつぶせる。舌を上下だけではなく左右にも動かせる。
12〜18か月	ストローやコップで飲み物を飲めるようになる。自分で食べたがり，スプーンやフォークを使って食べられるようになってくる。手づかみで食べることもある。
１歳後半	自分でコップをもって飲むことができる。スプーンも使えるようになり，フォークに食べ物をさしてあげると自分で食べる。
２歳前半	スプーンと茶わんを両手にもって食べる。おわんから汁物が飲める。
２歳後半	１人でだいたい食べられる。
３　歳	箸を使って食べる。箸と茶わんを両手で使える。

図５−46　スプーンのもち方

５〜６か月	２〜３歳	３歳頃〜

手のひら握り　　　　　　　　三つ指握り

出所：令和３年度厚生労働行政推進調査事業費補助金「幼児期の健やかな発育のための栄養・食生活支援に向けた効果的な展開のための研究」研究班『幼児期の健やかな発育のための栄養・食生活支援ガイド【確定版】』より筆者改変（https://www.niph.go.jp/soshiki/07shougai/youjishokuguide/YoujiShokuGuideKakutei.pdf　2022年8月23日閲覧）

図5-47 箸のもち方

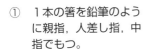

① 1本の箸を鉛筆のように親指，人差し指，中指でもつ。

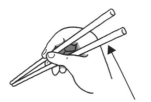

② もう1本の箸を親指のつけ根と薬指の先ではさむ。

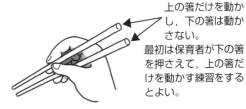

上の箸だけを動かし，下の箸は動かさない。
最初は保育者が下の箸を押さえて，上の箸だけを動かす練習をするとよい。

③ 慣れたら親指側の箸を動かさず，人差し指側の箸のみを動かす。

● **食習慣の確立への援助**

　子どものうちに健全な食習慣を確立することは，生涯にわたり健全な心身を培い，豊かな人間性を育んでいく基礎となりますが，食習慣の確立には個人差があります。保育者がはじめから形式を強要したり，食べない子どもに無理強いをしたりすると，食事が楽しくなくなり，食への興味を損なうおそれがあります。子どもの発達にあわせた適切な援助と細やかな対応で健康的な食習慣を形成し，家族や友だちと食べることが大好きな子どもに育てていきましょう。

● **食育と食事のマナー**

　生涯にわたる健康的な食習慣を定着させるため，保育者はさまざまな機会を使って子どもに食育を行っていきます。園で野菜を育てたり，その野菜を使っての調理体験などを通して，いろいろな食べ物を食べることの重要性や食品の分類などを学びます。子どもが基本的な食習慣や食の知識，食行動を身につけることは，将来の生活習慣病の予防にもつながります。また現代は家庭での食育機能が低下していることから，子どもの適切な食事内容や量を理解してもらうため，親子クッキングなどの機会を利用して保護者へ食教育を行うこともあります。

　また，食は大切なコミュニケーションの場ともなるため，小さい頃から正しい食事のマナーを教えることが大切です。マナーの基本はまわりの人を不快にさせないことですが，「食卓に肘をついて食べる」「お茶碗を食卓に置いたまま食べる」「音をたてて食べる」などは本人に悪気はなくても，その場の雰囲気を悪くすることがあります。食事の仕方は毎日のくり返しによって一生の習慣になっていくものなので，園と家庭が協力しあいながら教えていきましょう。

　2021（令和3）年から開始されている**第4次食育推進基本計画**では，「家庭における食育の推進」として「乳幼児期からの基本的な生活習慣の形成」が推進されていま

す。乳幼児期に食べる意欲の基礎をつくり，食体験を広げることは，生涯にわたる「食べる力＝生きる力」につながるため，園と家庭や地域が協力して豊かな食体験を積み重ねながらさまざまな場面で食育を行うことが望まれています。

（ワンポイントアドバイス） 子どもの気持ちを大切にした保育現場での偏食対応

　幼児期の子どもの食に関する困りごとの一つに「偏食」があげられます。平成27年度乳幼児栄養調査結果でも，およそ3割の保護者が，子どもが偏食することを困っていると感じていることが明らかになっています。では，子どもの偏食にはどのように対応したらよいのでしょうか。

　基本的には，子どもの様子をしっかり観察し，子どもの気持ちに寄り添いながら，その子どもが何が「好き」で，何が「嫌（いや）」なのか，という点を探っていくことが大切です。例えば，食べられるものの共通点を探ってみて，カリカリしているものが食べられる場合は，他の食材もカリカリとした食感になるように調理してみるというように，子どもの好きな食感，味，においなどを見つけていくことも一案です。

　5歳児のA君は，人参が苦手でしたが，ゆでたやわらかいじゃがいもは食べることができることから，園の先生が工夫して，ゆでた人参を少しスプーンでつぶして，ゆでたじゃがいもの食感に似せて，食べてみるかどうか聞いてみたところ，A君は食べることができました。その様子を先生方も大いに喜んで，それからは人参が給食で出るときは，いつもスプーンでつぶしてやわらかくして食べる，ということが続きました。やがて，数日経ったところで，「ぼく，もうつぶさなくても食べられる。僕の心がもう大丈夫って言ってるから，食べられるんだ。」と話し，それからは人参をつぶさなくてもそのままの形で食べられるようになりました。人参をまったく食べることができなかった期間がかなり長かったのですが，園の先生の工夫がきっかけで，ほんの少し食べられるようになり，やがて自分から食べられるようになっていった事例です。

　このように，子どもに無理強いをするのではなく，子どもの心が今どう感じているのか，というところを丁寧に向き合って工夫することで，子どもが「食べてみようかな」という気持ちになり，自ら食べられるようになっていくことがあります。子どもが自分から食べられるようになっていく過程を大切にしていきたいものです。

　他にも，保育現場では，食事を一つの「点」としてとらえるのではなく，生活の流れの一部に食事があるととらえて，子どもの好きな遊びと食事を関連づけていくこともあります。例えば，好きな遊びをメニューのネーミングに取り入れることで，子どもの心が「食べてみようかな」と動くことがあります。

また，食材の準備を手伝う経験などを通して，その食材に対する子ども自身の意識が変化し，子ども自ら「食べてみよう」という気持ちを持つことができる場合もあります。

　その他，栄養士や調理員と連携し，食べやすい形状で食材を提供することも大変重要です。

　偏食対応に関しても，子どもの気持ちを大切にしながら，保育現場ならではの関わりをしていけるとよいですね。子どもの気持ちをしっかり確認しながら，焦らずじっくり関わっていきましょう。

図5−48　子どもが偏食を解決していくプロセス

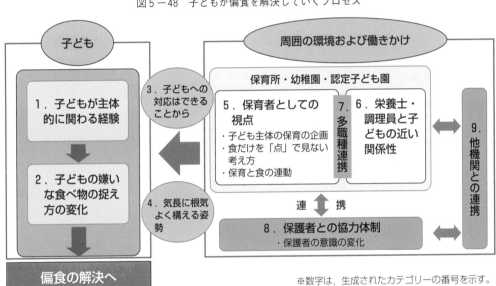

※数字は，生成されたカテゴリーの番号を示す。

出所：鈴木美枝子他「Ⅱ．2．1　保育所・幼稚園・認定こども園等における食生活支援に関する研究」，『幼児期の健やかな発育のための栄養・食生活支援ガイドの開発に関する研究　平成29〜令和元年度総合研究報告書』（研究代表者石川みどり），2020年，p.120，図2。

（鈴木）

厚生労働省「平成27年度乳幼児栄養調査結果の概要」，2016年。
　（https://www.mhlw.go.jp/file/06-Seisakujouhou-11900000-Koyoukintoujidoukatei
　kyoku/0000134460.pdf　2022年8月23日閲覧）
令和3年度厚生労働行政推進調査事業費補助金「幼児期の健やかな発育のための栄養・食生活支援に向けた効果的な展開のための研究」研究班『幼児期の健やかな発育のための栄養・食生活支援ガイド【確定版】』，2022年。
　（https://www.niph.go.jp/soshiki/07shougai/youjishokuguide/YoujiShokuGuide
　Kakutei.pdf　2022年8月23日閲覧）
鈴木美枝子他「Ⅱ．2．1　保育所・幼稚園・認定こども園等における食生活支援に関する研究」，『幼児期の健やかな発育のための栄養・食生活支援ガイドの開発に関する研究　平成29〜令和元年度総合研究報告書』（研究代表者石川みどり），2020年。

第1章
第2章
第3章
第4章
第5章
第6章

3 個別的な配慮が必要な子どもへの対応

　園にはアレルギー疾患や慢性疾患，発達障害などがある子どもがいます。そのような子どもたちが他の子どもたちと同じように安心して園生活を送ることができるよう配慮することが大切です。アレルギー疾患や慢性疾患は時として重篤な症状を急におこすこともあるため，そうした子どもの保護者は園生活に不安をもっている場合があります。そのような保護者も安心して子どもを園に預けられる環境を整えましょう。

　このような子どもたちを保育するうえで忘れてはならないことは，疾患や障害がある子どもも他の子どもと同様に成長の途中にあるということです。すべての子どもにとって，居心地のよい空間で生活が営めるよう，保育のさまざまな環境を整えていくことも大切です。また子どもだけでなく，その保護者や家族も一緒にサポートしていく姿勢が求められます。園児だけでなくきょうだいが疾患や障害をかかえている場合も同じように園児とその家族を支えていきます。家庭と密に連携し，「一緒に子どもを育てていく」ことが大切です。

1 アレルギー疾患

　厚生労働省が策定した**保育所におけるアレルギー対応ガイドライン**が2019（令和元）年に改訂されました。保育所のアレルギー対応の基本原則が明示され，生活管理指導表に基づく対応が必須となりました。生活管理指導表の特記事項欄には，管理が必要な事項の対応内容は，保護者と相談のうえ保育所が決定することが追記されました。また，保育所の各職員の役割や関係機関である自治体や医療機関などの役割が具体化され，保育所と医療機関，行政機関との連携の重要性についても新たに盛り込まれました。生活管理指導表は，保育所でアレルギー対応が必要な子どもを中心に，医師と保護者，保育所が情報を共有し，協力して支援していくためのコミュニケーションツールとなるものです。保育所では園の実状を考慮したうえで，ガイドラインや生活管理指導表を十分活用し，職員全体で知識や情報の共通理解を図り，保護者，医療機関等と連携しながらアレルギー疾患のある子どもの健康と安全の確保に努めましょう。

　以下に，参考様式として**保育所におけるアレルギー対応ガイドライン**（2019年改訂版）に掲載されている保育所におけるアレルギー疾患生活管理指導表をあげます。

＜参考様式＞

図5－49　保育所におけるアレルギー疾患生活管理指導表（食物アレルギー・アナフィラキシー・気管支ぜん息）

名前＿＿＿＿＿＿　男・女　＿＿年＿＿月＿＿日生（＿＿歳＿＿ヶ月）＿＿＿＿＿組　　提出日　＿＿年＿＿月＿＿日

※この生活管理指導表は、保育所の生活において特別な配慮や管理が必要となった子どもに限って、医師が作成するものです。

★保護者
電話：
★連絡医療機関
医療機関：
電話：

	病型・治療	保育所での生活上の留意点
食物アレルギー（あり・なし）／アナフィラキシー（あり・なし）	A. 食物アレルギー病型 1. 食物アレルギーの関与する乳児アトピー性皮膚炎 2. 即時型 3. その他（新生児・乳児消化管アレルギー・口腔アレルギー症候群・食物依存性運動誘発アナフィラキシー・その他：　） B. アナフィラキシー病型 1. 食物（原因：　） 2. その他（医薬品・食物依存性運動誘発アナフィラキシー・ラテックスアレルギー・昆虫・動物のフケなど） C. 原因食品・除去根拠 該当する食品の番号に○をし、かつ（ ）内に除去根拠を記載 ［除去根拠］ 該当するものを全て（ ）内に番号を記載 ①明らかな症状の既往 ②食物負荷試験陽性 ③IgE抗体等検査結果陽性 ④未摂取 1. 鶏卵（ ） 2. 牛乳・乳製品（ ） 3. 小麦（ ） 4. ソバ（ ） 5. ピーナッツ（ ） 6. 大豆（ ） 7. ゴマ（ ） 8. ナッツ類＊（ ）（すべて・クルミ・カシューナッツ・アーモンド・　） 9. 甲殻類＊（ ）（すべて・エビ・カニ・　） 10. 軟体類・貝類＊（ ）（すべて・イカ・タコ・ホタテ・アサリ・　） 11. 魚卵＊（ ）（すべて・イクラ・タラコ・　） 12. 魚類＊（ ）（すべて・サバ・サケ・　） 13. 肉類＊（ ）（鶏肉・牛肉・豚肉・　） 14. 果物類＊（ ）（キウイ・バナナ・　） 15. その他（　） 「＊は（ ）の中の該当する項目に○をするか具体的に記載すること」 D. 緊急時に備えた処方薬 1. 内服薬（抗ヒスタミン薬、ステロイド薬） 2. アドレナリン自己注射薬「エピペン®」 3. その他（　）	A. 給食・離乳食 1. 管理不要 2. 管理必要（管理内容については、病型・治療のC. 欄及びD. 欄を参照） B. アレルギー用調整粉乳 1. 不要 2. 必要　下記該当ミルクに○、又は（ ）内に記入 ミルフィーHP・ニューMA-1・MA-mi・ペプディエット・エレメンタルフォーミュラ その他（　） C. 除去食品においてより厳しい除去が必要なもの 病型・治療のC. 欄で除去の際に、より厳しい除去が必要となるもののみに○をつける ※本欄に○がついた場合、該当する食品を使用した料理については、給食対応が困難となる場合があります。 1. 鶏卵：　卵殻カルシウム 2. 牛乳・乳製品：　乳糖 3. 小麦：　醤油・酢・麦茶 6. 大豆：　大豆油・醤油・味噌 7. ゴマ：　ゴマ油 12. 魚類：　かつおだし・いりこだし 13. 肉類：　エキス D. 食物・食材を扱う活動 1. 管理不要 2. 原因食材を教材とする活動の制限（　） 3. 調理活動時の制限（　） 4. その他（　） E. 特記事項 （その他に特別な配慮や管理が必要な事項がある場合には、医師が保護者と相談のうえ記載。対応内容は保育所が保護者と相談のうえ決定）
気管支ぜん息（あり・なし）	A. 症状のコントロール状態 1. 良好 2. 比較的良好 3. 不良 B. 長期管理薬（短期追加治療薬を含む） 1. ステロイド吸入薬 　剤形：　 　投与量（日）：　 2. ロイコトリエン受容体拮抗薬 3. DSCG吸入薬 4. ベータ刺激薬（内服・貼付薬） 5. その他（　） C. 急性増悪（発作）治療薬 1. ベータ刺激薬吸入 2. ベータ刺激薬内服 3. その他（　） D. 急性増悪（発作）時の対応（自由記載）（　）	A. 寝具に関して 1. 管理不要 2. 防ダニシーツ等の使用 3. その他の管理が必要（　） B. 動物との接触 1. 管理不要 2. 動物への反応が強いため不可（動物名　） 3. 飼育活動等の制限（　） C. 外遊び、運動に対する配慮 1. 管理不要 2. 管理必要（管理内容　） D. 特記事項 （その他に特別な配慮や管理が必要な事項がある場合には、医師が保護者と相談のうえ記載。対応内容は保育所が保護者と相談のうえ決定）

記載日　　　年　　月　　日
医師名
医療機関名
電話

記載日　　　年　　月　　日
医師名
医療機関名
電話

● 保育所における日常の取り組み及び緊急時の対応に活用するため、本表に記載された内容を保育所の職員及び消防機関・医療機関等と共有することに同意しますか。
・同意する
・同意しない

保護者氏名＿＿＿＿＿＿＿＿＿＿

出所：厚生労働省『保育所におけるアレルギー対応ガイドライン（2019年改訂版）』、2019年。

216

<参考様式>

図5-50　保育所におけるアレルギー疾患生活管理指導表（アトピー性皮膚炎・アレルギー性結膜炎・アレルギー性鼻炎）

名前＿＿＿＿＿　男・女　＿＿＿年＿＿月＿＿日生（＿＿歳＿＿ヶ月）　＿＿＿＿組　　　　提出日　　年　　月　　日

※この生活管理指導表は、保育所の生活において特別な配慮や管理が必要となった子どもに限って、医師が作成するものです。

アトピー性皮膚炎（あり・なし）

病型・治療

A.重症度のめやす（厚生労働科学研究班）
1. 軽症：面積に関わらず、軽度の皮疹のみみられる。
2. 中等症：強い炎症を伴う皮疹が体表面積の10%未満にみられる。
3. 重症：強い炎症を伴う皮疹が体表面積の10%以上、30%未満にみられる。
4. 最重症：強い炎症を伴う皮疹が体表面積の30%以上にみられる。
※軽度の皮疹：軽度の紅斑、乾燥、落屑主体の病変
※強い炎症を伴う皮疹：紅斑、丘疹、びらん、浸潤、苔癬化などを伴う病変

B-1.常用する外用薬
1. ステロイド軟膏
2. タクロリムス軟膏（「プロトピック®」）
3. 保湿剤
4. その他（　）

B-2.常用する内服薬
1. 抗ヒスタミン薬
2. その他（　）

C.食物アレルギーの合併
1. あり
2. なし

保育所での生活上の留意点

A.プール・水遊び及び長時間の紫外線下での活動
1. 管理不要
2. 管理必要（　）

B.動物との接触
1. 管理不要
2. 動物への反応が強いため不可　動物名（　）
3. 飼育活動等の制限（　）
4. その他（　）

C.発汗後
1. 管理不要
2. 管理必要（管理内容：　）
3. 夏季シャワー浴（施設で可能な場合）

D.特記事項
（その他に特別な配慮や管理が必要な事項がある場合には、医師が保護者と相談のうえ記載。対応内容は保育所が保護者と相談のうえ決定）

記載日　　年　　月　　日
医師名
医療機関名
電話

アレルギー性結膜炎（あり・なし）

病型・治療

A.病型
1. 通年性アレルギー性結膜炎
2. 季節性アレルギー性結膜炎（花粉症）
3. 春季カタル
4. アトピー性角結膜炎
5. その他（　）

B.治療
1. 抗アレルギー点眼薬
2. ステロイド点眼薬
3. 免疫抑制点眼薬
4. その他（　）

保育所での生活上の留意点

A.プール指導
1. 管理不要
2. 管理必要（管理内容：　）
3. プールへの入水不可

B.屋外活動
1. 管理不要
2. 管理必要（管理内容：　）

C.特記事項
（その他に特別な配慮や管理が必要な事項がある場合には、医師が保護者と相談のうえ記載。対応内容は保育所が保護者と相談のうえ決定）

記載日　　年　　月　　日
医師名
医療機関名
電話

アレルギー性鼻炎（あり・なし）

病型・治療

A.病型
1. 通年性アレルギー性鼻炎
2. 季節性アレルギー性鼻炎（花粉症）　主な症状の時期：春、夏、秋、冬

B.治療
1. 抗ヒスタミン薬・抗アレルギー薬（内服）
2. 鼻噴霧用ステロイド薬
3. 舌下免疫療法
4. その他（　）

保育所での生活上の留意点

A.屋外活動
1. 管理不要
2. 管理必要（管理内容：　）

B.特記事項
（その他に特別な配慮や管理が必要な事項がある場合には、医師が保護者と相談のうえ記載。対応内容は保育所が保護者と相談のうえ決定）

記載日　　年　　月　　日
医師名
医療機関名
電話

●保育所における日常の取り組み及び緊急時の対応に活用するため、本表に記載された内容を保育所の職員及び消防機関・医療機関等と共有することに同意しますか。
・同意する
・同意しない

保護者氏名

出所：厚生労働省「保育所におけるアレルギー対応ガイドライン（2019年改訂版）」、2019年。

表5−13　保育所におけるアレルギー対応の基本原則

【保育所におけるアレルギー対応の基本原則】

○ 全職員を含めた関係者の共通理解の下で，組織的に対応する

・アレルギー対応委員会等を設け，組織的に対応

・アレルギー疾患対応のマニュアルの作成と，これに基づいた役割分担

・記録に基づく取組の充実や緊急時・災害時等様々な状況を想定した対策

○ 医師の診断指示に基づき，保護者と連携し，適切に対応する

・生活管理指導表（※）に基づく対応が必須

（※）「生活管理指導表」は，保育所におけるアレルギー対応に関する，子どもを中心に据えた，医師と保護者，保育所の重要な"コミュニケーションツール"。

○ 地域の専門的な支援，関係機関との連携の下で対応の充実を図る

・自治体支援の下，地域のアレルギー専門医や医療機関，消防機関等との連携

○ 食物アレルギー対応においては安全・安心の確保を優先する

・完全除去対応（提供するか，しないか）

・家庭で食べたことのない食物は，基本的に保育所では提供しない

出所：厚生労働省『保育所におけるアレルギー対応ガイドライン（2019年改訂版）』，2019年より筆者改変。

平成29年告示の保育所保育指針　ここがポイント！

アレルギーのある子どもの保育

　アレルギー疾患を有する子どもの保育については，**平成29年告示の保育所保育指針の第3章　健康と安全　1　子どもの健康支援**の（3）疾病等への対応で，次のように記載されています。

　ウ　アレルギー疾患を有する子どもの保育については，保護者と連携し，医師の診断及び指示に基づき，適切な対応を行うこと。また，食物アレルギーに関して，関係機関と連携して，当該保育所の体制構築など，安全な環境の整備を行うこと。看護師や栄養士等が配置されている場合には，その専門性を活かした対応を図ること。

　※なお，平成29年告示の幼保連携型認定こども園教育・保育要領にも，同様の記述がなされています。

　近年，アレルギーのある子どもは，ますます増えてきています。特に，アレルギーに関しては個人差も大きく，軽度から重度まで症状もさまざまです。

中でも食物アレルギーに関しては，食事を取る機会の多い園においては十分な配慮が必要となります。誤食などから，アナフィラキシーショックをおこすなど，生命が危険にさらされる可能性もあります。こうしたアレルギー事故を防ぐためには，保育に携わるすべての職員で情報を共有し，二重三重のチェックをしながら食事の提供をしていくことが求められます。食事中だけでなく，保育活動中においても，アレルギーの原因食物を使わないようにするなどの配慮も必要になります（牛乳パック，小麦粉粘土など）。

　家庭とよく連携し，かかりつけ医の診断内容を共有するとともに，地域のアレルギーの専門医との連携も深めておくとよいでしょう。研修などを通して，常に全職員が最新情報を共有しておくことが大切です。と同時に，アレルギーのある子どもが，日々の活動や食事の時間を，楽しく過ごすことができているか，といった視点を常にもち続けて関わることも大切です。

（鈴木）

食物アレルギー
（food allergy）

湿しん・じんましん

下痢

嘔吐

　アレルギーの原因となる食物を食べたり，触れたりしたときに，じんましんなどの皮膚の症状，呼吸が苦しくなるなどの呼吸器症状，便がゆるくなったりするなどの消化器症状がみられます。症状やその程度はさまざまです。原因となる食物を食べて2時間以内（多くは30分以内）に症状が発症する場合と，1〜2日後に症状が出る場合があります。

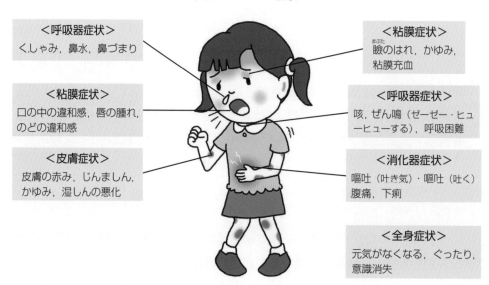

＜食物アレルギーの症状＞

＜呼吸器症状＞
くしゃみ，鼻水，鼻づまり

＜粘膜症状＞
口の中の違和感，唇の腫れ，
のどの違和感

＜皮膚症状＞
皮膚の赤み，じんましん，
かゆみ，湿しんの悪化

＜粘膜症状＞
瞼のはれ，かゆみ，
粘膜充血

＜呼吸器症状＞
咳，ぜん鳴（ゼーゼー・ヒューヒューする），呼吸困難

＜消化器症状＞
嘔吐（吐き気）・嘔吐（吐く）
腹痛，下痢

＜全身症状＞
元気がなくなる，ぐったり，
意識消失

アレルギーの症状が複数同時に，かつ急激に出現した状態をアナフィラキシーといいます。食物の他，運動やハチに刺された場合，ラテックス（輪ゴム，ゴム風船などに使われる天然ゴムの成分）の接触が原因でアナフィラキシーを発症することがあります。

アナフィラキシーは体のいろいろな部位に症状が出る可能性があります。重症度にも違いがありますが，アナフィラキシーを発症した人の約9割に皮膚症状（赤み・かゆみ・じんましん）がみられるといわれています。アナフィラキシーの中でも呼吸困難や血圧低下，意識障害などショック症状をおこした場合をアナフィラキシーショックといい，ただちに対応しないと命に関わります。アナフィラキシー症状を緩和するために，体重が15kg以上ある子どもには自己注射するアナフィラキシー補助治療薬（エピペン®）が処方されていることもあります。

症状が出たら

● 受診するタイミングと受診する医療機関をあらかじめ主治医と決めておきます。

● 園でアレルギー症状が出た場合には，保護者に連絡します。部分的なじんましん，軽い唇の腫れなど，緊急性を要しない軽度の症状の場合は，安静にし，5分ごとに症状を観察します。内服薬等が処方されていれば，生活管理指導表と与薬依頼票に従って服用させます。

● 重度のアナフィラキシーなど，緊急性が高いと判断した場合にはエピペン®を使用し，救急車を要請します。

● エピペン®を処方されていない子どもがアナフィラキシーショックをおこした場合，意識障害があれば足を頭より高く上げた体位で寝かせ，嘔吐に備えて顔を横向きにします。そして，呼

●エピペンの使い方 ―アナフィラキシーがあらわれたら―

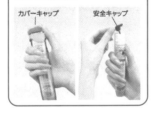

STEP1 準備
携帯用ケースのカバーキャップを指で開け，エピペンを取り出します。オレンジ色のニードルカバーを下に向けて，エピペンのまん中を利き手でしっかりと握り，もう片方の手で青色の安全キャップを外し，ロックを解除します。

STEP2 注射
エピペンを太ももの前外側に垂直になるようにし，オレンジ色のニードルカバーの先端を「カチッ」と音がするまで強く押し付けます。太ももに押し付けたまま数秒間待ちます。エピペンを太ももから抜き取ります。

STEP3 確認
注射後，オレンジ色のニードルカバーが伸びているかどうかを確認します。ニードルカバーが伸びていれば注射は完了です（針はニードルカバー内にあります）。

STEP4 片付け
使用済みのエピペンは，オレンジ色のニードルカバー側から携帯用ケースに戻します。

出所：海老澤元宏監修「エピペンガイドブック」マイランEPD合同会社，2019年より筆者改変。

吸や循環の状態，皮膚の色などを確認しながら必要に応じて一次救命処置を行い，医療機関へ搬送します。

エピペン®の使い方

エピペン®はアナフィラキシーを発症したときに使用するアドレナリンの自己注射薬です。ショックの状態になる前に使用することで救命率が上がります。エピペン®は本人または家族，医師が注射するものですが，低年齢の子どもの場合，緊急時には保育者が注射する場合も想定されます。エピペン®を注射することは医師法に違反しないとされています。

エピペン®を預かった際は，アナフィラキシー発現時に速やかに使用できるよう全職員が保管場所を知っておき，正しい使用法を学んでおく必要があります。エピペン®は，外出するときも必ずもっていきます。

エピペン®を使用する際の注意点

●エピペン®は，ショック症状に陥ってからではなく，その前段階（プレショック）で使用したほうが効果が高いとされています。子どもの様子や症状をしっかり確認し，周囲の大人の判断で迅速に使用を考えることが大切です。表5－14「緊急性が高いアレルギー症状」が一つでもあてはまるときは迷わず注射します。

●エピペン®は一本につき一度しか注射できません。安全キャップを外した後は，先端に力が加わると針が出る状態になります。誤って針の出る方をもってしまい，自分の指などに誤注射しないよう注意しましょう。

正しい持ち方
オレンジ色のニードルカバーを
下に向け，利き手でもつ
"グー"で握る！

エピペン®は医療機関外での一時的な緊急補助治療薬なので，効果の持続時間は10分程度とされています。エピペン®を使用した後は，たとえ症状が回復したように見えても速やかに医療機関を受診しなければなりません。

表5−14　症状チェックシート

症状チェックシート

●症状は急激に変化することがあるため，5分ごとに注意深く症状を観察する。
●重症（緊急性が高いアレルギー症状）が1つでもあてはまる場合，エピペン®を使用する。

観察開始（　　時　　分）緊急時薬使用（　　時　　分）エピペン®使用（　　時　　分）

◀ 5分ごとにチェック

	重症	中等症	軽症
全身の症状	□ 尿や便を漏らす □ ぐったり □ 意識もうろう □ 脈が触れにくいまたは不規則 □ 唇や爪が青白い		
呼吸器の症状	□ 息がしにくい □ ゼーゼーする呼吸 □ 持続する強い咳込み □ 犬が吠えるような咳 □ 声がかすれる □ のどや胸が締め付けられる	□ 数回の軽い咳	
消化器の症状	□ 持続する強い（がまんできない）お腹の痛み □ 繰り返し吐き続ける	□ 中程度のお腹の痛み □ 1〜2回のおう吐 □ 1〜2回の下痢 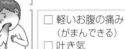	□ 軽いお腹の痛み（がまんできる） □ 吐き気
目・口・鼻・顔面の症状		□ 顔全体の腫れ □ まぶたの腫れ	□ 目のかゆみ，充血 □ 口の中の違和感，唇の腫れ □ くしゃみ，鼻水，鼻づまり
皮膚の症状		□ 強いかゆみ □ 全身に広がるじんま疹 □ 全身が真っ赤	□ 軽度のかゆみ □ 数個のじんま疹 □ 部分的な赤み

1つでもあてはまる場合	1つでもあてはまる場合	1つでもあてはまる場合
エピペン®を使用する 救急車を呼ぶ その場で安静を保つ （立たせたり，抱っこ，おんぶをしない） **救急車で医療機関へ搬送**	内服薬をのませる 吸入薬をすわせる エピペン®を準備する **医療機関を受診** 救急車の要請も考慮	内服薬をのませる **安静・経過観察**

（内服薬，吸入薬を使用した後にエピペン®を使用しても問題ない）

【安静を保つ体位】

ぐったり，意識もうろうの場合	吐き気，おう吐がある場合	呼吸が苦しく仰向けになれない場合

血圧が低下している可能性があるため仰向けで足を15〜30cm高くする	おう吐物による窒息を防ぐため，体と顔を横に向ける	呼吸を楽にするため，上半身を起こし後ろに寄りかからせる

出所：千葉アレルギーネットワーク『アレルギー緊急時対応マニュアル』，2021年より筆者改変。

エピペン®を預かる際の注意点

● エピペン®の有効成分は光により分解しやすいので，携帯用ケースに入れ，遮光して保存する。有効期限にも気をつけ，薬液の変色，沈殿物があれば交換してもらう。

● エピペン®は15～30℃で保存し，冷蔵庫などの冷所，日光のあたる場所で保管をしない。

用語解説 **アドレナリン**

副腎髄質から分泌されるホルモンの一つで，血中に放出されると血圧や心拍数をあげる作用をする。

覚えておこう！

食物アレルギーに対する新しい取り組み －ユニバーサル給食－

　近年，食物アレルギーがある子どもが増加し，給食を提供している保育所等ではアレルギー対応食として個別にアレルゲンを除去したもの（除去食）をつくり配膳しています。しかし，除去食を必要とする子どもの人数が多いほど，またアレルゲンとなる食材が増えるほど，事故の確率は高くなります。全国の保育所の約30％で，食物アレルギーによる事故が発生しているとの報告があります。

　このような事故を防ぐため，食物アレルギーへの対応として，アレルゲンを含まない献立を全員に提供するというユニバーサル給食を取り入れている保育所が徐々に増えています。園によって提供する頻度は異なり，月の献立すべてで実施している園もあれば，週1回，月1回の園もあります。基本的な考え方としては，卵と牛乳を完全に除去した献立，またはできるだけ使用しない献立を作成します。これは，食物アレルギーの子どものアレルゲンとして多いものは卵，牛乳であるということや，卵や牛乳は家庭でも食卓にのぼりやすい食品なので，園で提供しなくとも家庭との役割分担ができるのではないかという考え方からです。園によっては子どものアレルゲンにあわせて，卵，牛乳の他に小麦やナッツ類など他の食材も除去して提供しているところもあります。やむをえずアレルゲンとなる食品を使用する場合は，卵は卵として，牛乳は牛乳というように，目で見て確認できる形で提供します。食物アレルギーの子どもの分は単にアレルゲンを除去するだけではなく，卵の代わりに豆腐など代わりの食材を用いた代替食を提供する場合もあります。

　アレルゲンが入らない給食は誤食を防ぐだけでなく，食育の面でもみんなが仲良く同じ給食を食べることの楽しさを体験できます。また，「個別にアレルゲンを除去する除去食が大幅に減り，調理ミスや誤配の確率が大きく下がった。」と報告している園もあります。今後も，食物アレルギーがある子どもたちが安全に楽しく食べられるような取り組みが広がっていくといいですね。

（両角）

気管支ぜん息
（asthma）

咳・喘鳴　　痰

　気管支ぜん息は発作性の咳や喘鳴（ゼーゼー，ヒューヒューという呼吸音）を繰り返す疾患です。食物アレルギーやアレルギー性鼻炎などアレルギーの病気がある子どもは，ぜん息になりやすいといわれています。アレルギー反応により気道が慢性的に炎症をおこし狭くなることで発症すると考えられています。室内のほこりの中にいるヒョウヒダニ（チリダニ）がアレルゲンになっていることが多く，園においてもダニ対策は重要です。体力をつけることで発作がおきにくくなるので，発作のないときはプールや球技を取り入れます。逆に長時間の激しい運動は発作を誘発するので控えます。特に冬期は空気が冷たく乾燥しているので注意が必要です。

　園では症状のコントロール状態を把握することが大切です。適切な治療を行うことにより，他の子どもと同じように園生活を送ることができるようになります。保育者は「発作をおこさないようにする予防」と「発作がおきてしまったときに重症化させない対応」を理解しておくことが大切です。

症状が出たら

起坐呼吸

- 保護者に連絡します。軽度の発作がおきたときには，直前の行動を中止して休ませます。一般的には寝かせたり，横になるよりも座ったほうが楽に呼吸できます（起坐呼吸）。呼吸がしやすいように衣服を緩めます。
- 痰が出る場合は，水を飲むと痰を吐き出しやすくなります。
- 発作がおきたときには気管支拡張薬を使うことが多く，中でも短時間で効果があらわれるベータ刺激薬の吸入が主になります。吸入にはスペーサーという吸入補助器を用いるため，保育者はスペーサーの取り扱いを知っておくことが望ましいでしょう。
- 子どもは発作により少なからず不安に感じているので，保育者は慌てたりせず，声をかけて安心させてあげましょう。
- 必要に応じて救急車を要請し，すぐに医療機関を受診します。

第1章

第2章

第3章

第4章

第5章

第6章

図5－51　ぜん息発作の程度による症状のちがい

かるい　　　　　　　　　　　　　　　　　　　　　　　　　ひどい

ゼーゼー，ヒューヒューという呼吸音がみられる。呼吸困難はなく，遊び，食事，睡眠は可能。横になることができる。

呼吸困難がみられ，食事は食べにくくなる。苦しさでときどき目を覚ます。

喘鳴は強く，遠くからでもわかる。呼吸困難が強い。苦しくて遊べず，食事，睡眠も難しい。

図5－52　ぜん息発作がおきたときの対応

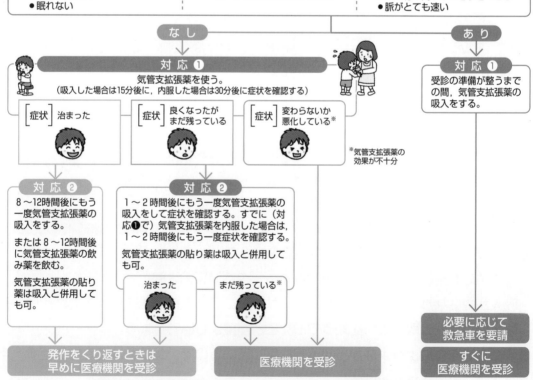

強いぜん息発作のサイン（どれか一つでもあれば）

●遊べない，話せない，歩けない
●食べられない
●眠れない

●顔色が悪い
●ぼーっとまたは興奮している

●強いゼーゼー
●ろっ骨の間がはっきりとへこむ
●脈がとても速い

なし　　　　　　　　　　　　　　　　　　　　　　　　　あり

対応❶
気管支拡張薬を使う。
（吸入した場合は15分後に，内服した場合は30分後に症状を確認する）

対応❶
受診の準備が整うまでの間，気管支拡張薬の吸入をする。

［症状］治まった

［症状］良くなったがまだ残っている

［症状］変わらないか悪化している※

※気管支拡張薬の効果が不十分

対応❷
8～12時間後にもう一度気管支拡張薬の吸入をする。
または8～12時間後に気管支拡張薬の飲み薬を飲む。
気管支拡張薬の貼り薬は吸入と併用しても可。

対応❷
1～2時間後にもう一度気管支拡張薬の吸入をして症状を確認する。すでに（対応❶で）気管支拡張薬を内服した場合は，1～2時間後にもう一度症状を確認する。
気管支拡張薬の貼り薬は吸入と併用しても可。

治まった

まだ残っている※

発作をくり返すときは早めに医療機関を受診

医療機関を受診

必要に応じて救急車を要請

すぐに医療機関を受診

気管支拡張薬が手元にないときは，無理せず早めの受診を考えましょう。

出所：環境再生保全機構「おしえて先生！子どものぜん息ハンドブック」，2018年，より筆者改変。

アトピー性皮膚炎
（atopic dermatitis）

かゆみ　湿しん・かさつき

　アトピー性皮膚炎は皮膚が赤くなったり，小さいブツブツができたり，皮膚がカサカサするなど，かゆみを伴う湿しんが出たり治ったりを繰り返す疾患です。家庭で塗り薬を塗ったり，服薬してから園に来ている場合でも，園でかゆみが出てしまう場合があります。症状がひどい場合には医師の指示に基づき，保護者と連携してケアしていくことが大切です。

　アトピー性皮膚炎は短期間で治すことが難しいこともあり，民間療法と呼ばれるさまざまな治療方法が存在しています。しかしながら，必ずしも効果が実証されている方法ではありません。保育者は正しい知識をもち，また保護者にもそれを伝えていくことが求められます。肌のバリア機能を回復させるスキンケア，原因・悪化因子を取り除くこと，炎症を抑える薬物療法が治療の重要な3本柱となります。

肌のバリア機能を修復するスキンケアのポイント
- 患部を洗う場合には，刺激の少ない石けんを使います。きめ細かい泡を作り，手でやさしく洗います。
- 入浴後やシャワーの後はタオルでこすらないようにし，体が乾く前に保湿剤を塗ります。

図5－53　アトピーが出やすい部位

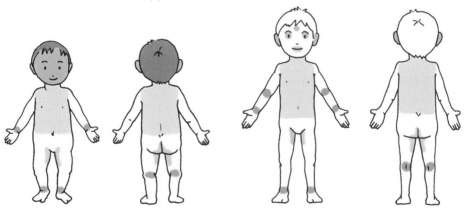

症状が出たら

- ●かゆみがあるときは保冷剤やビニール袋に入れた氷をタオルにくるみ患部を冷やします。体温が上がるとかゆみが増すため，涼しい部屋で休ませます。
- ●汗によりかゆみが強くなり悪化するため，シャワーで汗を流したり，濡れタオルで汗や汚れを拭き取ります。外用薬を塗布する場合は管理指導表に従い使用します。
- ●園にあるかゆみ止め等の薬は肌に合わない場合があるので塗らないようにします。

　薬物療法としては，炎症を抑え，かゆみを軽減する効果が高いステロイド軟膏の使用が主になります。ステロイド軟膏は効力の強さで5段階に分けられ，炎症の強さと塗る部位，年齢によって使い分けます。またタクロリムス軟膏はステロイド軟膏同様，皮膚の炎症とかゆみを抑える効果があります。強いステロイドに比べると効果は弱いのですが，皮膚が薄くステロイドの副作用があらわれやすい顔や首に塗るのに適しています。なお2歳未満の子どもには使用できません。

覚えておこう！

ステロイド軟膏について

　アトピー性皮膚炎の治療には，ステロイド軟膏が処方されます。ステロイド軟膏は皮膚の炎症を抑える薬です。副作用が心配される場合が多いですが，正しく使えば副作用の心配も少なく，高い治療効果があります。医師の指示に従い，皮膚がきれいな状態に戻るまで塗布します。保育者はステロイド軟膏の正しい知識，使用法を知っておくことが大切です。ステロイド軟膏や保湿剤を預かる場合には，誤ってつけてしまうことのないようにしましょう。

ステロイド軟膏の塗り方

- ●人差し指の先から第一関節までの量（約0.5g）で，大人の手のひら2枚分の面積を塗ります。
- ●すりこまないで，のせるように塗ります。　（田中）

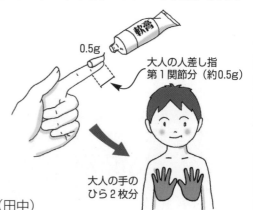

0.5g

大人の人差し指
第1関節分（約0.5g）

大人の手の
ひら2枚分

アレルギー性鼻炎
（allergic coryza）

くしゃみ

鼻汁・鼻閉

　鼻に入ったアレルゲンにより，くしゃみや透明な鼻汁，鼻閉などの症状がみられます。目のかゆみを伴うこともあります（アレルギー性結膜炎）。症状をおこさないためには，アレルゲンの除去や回避が基本となります。通年性のアレルギー性鼻炎は主にハウスダストやダニ，動物の毛やフケが原因でおきます。季節性のアレルギー性鼻炎の原因は，主として花粉（スギ，カモガヤ，ブタクサ等）です。花粉は種類により飛散する時期が違います。花粉が飛散する時期にはマスクを着用し，室内に入るときは手洗い・うがいをさせます。飼育物や植物の世話などは十分に注意し，本人ができるものはやらせてあげます。

アレルギー性結膜炎
（allergic conjunctivitis）

目やに・なみだ目

目の充血

まぶたの腫れ

　目に入ったアレルゲンに対するアレルギー反応により，目のかゆみ，異物感，なみだ目や目やになどの症状がみられます。症状をおこさないためにはアレルゲンの除去や回避が基本となります。目の周囲をこすったり，たたいたりすることは症状の悪化や視力障害につながります。園でもできるだけ目をこすらないように注意します。ひどい場合には保護者へ伝え，適切な治療を受けてもらいます。

2 慢性疾患

　慢性疾患がある子どもを保育する場合は，食事や運動など日常の保育において気をつけることを保護者とよく話し合っておくことが大切です。また運動会やプールなどへの参加についても保護者とよく相談し，主治医の指示に従います。

（1）腎臓疾患

ネフローゼ症候群
(nephrotic syndrome)

 むくみ　 体重増加　 たんぱく尿

　腎臓の糸球体に異常が生じ，血液中のたんぱく質が尿に大量に出て（たんぱく尿），全身にむくみが出ます。むくみが強い場合は入院治療が必要で，安静にし，塩分を抑えた食事制限などを行います。かぜなどの感染によって悪化したり，再発しやすいので気をつけます。園での生活において，食事療法および運動制限が必要な場合は，主治医の指示に従います。

（2）心疾患

　園においては心疾患がある子どもの場合，主治医の指示に従い，指導表に基づいて園での運動などを必要があれば制限します。

心室中隔欠損症
(ventricular septal defect)

 心疾患

　生まれつき左右の心室の間の壁（心室中隔）に穴があいているために，左心室の血液が右心室に流れこんでしまう疾患です。穴の大きさや位置などにより，手術をするか経過観察するか決めます。日常生活に支障がなく，成長とともに穴が自然にふさがるようなら手術の必要はありません。

（3）免疫系疾患

川崎病
(Kawasaki syndrome)

 発熱　 発しん　 リンパの腫れ　 イチゴ状舌

　高熱と全身に発しんなどがあらわれ，全身の血管が炎症をおこす病気で原因はわかっていません。心臓を取り囲んでいる冠動脈にこぶを作る冠動脈瘤（かんどうみゃくりゅう）が後遺症として残ることがあるので，経過を観察する必要があります。川崎病にかかった子どもの日常の管理は，その後遺症の程度によって異なり，主治医の指示に従って行います。

また，川崎病の治療として，数か月，抗血栓薬（血液をサラサラにする薬）を飲み続ける必要があるので，怪我には注意しましょう。

（4）脳神経系疾患

けいれん

てんかん
（epilepsy）

脳神経の過剰な活動などにより，意識障害やけいれんなどの発作を繰り返しおこす疾患です。抗てんかん薬を服用し発作を抑えれば，日常生活を問題なく送ることができます。発作は薬をきちんと服用しなかったときや，感染症の罹患により誘発されることがあります。すべり台やブランコで遊んでいるときやプールなどの水遊び中は，目を離さないようにします。定期的に診察を受けている場合は，保護者とよく話し合い，経過を聞いておきます。また，てんかんに対する誤解や偏見を招かないよう，保育者はてんかんについて正しく知っておく必要があります。

3 先天異常がある子どもへの対応

園には，先天異常があり特別な配慮が必要とされる子どもが通園することがあります。先天異常に含まれる代表的なものを把握し，対応について理解しておきましょう。

ダウン症候群
（Down syndrome）

人間には通常，１〜22番の番号がついている22対の常染色体（44本）と一対の性染色体（２本　男性XY型・女性XX型）の合計46本の染色体があります。その中で21番目の染色体が３本あるのがダウン症候群です。出生直後に診断がつくことが多く，つり上がった小さい目，舌がやや長い，耳介低位などの身体的特徴があげられ，知的障害，先天性心疾患，難聴などを合併している場合もあります。

筋緊張が弱く，特に頸椎が弱いため，抱くときには頭部をしっかりと支えて首に負担がかからないように気をつけます。また，筋肉の発達が緩やかなため，歩行開始が

2歳くらいになる子どももいます。

　ダウン症候群の子どもの中には療育施設に通い，食事や排便などの日常生活の自立訓練や，身体の基本的動作能力を回復するための理学療法を受け，ある程度のことができるようになってから，園に通い始める子どももいます。

　しかし，ダウン症候群の特徴は一人ひとり異なるので，園では一人ひとりの特徴にあわせた対応を行う必要があります。主治医からのアドバイスを聞いたり，療育施設やリハビリセンターなどの関係機関と連携をとり，保護者と協力して保育していきましょう。

図5－54　ヒトの染色体の仕組み

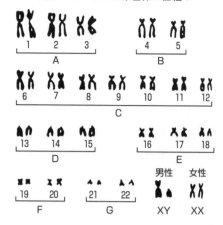

出所：汐見稔幸・小西行郎・榊原洋一編著『乳児保育の基本』フレーベル館，2007年。

口唇裂・口蓋裂
（cleft lip・cleft palate）

　先天的に鼻の下から上唇が裂けている状態を口唇裂，上顎（上あご）の口蓋が裂けている状態を口蓋裂と呼びます。いずれも哺乳障害や発音障害が生じるため，口唇裂の手術は医師と相談して乳児の成長を見ながら，適正な時期に形成手術を行います。口唇形成術は，通常3～6か月ごろ，体重5kg以上を条件に行うことが多いでしょう。また口蓋形成術は生後1～2歳ごろに行うことが推奨されており，言語獲得にも影響があることから，生後1歳～1歳半ごろに行うことが多いでしょう。

　手術を行うまでは，口唇や口蓋に裂があるため吸う力が弱く，哺乳の速度が遅かったり，哺乳の量が少ないことがあります。そこで授乳時には次のような工夫をしながら授乳を行い，手術に耐えられる体力をつけていきます。

　手術後は経過をみながら，通常の食事にしていきます。

口唇裂・口蓋裂の子どもの授乳時の注意点

●哺乳瓶の乳首は柔らかいもの，または口唇・口蓋裂用の物を選び，哺乳力にあわせて孔（あな）を大きくしたり，孔（あな）の数を増やす

●乳汁が鼻腔（びくう）へ入ったり，誤飲を避けるために体を斜めにおこした状態にして哺乳する

●哺乳中に空気を飲む量が多くなりがちなので，適度に排気（はいき）（げっぷ）をさせる

●哺乳後は湯冷ましを少量与え，口の中をきれいにする

先天性内反足（せんてんせいないはんそく）
（talipes equinovarus）

　先天的に足首の関節が内側にねじれ，足底が地面につかず内側に向いている状態を指します。多くは出産直後に発見されますが，軽症の場合は歩行開始時になって初めて気づくこともあります。内反足の状態のままでいるとまっすぐ歩けない，走れないなどの歩行障害をおこすこともあるため，できるだけ早期に治療することがよいとされています。

　治療法には矯正ギブス，矯正靴，運動などがありますが，これらで十分な矯正が得られない場合には，1歳前後で手術を行うこともあります。歩き始めたら次のような対応を行い，できるだけ足の裏を地面につけて歩行できる状態にしていきます。

先天性内反足の治療法

●靴型装具にして様子をみる

●変形の再発傾向がなければ，2〜3歳頃から，屋外では深めで踵（かかと）のしっかりした靴に足底板を入れた簡便なものに変更する

●足底板は園での上履でも使用する

先天性股関節脱臼（せんてんせいこかんせつだっきゅう）
（congenital deformities of hip）

　先天的に股関節の骨が小さかったり浅かったりして，股関節が脱臼している状態を指します。多くの場合，分娩時か出生後3か月以内に発症しますが，子どものおむつ

交換や衣服の着脱時などに股関節を無理やり引き伸ばすことによりおきることもあります。

　生後すぐに気づいた場合は，おむつの当て方や抱き方に注意していれば，成長に伴って自然に治ってしまうことが多いので，次のような配慮をします。

　また，なかなか治らない場合は，股関節を固定する装具を数か月つけて様子をみます。それでも良くならない場合は手術を行います。

先天性股関節脱臼の子どもへの配慮

●下肢の動きを妨げないようにできるだけ薄いおむつ，おむつカバーを使用する

●おむつ交換は膝を曲げ，股を開いた姿勢で行い，股関節の動きを妨げないあて方にする

●紙おむつを使う場合は，股関節を締め付けないように少し大きめにする

●衣服は，股関節の動きを妨げないようなデザインのものにする

●下肢の動きが制限されるので，よこ抱きはできるだけしない

●おんぶは，股関節を開いて背中のカーブにぴったりとおさまるようにする

●哺乳時は，赤ちゃんを膝にまたがるように座らせる

---

4 障害のある子どもへの対応

　園にはさまざまな子どもがいます。性格や個性に加えて，年齢や月齢によっても子どもの姿は違います。園では集団で過ごすことが基本となりますが，一人ひとりの個性を尊重し，発達にあわせた関わりをすることが，子どもの本来もつ力や長所を育てていくうえでは大切なことです。その子どもにあった援助や声かけを工夫してみましょう。保育者は，子ども一人ひとりの発達に違いがあることを理解し，状況によっては根気よく待ち，見守る姿勢をもつことが求められます。

1 発達障害

　2016（平成28）年に**発達障害者支援法**が改正され，「発達障害者」とは，発達障害（自閉症，アスペルガー症候群その他の広汎性発達障害，学習障害，注意欠陥多動性障害などの脳機能の障害で，通常低年齢で発現する障害）がある者であって，発達障害及び社会的障壁により日常生活または社会生活に制限を受けるものと定義されるようになりまし

た。そして，「発達障害児」とは発達障害者のうち18歳未満のもののことをいいます。発達障害のある人が，個人としての尊厳にふさわしい日常生活や社会生活を営むことができるよう，発達障害の早期発見と発達支援を行い，乳幼児期から高齢期まで，切れ目のない支援が行われるよう，国や地方公共団体が，その責務を明らかにすることが謳われています。この改正により，発達障害者が社会に適応できるよう，周囲の配慮や環境の整備を社会の責任として行っていこうとする考えが盛りこまれました。なお，ここでは，**米国精神医学会の診断基準（DSM - 5）**を受けて，日本精神神経学会が発表した病名を用いて解説していきます。

　乳幼児期では診断までに至らなかったり，発達の過程で状態が変化したりすることもあるため，診断の有無に関わらず，子どもができることを伸ばすためのサポートを保育者が実践していくことが大切です。

（1）発達障害の概要

自閉スペクトラム症／自閉症スペクトラム障害
（Autism Spectrum Disorder）

　自閉スペクトラム症には，発達障害者支援法で定義されている自閉症や，アスペルガー症候群などが含まれています。

●自閉症
自閉症の特徴として，以下の3つの行動特性がみられます。

> ① 社会性の障害
> 　母親があやしても無反応で視線があわない，だっこを嫌がる，親がいなくても後追いしない，他の人と感情を共有することが難しい，人にあわせて行動することが苦手，など
> ② コミュニケーションの障害
> 　言葉の発達の遅れがある，他の人との会話を続けることが苦手で，相手の言った言葉をそのまま返す「オウム返し」がみられる，など

③ 想像力の障害

　想像することが苦手なため，ごっこ遊びができない，常に同じであることを好み，こだわりが強い，同じ行為を繰り返す常同行動がみられる，など

　その他，音や光，温度などの感じ方に独特の感覚をもっていることがあります。またなんらかの理由で自分の感情がコントロールしきれなくなり，パニックをおこすこともあります。

●アスペルガー症候群（アスペルガー障害）

　自閉症と似ていますが，言葉の発達の遅れなどの顕著なコミュニケーションの障害がみられないものです。また知的な遅れがみられないという特徴もあります。顕著な言葉の発達の遅れがみられないものの，場面や相手の気持ちを推し量ることが苦手で，自分が関心あることを一方的に話したり，相手が不快に思うことを口にしてしまったりと，言葉をコミュニケーションの手段として上手く使うことができません。

　中には知能が通常よりも高い場合もあり，文字や数字，記号などに強い関心をもっていることで，専門的な学問を修める人もいます。

覚えておこう！

自閉症スペクトラム

　自閉症やアスペルガー症候群は，非常に似た特性があります。さらにこうした自閉性障害にはさまざまなタイプがあり，その特性のあらわれ方や症状の重さには幅があります。そこで，これらの状態を診断名で分類するのではなく，もっと広く自閉性障害すべてをまとめて一つの連続体としてとらえる，自閉症スペクトラムという考え方が広がってきています。自閉症スペクトラムという概念のメリットは，個々の障害を区別しないことで，子どもの今の状態を的確にとらえ，その子どもが抱えている困難を把握し，それに対して支援していくことができるという点にあります。つまり障害名にこだわらず，その子どもが必要としている支援をそのつど見直しながら対処していくことができるのです。

　一人ひとりの子どもを個別に理解するために，自閉症スペクトラムという概念は重要であるといえます。

　日本でも，2013年5月の米国精神医学会の診断基準の改訂（DSM-5）を受け，日本精神神経学会では，これまでの自閉症やアスペルガー症候群などを，日本語の病名として自閉スペクトラム症と発表しています。

（鈴木）

園や家庭での対応

● 「しかる」より「ほめる」

　うまくいかないことがあると，周囲から理解されていないことで，本人も困ったり悩んだりしています。そのようなときは，課題設定を見直して達成できるようにします。そして，ひどくしからない代わりに，少しでもできたところを大いに褒めるようにします。このとき，足りなかった点を指摘したりせず，「先生もうれしいよ」と，喜びの気持ちを表現しながら褒めるようにするとよいでしょう。また子どもが好ましくない行動をとったときは，しかるのではなく，「その行動を認めません」というサインとして子どもの相手をしないようにします。そうすることで，その行動は「やってはいけない」ということを伝えていきます。

● スモールステップで「できた」と実感できることを

　できないことがあるときに，いきなり最終目標を達成させようとすると，子どもに負担がかかりすぎるかもしれません。少しずつ最終目標に近づけていくスモールステップの考え方で取り組んでみましょう。例えば，トイレの自立が遅れていたり，着替えがスムーズにできなかったり，といった場合などは，すべてを一人でやらせようとするのではなく，できるところまでを自分でやってもらい，その続きは保育者が手伝うようにします。最後は子どもにさせるようにします。最後の行程を自分自身で行うことにより，自分でできた満足感，やり遂げた達成感を感じられ自信につながります。できた部分については大いに褒めて，子ども自身に「できた」と実感できるようにしましょう。そうした積み重ねがセルフエスティーム（自尊感情あるいは自分に対する自信）を育てることにつながります。このセルフエスティームを高い状態で維持していくことが大切です。

● 1日の流れをつくる

　自閉症スペクトラムがある子どもは，予測できない変化を嫌います。そのような子どもに対しては，毎日やる日課を決め，やることの手順をパターン化しておくと良いでしょう。そしてそのスケジュールを生活時間表として，壁などに掲示しておきます。そうすることで本人が流れを理解でき，パニックをおこしにくくなります。

● パニックへの対応

　大きな音が聞こえた，触られることが嫌いなのに触られた，予期せぬ変更があった，続けたい活動を中断させられた，うれしすぎる，楽しすぎるといった興奮で，自分の気持ちをコントロールすることができなくなり，パニックをおこすことがあります。

その場合は，まずは刺激の少ない場所に移動させ，危険なものを遠ざけます。パニックがおさまるまで静かに見守ります。そのようにして，パニックがおさまったら，パニックがおさまったことに対してしっかり褒めるようにします。

図 5 － 55　対応の工夫

・絵カードを使って１日の予定がわかると，
　１日の流れが理解しやすくなります。

・次に行うことを絵カードを使って
　示すと理解しやすくなります。

・「できた」ときは．しっかり
　褒めてあげましょう。

注意欠如・多動症／注意欠如・多動性障害
（Attention-Deficit/Hyperactivity Disorder：AD/HD）

注意欠如・多動症の特徴として，以下の３つの行動特性があげられます。

---

① 　不注意

　　注意力が不足し，興味がひかれたことを次々と行う，など

② 　多動性

　　落ち着きがなく，じっと座っていることなどができない，など

③ 　衝動性

　　相手が話し終わっていないのに話し出す，順番が待てない，など

またAD／HDは，行動特性のあらわれ方の違いにより，以下の3つのタイプに分けられます。

●不注意優勢型

不注意の特性が強く，多動性や衝動性は目立たない。物忘れが多く，集中力に欠ける。女の子に多い傾向がある。

●多動性・衝動性優勢型

多動性や衝動性が強く，落ち着きがなく，些細（ささい）なことで友だちと衝突しやすい。男の子に多い傾向がある。

●混合発現型

不注意，多動性，衝動性のすべての特性が同じ程度に現れる。

園や家庭での対応

●短い言葉でストレートに伝える

わかりやすい言葉で具体的に伝えることが大切です。長い言葉で説明されても要点が理解できず，結果として行動できないことがあります。例えば，おやつを早く食べ終わってほしいときは「おやつを食べてね」とだけ伝えます。「お散歩に行かれなくなるから，早くおやつを食べてね」といったフレーズで伝えると，2つ以上の情報が混ざってしまい，どちらに着目すればいいかわからなくなってしまいます。

また「〜しません」や「〜しなさい」ではなく，「〜します」と伝えるほうが理解しやすい場合もあります。あわせて抽象的に禁止するより，具体的な内容を伝えた方がわかりやすい場合もあります。

● 「廊下を走りません」→「こちら側を歩きます」
● 「静かにしなさい」→「これくらいの声で話します」
● 「順番を守りなさい」→「今は○○くんだから，あと2人だよ」

●絵カードを使って伝える

聴覚で反応しにくい場合は，視覚情報（絵カードなどを見せるなど）を用いると，スムーズに伝えることができます。できれば園でも家庭でも同じ絵カードを使うようにすると混乱しにくくなります。

図5−56 対応の工夫

伝えたいことは短い言葉で
伝える。

絵カードを使って伝えると，伝わりやすくなる。

限局性学習症／限局性学習障害
（Specific Learning Disorder）

　学習障害とは，1999（平成11）年に文部省（現在の文部科学省）が定めた定義では「知的発達に遅れはないが，聞く，話す，読む，書く，計算する，または推論する能力のうち特定のものの習得と使用に著しい困難を示す状態」となっています。

　学習障害の約8割は，読むことと書くことに障害があるディスレクシア（読字障害または読み書き障害）です。これは知的な障害もなく，日常会話も支障ないのですが，文字で書かれた文章を読むと上手に読めなかったり，文字を書くと鏡文字（左右逆に書いた字）になってしまったりする障害です。

園（学校）や家庭での対応
●苦手なことを強要しない

　音読や漢字書き取りなどを繰り返しすることで上達するとは限らず，練習を重ねてもなかなかうまくできないことで，本人のやる気が萎えてしまわないような配慮が必要です。得意なことや興味のあることに取り組ませることで，本人の自信とやる気を引き出すことが大切です。

●学習方法を工夫する

　文字を読むことが難しい場合は，プリントの文字を大きくしたり，行間を広げて見

やすくすると読みやすくなります。書くことが難しい場合は，ノートのマス目を大きくしたり，パソコンに入力するようにすると負担を軽減することができる場合があります。

●シールなどを活用する

お手紙を書いて友だちに届ける遊びなどがはやったときには，文字を書くのが難しい子どもでも参加できるように，シールなどを活用する方法もあります。

（2）保護者へのサポート

子どもになんらかの発達障害がある場合，保護者はストレスをためやすいといわれています。親が感じるストレスには，

① 子どもの発達障害をなかなか受容できない

② 子どもへの接し方がわからない

③ 周囲の理解が得られず，「育て方が悪い」と誤解される

④ 「治らない障害」であり，子どもの将来に対して不安を感じる

といったことがあげられます。保育者は，こうした保護者に対し，その努力を認め，温かい言葉がけをしていきます。そうすることで，保護者も「身近に理解者がいるんだ」と感じることができ，前向きに育児をする気持ちになることができます。

また発達障害がある子どものきょうだいに対しても配慮が必要です。きょうだいに発達障害があると，保護者はどうしても障害のある子どもへの関わりが多くなり，きょうだいに対しては「何か手助けをしてくれる存在」となることを期待してしまいがちですが，きょうだい自身も本当は両親ともっと触れ合いたいと感じているかもしれません。きょうだいも楽しく豊かな生活を送れるよう，保育者は配慮する必要があります。

2 その他の障害のある子どもへの対応

園には，身体障害などさまざまな障害がある子どもが通園することがあります。障害があっても園に通う子どもたちと一緒にたくさんの経験をすることで，さまざまな場面での成長が期待できます。また，いろいろな子どもたちと関わることにより，お互いを思いやる心や個性を学ぶ機会にもなります。

また，障害がある人への差別をなくすことで，障害がある人もない人もともに生きる社会を作ることを目標として，2016（平成28）年4月に**障害者差別解消法**が施行されました。この法律の施行により，障害者に対して不当な差別的取扱いをしないこと，

第1章

第2章

第3章

第4章

第5章

第6章

また，社会的障壁を取り除くための必要かつ合理的な配慮を行うことになりました。

　障害のある子どもを園で受け入れる際は，このような背景も考慮し，その子どもの状況に応じて園の環境や設備を整え，実状に応じた支援を行う必要があります。保育者は医療機関や障害児施設との連携を密に取り，長期にわたる継続的な援助，支援を行っていきましょう。

聴覚障害

　聴覚障害には聴力がまったくない聾，聴力はあるが聞こえにくい難聴などがあり，それぞれ聴覚器官の奇形や妊娠中のウイルス感染などで生まれつき聴覚に障害がある先天性のものと，突発性疾患，薬の副作用，頭部外傷などによって聴覚器官に損傷をうけておこる後天性のものに分けることができます。また，聴覚障害のタイプには，内耳までの間の音を伝える経路に原因がある伝音性難聴と，内耳から奥の聴覚神経や脳へ至る神経回路に問題がある感音性難聴，伝音性と感音性の2つがあわさった混合性難聴があります。

　伝音性難聴は音が伝わりにくい状態なので，補聴器などを用いて音を大きくすれば，比較的よく聞こえるようになります。しかし感音性難聴は音が歪んだり響いたりして，言葉が明瞭に聞き取りにくい状態なので，単に音を大きくするだけではうまく聞こえません。よって人工内耳や補聴器を用いて，音質や音の出し方を細かく調整する方法があります。

　耳が聞こえない，または聞こえにくいと呼びかけや放送などに気づかないことがあり，また，音などから周囲の状況を判断できない場合があるため，事故や事件などがおこったときに適切な行動がとれない可能性があります。絵や手話，筆談などを用いたコミュニケーションの方法を理解することが大切です。

視覚障害

　視覚障害には視力がまったくない全盲，視力はあるが見えにくい弱視，すべての色，あるいはある色の識別ができない色覚異常などがあります。また，出生時から視力に障害がある先天性障害と，成長の途中に疾患やケガなどで視力に障害を負った中途

障害に分けることができます。

視覚障害は，いつ頃から見えないのか，見えにくくなったのかによって，物の理解や考え方が違ってきます。先天性の全盲の視覚障害児は，色や風景など触って確かめることができないものをイメージすることや理解することが困難なのですが，中途の全盲者の場合は，見えていたときの記憶が残っていることもあり，触れられない物でもイメージをもちやすく理解しやすいといわれています。視覚障害児は円滑な社会生活を送れるよう，特別支援学校などにおいて，点字の習得や歩行訓練などをしています。

視覚障害児は周囲の状況を目でみて判断することが難しいため，移動するときや読み書きなどに困難が生じることがあります。園では視覚障害の子どもたちがぶつかった場所や，手探りで記憶した場所を確認し，物の配置や置き場所などに配慮します。また，保育者が本を読んだり，何かを説明したりするときは，より具体的にイメージができるような言葉を用いるようにします。

色覚異常は色の判別ができないため，絵を描いたり，交通安全指導などで信号を見たりするとき困難が生じることがあり，配慮する必要があります。

肢体不自由

肢体不自由とは，手や足などの四肢や体幹に麻痺や欠損，機能障害があり，握る，投げる，歩くなどの日常の動作や，立つ，座る，寝るなどの姿勢の維持などに不自由が生じている状態を指します。

肢体不自由の原因には，妊娠中の薬剤投与の副作用などの先天的なものと，脳性麻痺，四肢切断，骨肉腫，事故による負傷などの後天的なものがあります。園では受け入れる子どもの状況にあわせて，玄関にスロープを作ったり，廊下に手すりをつけたり，部屋の中をバリアフリーにするなど，体に不自由があっても動きやすい環境を整える必要があります。

遊んだり運動したりするときは，現在できる動きをいかせるような工夫をし，場合によっては保育者がおぶったり，抱っこしたりして参加します。食事をするときはベルトで固定したり，握りやすいスプーンやフォーク，底が滑りにくい皿，鼻がぶつからないように工夫されたコップなどを用意するなどの配慮をします。

3 障害がある子どもへの支援

　日本は2013（平成25）年に**障害者の権利に関する条約**を批准し，障害のある人もない人も一緒に暮らすことができる共生社会の実現に向け本格的に歩み出しはじめました。

　障害児への支援には，通所で行う児童発達支援，医療型児童発達支援，放課後等デイサービス，居宅訪問型児童発達支援，保育所等訪問，入所で行う福祉型障害児入所施設，医療型障害児入所施設などがあります。中でも児童発達支援センターは地域における中核的な支援機関として，センターに通う子どもやその家族以外に，地域に住む発達の気になる子どもやその家族，障害のある子どもを受け入れている地域の関係機関を支援の対象としています。また，保育所等に通っている障害児または今後通う予定がある障害児が，保育所等での集団生活に適応するため専門的な支援を必要とする場合に，保育所を訪問し支援を実施する保育所等訪問支援は，障害児相談支援と並んで「地域支援機能」の重要な事業の一つにあげられています。

　障害がある子どもやその保護者は，住んでいる自治体に申請することで医療費が軽減されたり手当が支給されることがあります。また，障害の種類や程度によって交付される身体障害者手帳や知的障害児・者に交付される療育手帳などにより，税金の免除や交通料金の割引など生活に関わるさまざまな支援を受けられることもあります。

　対象となる障害や助成内容は自治体によって異なるので，障害福祉課などに確認するとよいでしょう。

●**特別児童扶養手当**

　精神又は身体に障害を有する児童について手当を支給することにより，これらの児童の福祉の増進を図ることを目的にしています。20歳未満で精神又は身体に障害を有する児童を家庭で監護，養育している父母等に支給されます。

●**障害児福祉手当**

　重度障害児に対して，その障害のため必要となる精神的，物質的な特別の負担の軽減の一助として手当を支給することにより，特別障害児の福祉の向上を図ることを目的としています。精神又は身体に重度の障害を有するため，日常生活において常時の介護を必要とする状態にある在宅の20歳未満の者に支給されます。

●**自立支援医療制度**

　心身の障害を除去・軽減するための医療について，医療費の自己負担額を軽減する公費負担医療制度です。18歳未満の対象者は「育成医療」として，身体に

第1章

第2章

第3章

第4章

第5章

第6章

障害を有する児童で，その障害を除去・軽減する手術等の治療により確実に効果が期待できる者が利用できます。

　近年の医学の進歩により，出生後NICU等に長期入院し，退院後も人工呼吸器や胃ろう等を使用したり，たんの吸引や経管栄養などの医療的ケアが日常的に必要な医療的ケア児が増加しています。保育施設で医療的ケア児を受け入れる際は，医療，福祉などの関係機関との連携が不可欠です。医療的ケア児をもつ保護者から，保育所利用に関する相談を受けた際は，医療的ケア児の実情に応じて，医療的ケアと保育が安全に提供されるよう，関係機関と連携して対応していくことが求められます。

　2021（令和3）年9月に**「医療的ケア児及びその家族に対する支援に関する法律」**が施行され，保育所等に在籍する医療的ケア児に対する適切な支援が設置者の責務となりました。看護師等や，喀痰吸引等を行うことができる保育士の配置が求められています。

参考文献

赤澤　晃『正しく知ろう　子どものアトピー性皮膚炎』朝日新聞社，2010年。
阿部和子編『改訂　乳児保育の基本〈第2版〉』萌文書林，2021年。
内山登紀夫監修『特別支援教育をすすめる本1　こんなとき，どうする？発達障害のある子への支援　幼稚園・保育園』ミネルヴァ書房，2009年。
海老澤元宏監修『エピペンガイドブック』マイランEPD合同会社，2021年。
　（https://www.epipen.jp/download/EPI_guidebook_j.pdf　2022年8月23日閲覧）
神山　潤『総合診療医のための「子どもの眠り」の基礎知識』新興医学出版社，2008年。
環境再生保全機構『おしえて先生！子どものぜん息ハンドブック』，2021年。
環境再生保全機構HP『小児ぜん息基礎知識』（https://www.erca.go.jp/yobou/zensoku/basic/kodomonozensoku/index.html　2022年8月23日閲覧）
環境再生保全機構HP『ぜん息悪化予防のための小児アトピー性皮膚炎ハンドブック』
　（https://www.erca.go.jp/yobou/pamphlet/form/00/pdf/ap024.pdf　2022年8月23日閲覧）
厚生労働省『第4次食育推進基本計画』，2021年。
厚生労働省『令和2年（2020）人口動態統計月報年計（概数）の概況』，2021年。
厚生労働省『保育所におけるアレルギー対応ガイドライン（2019年改訂版）』，2019年。
厚生労働省「授乳・離乳の支援ガイド」改定に関する研究会『授乳・離乳の支援ガイド』，2019年。
厚生労働省『保育所保育指針解説　平成30年3月』，2018年。
厚生労働省『乳幼児身体発育調査報告書』，2011年。
厚生労働省「平成27年度乳幼児栄養調査結果の概要」，2016年（https://www.mhlw.go.jp/file/06-Seisakujouhou-11900000-Koyoukintoujidoukateikyoku/0000134207.pdf　2022年8月

23日閲覧）

厚生労働省研究班『乳幼児突然死症候群（SIDS）に関するガイドライン（第2版）』，2012年。

厚生労働省　社会保障審議会障害者部会（第80回）資料『発達障害者支援法の改正について』，2016年（https://www.mhlw.go.jp/file/05-Shingikai-12601000-Seisakutoukatsukan-Sanjikanshitsu_Shakaihoshoutantou/0000128829.pdf　2022年8月23日閲覧）

厚生労働省平成28年度障害者総合福祉事業　全国児童発達支援協議会『保育所等訪問支援の効果的な実施を図るための手引き書』，2017年（https://www.mhlw.go.jp/file/06-Seisakujouhou-12200000-Shakaiengokyokushougaihokenfukushibu/0000166361.pdf　2022年8月23日閲覧）

厚生労働省HP『特別児童扶養手当について』（https://www.mhlw.go.jp/bunya/shougaihoken/jidou/huyou.html　2022年8月23日閲覧）

厚生労働省HP『障害児福祉手当について』（https://www.mhlw.go.jp/bunya/shougaihoken/jidou/hukushi.html　2022年8月23日閲覧）

厚生労働省HP『自立支援医療制度の概要』（https://www.mhlw.go.jp/stf/seisakunitsuite/bunya/hukushi_kaigo/shougaishahukushi/jiritsu/gaiyo.html　2022年8月23日閲覧）

厚生労働省HP『乳幼児と突然死症候群（SIDS）について』（https://www.mhlw.go.jp/bunya/kodomo/sids.html　2022年8月23日閲覧）

厚生労働省HP『11月は「乳幼児突然死症候群（SIDS）」の対策強化月間です〜睡眠中の赤ちゃんの死亡を減らしましょう〜』（https://www.mhlw.go.jp/stf/houdou/0000181942_00006.html　2022年8月23日閲覧）

巷野悟郎編『子どもの保健　第7版追補』診断と治療社，2018年。

こども家庭庁『保育所における感染症対策ガイドライン（2018年改訂版，2023（令和5）年5月一部改訂，2023（令和5）年10月一部修正）』，2023年。

小林美由紀『授業で現場で役に立つ！子どもの健康と安全　演習ノート　改訂第2版』診断と治療社，2021年。

榊原洋一『発達障害を考える　心をつなぐ　最新図解よくわかる発達障害の子どもたちをサポートする本』ナツメ社，2016年。

榊原洋一『最新図解自閉症スペクトラムの子どもたちをサポートする本（発達障害を考える心をつなぐ）』ナツメ社，2017年。

榊原洋一『最新図解ADHDの子どもたちをサポートする本（発達障害を考える心をつなぐ）』ナツメ社，2019年。

汐見稔幸編著『ここが変わった平成29年告示保育所保育指針まるわかりガイド』チャイルド出版，2017年。

汐見稔幸・小西行郎・榊原洋一編著『乳児保育の基本』フレーベル館，2007年。

鈴木美枝子他「Ⅱ．2．1 保育所・幼稚園・認定こども園等における食生活支援に関する研究」，『幼児期の健やかな発育のための栄養・食生活支援ガイドの開発に関する研究　平成29〜令和元年度総合研究報告書』（研究代表者　石川みどり），2020年。

鈴木美枝子編著『これだけはおさえたい！保育者のための子どもの保健［改訂版］』創成社，2024年。

茶々保育園グループ社会福祉法人あすみ福祉会編『見る・考える・作り出す　乳児保育Ⅰ・Ⅱ』萌文書林，2019年。

東京都アレルギー疾患対策検討委員会『食物アレルギー緊急時対応マニュアル　2022年１月版』東京都健康安全研究センター企画調整部健康危機管理情報課，2022年（https://www.fukushihoken.metro.tokyo.lg.jp/allergy/pdf/zenbun1.pdf　2022年８月23日閲覧）

東京都福祉保健局『子供を預かる施設における食物アレルギー対応ガイドブック』，2021年。

内閣府『特定教育・保育施設等における事故情報データベース』（https://www8.cao.go.jp/shoushi/shinseido/data/index.html　2022年８月23日閲覧）

日本小児医療保健協議会　栄養委員会　小児肥満小委員会編『幼児肥満ガイド』，2019年（http://www.jpeds.or.jp/uploads/files/2019youji_himan_G_ALL.pdf　2022年８月23日閲覧）

日本皮膚科学会HP『皮膚科Ｑ＆Ａアトピー性皮膚炎』（https://www.dermatol.or.jp/qa/qa1/index.html　2022年８月23日閲覧）

平岩幹男『幼稚園・保育園での発達障害の考え方と対応　役に立つ実践編』少年新聞写真社，2010年。

平成30年度子ども・子育て支援推進調査研究事業「医療的ケアが必要な子どもへの支援体制に関する調査研究」保育所における医療的ケア児への支援に関する研究会『保育所での医療的ケア児受け入れに関するガイドライン　医療的ケア児の受け入れに関する基本的な考え方と保育利用までの流れ』，2019年（https://www.mizuho-ir.co.jp/case/research/pdf/h30kosodate2018_0102.pdf　2022年８月23日閲覧）

平成27年度教育・保育施設等の事故防止のためのガイドライン等に関する調査研究事業検討委員会『教育・保育施設等における事故防止及び事故発生時の対応のためのガイドライン【事故防止のための取組み】〜施設・事業者向け〜』，2016年。

松井　潔総監修『月齢ごとに「見てわかる！」育児新百科』ベネッセコーポレーション，2018年。

文部科学省スポーツ・青少年局 学校健康教育課監修『学校のアレルギー疾患に対する取り組みガイドライン（令和元年度改訂）』日本学校保健会，2020年。

文部科学省スポーツ・青少年局学校健康教育課監修『児童生徒等の健康診断マニュアル　平成27年度改訂』日本学校保健会，2016年。

谷田貝公昭監修『生活の自立HandBook』学研，2009年。

令和３年度厚生労働行政推進調査事業費補助金「幼児期の健やかな発育のための栄養・食生活支援に向けた効果的な展開のための研究」研究班『幼児期の健やかな発育のための栄養・食生活支援ガイド【確定版】』2022年（https://www.niph.go.jp/soshiki/07shougai/youjishokuguide/YoujiShokuGuideKakutei.pdf　2024年１月19日閲覧）

第１章
第２章
第３章
第４章
第５章
第６章

第6章 健康及び安全の管理の実施体制

CHAPTER6

1 職員間の連携・協働と組織的取組

　質の良い保育をする上で，保育者同士の連携は欠かせません。園では担任以外の保育者が補佐でクラスに入ることもあれば，複数担任制をとっているクラスもあります。複数の保育者が保育に当たる際は，役割を分担し，補い合うと同時に，複数の目があるという安心感に頼りすぎず，常に声をかけ合って協力していくことが大切です。

　例えば発達が気になる子どもや，虐待が疑われる子どもなどがいるときには，主任や園長に報告し，園長は責任をもって，全職員が連携・協力が行えるよう体制を整える必要があります。園の中では会議をもつなどして情報の共有化を図り，園として，あるいは保育者としての対応の方針を話し合っておきます。そうした中でも，園長をはじめ，経験豊かな保育者の知恵や知識は，経験の少ない保育者を育てる上で非常に役立ちます。また，経験の少ない保育者であっても，それが故にこれまで何気なく行ってきた保育に対して，新しい気づきがある場合もあります。仲間同士で情報交換することでお互い切磋琢磨することもあるでしょう。このように保育者間の横の連携，縦の連携をともに大事にすることは，園全体の保育の質を向上させることにつながります。

　さらに園では，保育者のほかにも，嘱託医，看護師，栄養士，調理員などの専門職が関わっています。これらの職員はそれぞれの専門性を生かし，子どもたち一人ひとりの健康について，園全体が共通理解していけるよう関わっていきます。こうした職員間の有機的な連携がスムーズになされることが，子どもたちにとって居心地のよい園生活につながり，ひいては子どもたちの健康と安全を守ることにつながります。

第1章

第2章

第3章

第4章

第5章

第6章

2 保育における保健活動の計画及び評価

　2017（平成29）年告示の**保育所保育指針**の改定でも，**第3章 健康および安全**に「子どもの健康に関する保健計画を全体的な計画に基づいて作成し，全職員がそのねらいや内容を踏まえ，一人一人の子どもの健康の保持及び増進に努めていくこと」と明記され，保健計画の重要性が改めて明確に示されています。

　現在，園で行われている保健活動には，発育・発達を観察するための身体計測，健康状態を把握するための健康観察や健康診断，望ましい保育環境を整えるための安全点検や衛生検査などさまざまなものがあります。

　これらの活動はその園に通う子どもたちの健康を保持・増進するために行われるものです。子どもが主体的に保健活動を行うためにはどうしたらよいか，保健計画を作成する際に考えてみるとよいでしょう。

1 保健計画の作成

　保健計画とは，子どもの生活リズムや食習慣などを把握し，一人ひとりの子どもの健康を保持・増進させるために必要な保健活動を，年間を通して具体的に計画していくことです。1年を通してどの時期にどのような保健活動を行うのが望ましいかを園の特性や地域性，子どもの実状にあわせて検討し，目標を立て，子どもたちの発育・発達にあった生活を送ることができるように援助します。

園における保健活動

●子どもの健康状態や発育・発達を確認する活動

●生活習慣を確立するための活動

●病気の予防活動

●保護者へ保健に関する知識を普及する活動

●保育環境の整備

　これらの活動を，季節，行事などとあわせて計画していきます。

　園に看護師や栄養士などが配置されている場合はそれぞれの専門性を活かして協力し合い，保育と保健を融合させた保健計画となるようにします。そして，心身の健康増進と健やかな生活習慣の確立を目指すという養護と教育の両面から保育を考えた保

表6－1　保健計画表（例）

月	目標	行事	活動内容と指導	環境整備	保護者への保健指導	留意点
4	自分の体を知る	内科健診	○園生活のリズムを身につける ○けがや病気のときにどうするか	遊具の点検 救急用品の点検 園周辺の環境確認	○家庭調査票の記入 ○除去食アンケート・診断書の提出 ○登園許可証について ○各種健診の結果報告	○既往症・アレルギー等の把握 ○診断書と除去食アンケートをもとに除去食を実施する ○衛生的で安全な環境の維持 ○怪我や体調が悪いときにどうしたらよいか気づかせる
5	手洗い・うがいをする	歯科健診 春の遠足	○手洗い・うがい指導	園庭・砂場の整備	○朝食の大切さと排便習慣 ○足に合った靴選び	○外遊びの後、食事の前等に手洗い・うがいの声かけ ○園外における安全について全職員が共通理解する
6	歯を大切にする	歯みがき指導 プール前健康診断 プール開き	○むし歯の日（6／4）：園歯科医による歯みがき指導 ○プールに入るときの約束	プール施設の点検 プールの管理 遊具の点検	○歯の仕上げみがきの大切さ ○プールの日の衛生（温度・湿度）に配慮する ○梅雨時の衛生（食中毒予防）等	○絵本や歯の模型を使って歯に関心をもてるようにする ○保育室の環境（温度・湿度）に配慮する ○湿気で床などで滑りやすくなるので気をつける
7	夏を元気に過ごす	交通安全指導	○熱中症にならないために、こまめに水分をとる ○爪がのびていないか	プールの管理 園庭・砂場の整備	○熱中症にならないために ○夏に多い感染症について ○爪・耳垢のチェック	○水分補給を適切に行う ○気温や運動量にあわせて衣服が調節できる。また汗をかいたら着替えができるようにする
8	夏を元気に過ごす		○鼻のかみ方（8／7）：鼻のかみ方、鼻血が出たときはどうするか	プールの管理 遊具の点検 害虫駆除	○夏休み中の家庭での過ごし方 ○光化学スモッグの注意	○プールの後は体調が崩れやすいので保育内容に配慮する ○食欲が落ちる場合があるので、一人ひとりの状態をよく観察し、楽しく食事ができるようにする
9	生活のリズムを整える	避難訓練 （引き渡し）	○防災の日（9／1）：地震の際火災のときにどうするか ○救急の日（9／9）	救急用品点検 園庭・砂場の整備	○夏休みあけの体調管理について ○運動会の服装、靴の注意点 ○緊急連絡網の確認	○発達に応じた安全指導を行い、子ども自身の安全に対する意識を高め、自ら身を守る力を身につけるようにする
10	目を大切にする	運動会 秋の遠足	○目の愛護デー（10／10）	遊具の点検 体育用具の安全点検	○子どもへのテレビの見せ方	○絵本やペープサート等で目のしくみや大切さを知らせる
11	かぜ・インフルエンザ予防		○手洗い・うがい指導 ○咳・くしゃみのマナー ○いい歯の日（11／8）：歯科衛生士による歯みがき指導	暖房器具の点検 園庭・砂場の整備	○薄着・衣服の調節について ○かぜ・インフルエンザの予防 ○歯垢染め出し剤の配布と説明 ○冬に多い感染症について	○気温や運動量にあわせて衣服を調節できるようにする ○保育室の環境（温度・湿度・換気）に配慮する
12	寒さに負けない体をつくる	交通安全指導 防犯訓練	○道路の歩き方、信号の見方 ○あやしい人に遭遇したときにどうするか	遊具の点検	○年末年始の過ごし方 ○交通事故等に気をつける ○嘔吐・下痢の処理方法	○保育室の環境（温度・湿度・換気）に配慮する ○園外保育で不審者に遭遇した場合の対応を身につける
1	体をたくさん動かす		○外遊びの励行	救急用品の点検 園庭・砂場の整備	○生活リズムを整える ○正しい姿勢について	○遊びの中で危険な箇所を知り、どうしたらよいのか考えさせる
2	バランスのよい食事をする	調理体験	○食材について知る ○友だちと食べることを楽しむ	調理器具の点検 遊具の点検	○バランスのとれた食事と食事のマナー（箸の持ち方など）	○楽しい雰囲気の中で食事がとれるように配慮する ○カード等を使い、それぞれの食品の働きを知らせる
3	1年間の生活をふりかえる 成長の様子を知る		○耳の日（3／3）：耳のそばで大きな声や音を出さない ○基本的生活習慣の確認	救急用品の点検 園庭・砂場の整備	○進学・進級前に健康な体を作る ○基本的生活習慣を見直す ○一年間の成長の記録について	○一年間の体の成長を気づかせる ○一年間を振り返り、できるようになったこと、まだできないこと等を気づかせ、進級・進学に備えさせる

健計画になるようにしましょう。

2 保健計画の活用と活動の記録

保健計画を作成し活用することにより，園における保健活動の見通しが立ち，子どもたちの現状や問題点などをみつけることができます。また保健計画に基づく実践を行い，それを評価することで，園や保育者の保健活動の成果を確認したり，課題を発見することもできます。

園で行った保健活動は，子どもの成長の記録と保育者が行った保健活動の記録という2つの視点から残していく必要があります。子どもの成長の記録をする際には，一人の子どもに数人の保育者が関わることを想定して，誰が見てもわかるような書式で

(ワンポイントアドバイス)　**自己評価で大切にしたいこと**

作成した保健計画は，実践したら終わりということではありません。職員同士の対話や保健活動の記録を活用するなどして，自己評価を行うことが大切です。自己評価は，保育士が個々で行うとともに，保育所全体で組織としても取り組みましょう。保育士自身の良い点，改善点を明確にし，組織としても保健計画の意義や目的を職員全体で共通理解することで，よりよい保健活動の実践へとつながります。自己評価を行う際は，保健活動の内容や結果の善し悪しを判断するのではなく，まずは子どもの表情や言動，行動などから子ども一人ひとりの心身の育ちをとらえ，多面的に子どもを理解することを大切にしましょう。子どもの理解を前提として，保健計画の内容や実践の振り返りを行うことにより，子どものこれまでに育ってきたことやこれから伸びて欲しいことなどが見えてきます。振り返りの視点は，実践での気になった点，印象に残った出来事，子どもの行動変容の過程などを思い返し，保育の状況（指導計画とその展開　環境の構成　子どもへの関わり・配慮など）と合わせて具体的に考察することで明確になります。振り返りの結果は，すぐに改善や充実に取り組めるものもあれば，段階的な取り組みが必要なものもあります。保育士にとって負担が大きくならないよう実行できるものから少しずつ進めて，無理なく継続的に自己評価を行っていきましょう。子ども達が日々健康で安全に過ごせるよう，保健計画の自己評価を主体的に行い保育の質を高めていけるとよいですね。　　　　　　　　　（両角）

厚生労働省「保育所における自己評価ガイドライン（2020年改訂版）」，2020年。
厚生労働省「保育をもっと楽しく　保育所における自己評価ガイドラインハンドブック」，2020年
　3月。

第1章
第2章
第3章
第4章
第5章
第6章

作成する必要があります。保育者が行った保健活動の記録は，自らの保育実践を振り返る自己評価につながり，また，園の自己評価の基盤にもなります。

　保健計画に基づいて，園にいるすべての教職員が協力しあい，保健活動をより良いものにしていきましょう。

3　母子保健・地域保健における自治体との連携

　子どもの健康と安全は，園内の職員だけでは守り切れない場合もあります。わが国においては優れた母子保健・地域保健システムが構築されているため，自治体と協力して情報を共有し合い，園内で解決できないことに関しては，自治体のどこを窓口にして相談すればよいかを明確にしておきましょう。

図6−1　地域保健に関連するさまざまな施策

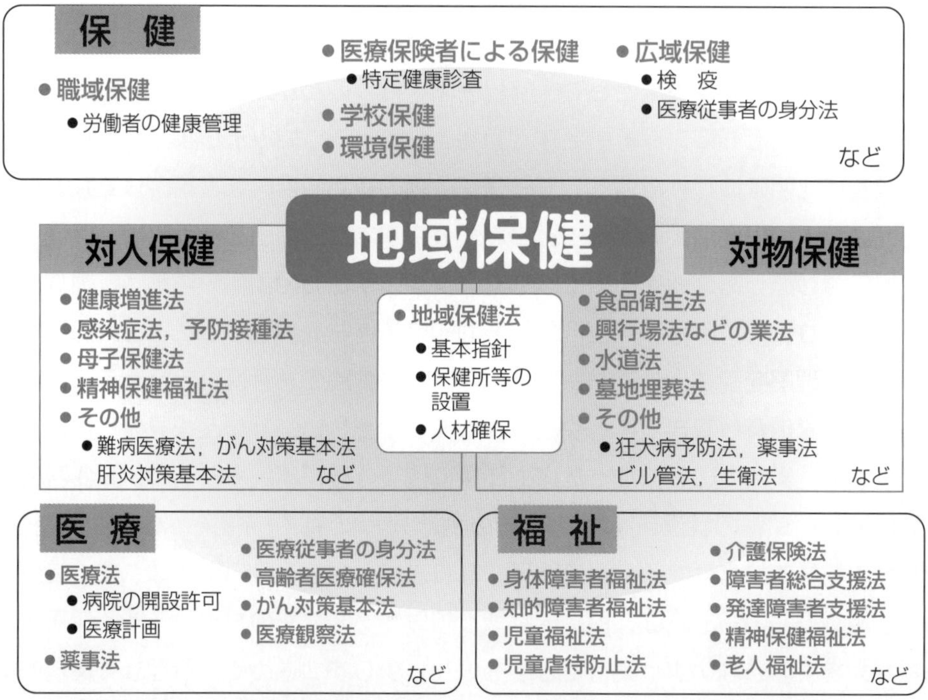

保　健
- 職域保健
  - 労働者の健康管理
- 医療保険者による保健
  - 特定健康診査
- 学校保健
- 環境保健
- 広域保健
  - 検　疫
  - 医療従事者の身分法

など

地域保健

対人保健
- 健康増進法
- 感染症法，予防接種法
- 母子保健法
- 精神保健福祉法
- その他
  - 難病医療法，がん対策基本法
    肝炎対策基本法　　など

- 地域保健法
  - 基本指針
  - 保健所等の設置
  - 人材確保

対物保健
- 食品衛生法
- 興行場法などの業法
- 水道法
- 墓地埋葬法
- その他
  - 狂犬病予防法，薬事法
    ビル管法，生衛法　　など

医　療
- 医療法
  - 病院の開設許可
  - 医療計画
- 薬事法
- 医療従事者の身分法
- 高齢者医療確保法
- がん対策基本法
- 医療観察法

など

福　祉
- 身体障害者福祉法
- 知的障害者福祉法
- 児童福祉法
- 児童虐待防止法
- 介護保険法
- 障害者総合支援法
- 発達障害者支援法
- 精神保健福祉法
- 老人福祉法

など

出所：厚生労働省HP　健康・医療「地域保健」（https://www.mhlw.go.jp/stf/seisakunitsuite/bunya/tiiki/index.html　2022年8月23日閲覧）より。

1　母子保健施策等を通じた子ども虐待防止対策

　子育てに不安を抱えている保護者への対応に関しては，園内の職員による子育て支援等で落ち着いていく場合もありますが，それだけでは収束しない場合や，特に虐待

が疑われるような場合は、自治体と積極的に連携していくことが大切です。

　母子保健法では、1歳6か月児健康診査や3歳児健康診査が規定されていますが、こうした健診を受診していない家庭は虐待のリスクが高いといわれています。こうした情報を園と自治体であらかじめ共有できていると、子どもや保護者に何か変化があったときに、すぐに連携することが可能となります。

　2016（平成28）年の**児童福祉法等の一部を改正する法律**において**母子保健法**の改正が行われ、子育て世代包括支援センター（母子保健法では、母子健康包括支援センター）が法定化されました。これによって、母子保健施策と児童虐待防止対策との連携をより強化することとされました。その後、2017（平成29）年には児童福祉法及び児童虐待の防止等に関する法律の一部を改正する法律が公布され、保護者に対する指導に司法が関与できるようになりました。しかしながら、2018（平成30）～2019（令和元）年にかけて立て続けに発生した子どもの虐待死亡事案を受けて、2019（令和元）年6月に児童虐待の防止等に関する法律がさらに改正され、親権者の体罰等が禁止されました。またそれに併せて児童福祉法も改正され、児童相談所の体制整備も進められました。

　2022（令和4）年6月には児童福祉法の改正案が参議院本会議で可決され、子育て世代に対する包括的な支援のための体制強化や、事業の拡充などを目指し、2024（令和6）年4月1日から施行されます。市区町村は、子ども家庭総合支援拠点（児童福祉）と子育て世代包括支援センター（母子保健）の見直しを行い、すべての妊産婦、子育て世帯、そして子どもに対して、一体的に相談支援等を行うこども家庭センターを設置するとともに、保育所等の身近な子育て支援の場における相談機関の整備に努めることとしています。子どもや保護者と日々関わることのできる保育所における子育て支援の役割は、今後ますます重要視されてくるでしょう。

2 虐待が発生しやすい要因

　子どもが虐待されるに至るには、身体的・精神的・社会的・経済的等、さまざまな要因が絡み合っているといわれています。そのリスク要因について、保護者側、子ども側、養育環境等に分類したものが表6－2です。ただし、これらの要因があるからといって必ずしも虐待につながるとは限りません。こういった要因をもつ家庭に対し、虐待が発生していると決めつけることは避けるべきです。これらの要因は、その有無を確認しておくことで、支援を必要としている家庭かどうかを見極める手がかりにはなります。支援が必要な場合には、誰に対して、あるいはどの部分に対して支援するのが最も適しているか、といった情報を把握し、適切に対応していくことが大切です。

表6-2　虐待に至るおそれのある要因・虐待のリスクとして留意すべき点

1．保護者側のリスク要因
・妊娠そのものを受容することが困難（望まない妊娠） ・若年の妊娠 ・子どもへの愛着形成が十分に行われていない（妊娠中に早産等何らかの問題が発生したことで胎児への受容に影響がある。子どもの長期入院など）。 ・マタニティーブルーズや産後うつ病等精神的に不安定な状況 ・性格が攻撃的・衝動的，あるいはパーソナリティの障害 ・精神障害，知的障害，慢性疾患，アルコール依存，薬物依存等 ・保護者の被虐待経験 ・育児に対する不安（保護者が未熟等），育児の知識や技術の不足 ・体罰容認などの暴力への親和性 ・特異な育児観，脅迫的な育児，子どもの発達を無視した過度な要求　　　　　等
2．子ども側のリスク要因
・乳児期の子ども ・未熟児 ・障害児 ・多胎児 ・保護者にとって何らかの育てにくさを持っている子ども　　　　　等
3．養育環境のリスク要因
・経済的に不安定な家庭 ・親族や地域社会から孤立した家庭 ・未婚を含むひとり親家庭 ・内縁者や同居人がいる家庭 ・子連れの再婚家庭 ・転居を繰り返す家庭 ・保護者の不安定な就労や転職の繰り返し ・夫婦間不和，配偶者からの暴力（DV）等不安定な状況にある家庭　　　　　等
4．その他虐待のリスクが高いと想定される場合
・妊娠の届出が遅い，母子健康手帳未交付，妊婦健康診査未受診，乳幼児健康診査未受診 ・飛び込み出産，医師や助産師の立ち会いがない自宅等での分娩 ・きょうだいへの虐待歴 ・関係機関からの支援の拒否　　　　　等

出所：厚生労働省雇用均等・児童家庭局総務課『子ども虐待対応の手引き（平成25年8月　改正版）』，2013年。

園での対応

①　虐待を予防するための支援 ～保護者への支援～

　虐待のリスク要因があっても，必ずしも虐待が発生するとは限りません。虐待に至る前に，保護者の身近にいる保育者等が適切な子育て支援を行うことによって，未然に防ぐことができる場合もあります。また2017（平成29）年告示の**保育所保育指針**の

第4章 子育て支援の3．地域の保護者等に対する子育て支援の中で「地域の保護者等に対して，保育所保育の専門性を生かした子育て支援を積極的におこなうよう努めること」とあるように，園に通っていない地域の親子に対しても，保育者は保育の専門性を活かした支援をしていくことが求められています。

　保育者は，不安感の強い保護者などと話をするときには，話し方や態度に配慮する必要があります。保護者が「自分は虐待しているのではないか」といった不安を抱いている場合などは，安心して悩みや相談事を話せるよう，保育者は，保護者の気持ちを受けとめながら聞くようにします。たとえ保護者が子どもにとって不適切な行為を行っていることを吐露したとしても，その行為を頭ごなしに否定してしまうと，保護者側は「理解されなかった」と感じ，信頼関係が築けなくなってしまいます。そうすると，かえって子どもに対する不適切な行為が助長してしまうなど，逆効果になることもありえます。まずは保育者として，保護者と信頼関係を築くことが第一歩となるため，保護者の育児の負担感や不安感などを聞きながら，保護者が努力していることを認めたり，がんばりや辛い思いをねぎらったりすることが大切です。その上で，育児の負担が軽減できるような，保護者のニーズにあった子育て支援について，園でできることは何かを話し合うとよいでしょう。また，その地域で受けられる支援などについても，保護者に具体的に伝えられるようにしておくとよいでしょう。保育者が親身になって保護者と関わっているうちに，保護者の養育態度が改善していくこともあります。

②　子どもへの対応

　虐待が疑われる子どもがいた場合は，園として，保育者として，できることを行いながら経過を観察していきます。例えば

●食事に対して執着し，むさぼるように食べるときは，十分な食事量を与えながらも食事量のコントロールは行う。

●子どもがいつも汚れた服を着ていたり，着替えが用意されていなかったりする場合には，園の衣服を貸し出す。

●しばらく入浴していないような場合は，プール前などに，シャワーなどでよく洗い流して清潔にする。

といった援助を行うことが考えられます。それと同時に，身体に不審な傷やあざ，落書きなどがないかを確認し，発見した場合は写真などで記録を残します。

子どもが何かをできるようになったときには大いに褒め，自分に自信がもてるように援助をしていきましょう。子どもが保育者に慣れ親しみ，信頼関係を築いていくことができるようになると，次第に子どもの表情も明るくなっていくこともあります。乳幼児期に，子どもが周囲の大人との間に信頼関係を築いていくことは，その後の人間形成においても非常に大切です。そうした意味でも保育者の役割は大きいといえるでしょう。

③　通告および関係機関との連携

　園や保育者としてできる援助を行うことは大切ですが，一刻を争うような事態の場合は，迷わず通告することが必要です。子どもは自ら「虐待されている」と訴えてくることはほとんどなく，多くの場合，外傷や子どもの雰囲気などで発見されます。

　2017（平成29）年告示の**保育所保育指針**では，**第３章 健康及び安全の１．子どもの健康支援**の中で，「子どもの心身の状態等を観察し，不適切な養育の徴候が見られる場合には，市町村や関係機関と連携し，児童福祉法第25条に基づき，適切な対応を図ること。また，虐待が疑われる場合には，速やかに市町村又は児童相談所に通告し，適切な対応を図ること」としています。実際に虐待が行われている場合は，園だけで解決することは難しいため，関係機関との連携が非常に重要になります。

　なお通告の仕方は，2013（平成25）年に厚生労働省雇用均等・児童家庭局　総務課が策定した**子ども虐待対応の手引き**（平成25年８月　改正版）に，以下のように記されています。

通告の仕方

子どもが所属している現場から通告するに当たっては，

ア．「疑い」の段階でよいから早めに知らせる。

イ．クラス担任等の担当者の判断でかまわないが，組織としての判断があった方が調査のときなどに混乱が少ないため，できるだけ組織として判断して通告する。

ウ．受傷状況の写真をとっておく（市区町村や児童相談所は通告受理時に写真の撮影を依頼する）。

エ．虐待に関する事実関係は，できるだけ細かく具体的に記録しておく。

オ．子どもから聴き取る際には，誘導とならないように注意する（子どもからの聴き取りには，オープンクエスチョン形式が適切である）。また，子どもを責めるような口調にならないように注意する。

　園は，子どもを預かり，保育するだけでなく，送迎時などに保護者とも関わるため，状況が把握しやすい環境にあります。虐待発見における園の役割はますます期待されていくことでしょう。ただし，虐待の事例に関わる際は，関係機関とのネットワーク

を活用し，園や保育者だけで抱え込むことのないよう十分に注意します。多くの人や機関が関わることで，何かあった際に迅速に対応することができ，子どもの安全を守ることにつながります。

　園で虐待かもと思ったときは，すぐに児童相談所に通告・相談ができる全国共通の児童相談所虐待対応ダイヤル「１８９（いちはやく）」にかけることで，通話料無料でその地域の児童相談所に電話をかけることができます。子どもの命を守る行動をとれるようにしていきましょう。

4 家庭，専門機関，地域の関係機関との連携

1 各専門機関や地域との連携

　前節 3 母子保健・地域保健における自治体との連携 でも述べたように，事態によっては園の中だけでは対応しきれないこともあります。そのようなときは，以下のような専門機関や地域と連携を図ることによって，子どもたちにとって最も良い状況になるよう心がけていきます。またこれらの専門機関等とは，日頃から連絡を取り合い，何かおきたときにはすぐに連携が取れるような関係作りをしておく必要があります。どのようなときにどの機関と連携を取ればよいのか，いざというときに慌てないためにも，連絡表等を作成しておくとよいでしょう。

●市町村保健センター

　乳幼児健康診査や訪問事業等，市町村が実施するさまざまな母子保健サービスを行っています。ここから得られる子どもの健康状態，発育・発達状態に関する情報は園においても有効です。園で保健指導を行う際に，保健師や歯科衛生士を派遣してもらうこともあります。

●保健所

　都道府県等が設置している機関で，その地域の住民の健康や衛生を支えています。園で食中毒等がおきた際には，保健所に届け出ます。

●医療機関

　病院や診療所，歯科領域も含みます。これらの機関から，保育現場で必要となる子どもの健康や安全に関する情報や技術を受けることができます。また，園で怪我をしたときや，救急搬送する際には，その状況に応じた医療機関を受診することになります。

●市町村役所（場）

　地域の子育て情報や保育に関する情報を提供しています。また認可保育所や放課後児童クラブ等の入所申請を受け付けています。

●児童相談所

　児童福祉法に基づき，各都道府県等に設けられた児童福祉の専門機関です。養護相談，障害相談，非行相談，育成相談，その他の相談を受け，必要な調査をしてどのような援助をしていくかの指針を作成します。また虐待が疑われる場合などには通告を受けることで，早期に子どもの保護を行い，保護者へも対応します。児童福祉施設への入所等の措置も児童相談所で決定します。

●各児童福祉施設

　児童福祉法で規定された児童福祉施設には，保育所，幼保連携型認定こども園のほか，助産施設，乳児院，母子生活支援施設，児童厚生施設，児童養護施設，障害児入所施設，児童発達支援センター，児童心理治療施設，児童自立支援施設および児童家庭支援センターがあります。

●福祉事務所

　社会福祉法に規定される福祉に関する事務所で，都道府県及び市（特別区を含む）は設置が義務づけられており，福祉行政の実務を行っています。虐待が疑われる場合などには，福祉事務所に通告することもできます。必要な家庭に対しては家庭訪問や面接を行い，保護や措置の必要の有無等を判断し，生活指導を行います。調査の結果，必要があれば福祉事務所から児童相談所に送致します。

●消防署

　避難訓練時の指導や，救命救急法の指導を行っています。事故発生時，災害発生時に備えて，日頃から連携体制を整備しておきます。

●警察署

　交通安全指導や，防犯対策を行っています。事故発生時，災害発生時や不審者の侵入等に備えて日頃から連携体制を整備しておきます。

●小学校

　小学校入学後の学校生活を円滑に行えるよう，子どもたちの園での健康状態，発育・発達状態，既往症等について，保護者の了解の下，小学校に情報を提供しています。また小学校で発生している感染症などについても情報提供してもらうことで，園でのまん延を予防することができます。2017（平成29）年告示の**保育所保育指針**では，小学校教師との意見交換や合同の研究の機会を設けるなど，保育所保育と小学校

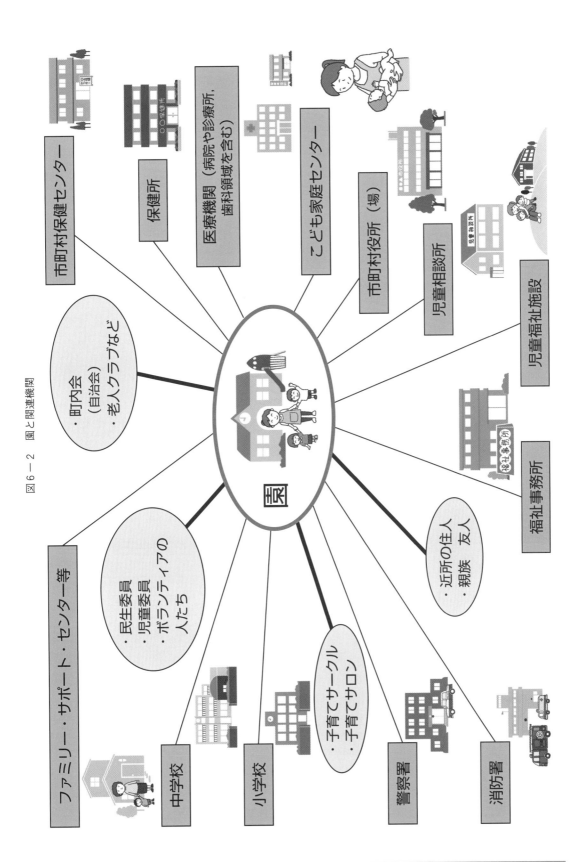

図6－2　園と関連機関

園

・町内会（自治会）・老人クラブなど

市町村保健センター

保健所

医療機関（病院や診療所，歯科領域を含む）

こども家庭センター

市町村役所（場）

児童相談所

児童福祉施設

福祉事務所

・近所の住人 ・親族 友人

ファミリー・サポート・センター等

・民生委員 ・児童委員 ・ボランティアの人たち

中学校

小学校

・子育てサークル ・子育てサロン

警察署

消防署

教育との円滑な接続ができるよう努めることが謳われています。

●中学校

園では，地域の中学生の保育体験等の受け入れを通して，乳幼児とのふれあいの場を提供しています。

●ファミリー・サポート・センター等

育児の援助を行いたい人（提供会員）と，育児の援助を受けたい人（依頼会員）がそれぞれ登録し，間にアドバイザーが入ることで相互援助活動を行っています。園までの送迎や，園の開始前・終了後の預かり保育なども行います。

5 これからの「子どもの健康と安全」

ここまで「子どもの健康と安全」に関するさまざまな内容について，演習を通して学んできました。保育者は，園の中では子どもたちにとって一番身近にいる存在です。そして子どもたちは保育者を信頼して毎日の園生活を送っています。何か不測の事態がおきたとき，園の中で子どもたちは保育者の指示に従い，保育者の誘導によって行動していきます。子どもたちの一番近くにいる保育者の対応が，その子どものその後を決めてしまう可能性があります。例えば，

●園内で大きな怪我をしてしまったときに，保育者が適切な対応を理解していて，それを実践することができるかどうか，さらに適切な医療機関に搬送することができるかどうか

●感染症発生の際に適切な対応をすることで，その後のまん延を防止することができるかどうか

●アレルギー疾患などの慢性疾患の子どもが安心して楽しく園生活を送ることができるよう，安全対策をしながらも，心豊かな生活が送れるよう配慮できるかどうか

●大災害がおこったときに，瞬時に関連機関と連絡を取り合って，子どもたちに適切な指示をし，子どもたちの生命を守ることができるかどうか

●虐待などの可能性が感じられたとき，園でできる最善の対応をすることができるかどうか，また専門機関と連携を取り合って，その子どもにとって最も良い状況になるようサポートすることができるかどうか

など，いろいろな場面を想定しておかなければなりません。

園生活においては，子どもたちにとって一番身近にいる保育者が，保育者としてできることを確実に実践し，その上で園では対応しきれない事柄については的確に関連

機関につないでいく，といった連携が重要です。そして，関連機関につないだ後も，その子どもにとって良い状況になっているかどうかを，保育者の立場から常に見守っていくことが大切です。

　子どもたちの健康と安全を守る上で，保育者として，何ができるのかということを常に念頭に置き，瞬時に判断して実践できるようにしておく必要があります。また，単に子どもたちの健康と安全を守るだけでなく，安全対策等をしながらも，子どもたちの心のありようにも配慮し，豊かな園生活が送れるようにしていくことが求められています。多職種と連携し，子どもの健康と安全を守りながら，保育の質を向上させていくことをめざしていきましょう。

参考文献

　恩賜財団母子愛育会日本子ども家庭総合研究所『子ども虐待対応の手引き─平成25年8月厚生労働省の改正通知』有斐閣，2014年。
　厚生労働省HP「健康・医療　地域保健　地域保健に関連する様々な施策」
　　（https://www.mhlw.go.jp/stf/seisakunitsuite/bunya/tiiki/index.html　2022年8月23日閲覧）
　厚生労働省HP「児童福祉法等の一部を改正する法律（平成28年法律第63号）の概要」
　　（https://www.mhlw.go.jp/file/06-Seisakujouhou-11900000-Koyoukintoujidoukateikyoku/03_3.pdf　2022年8月23日閲覧）
　厚生労働省HP「児童虐待防止対策の強化を図るための児童福祉法等の一部を改正する法律（令和元年法律第46号）の概要」
　　（https://www.mhlw.go.jp/content/01kaisei_gaiyou.pdf　2022年8月23日閲覧）
　厚生労働省HP「児童福祉法等の一部を改正する法律（令和4年法律第66号）の概要」
　　（https://www.mhlw.go.jp/content/11920000/000957236.pdf　2022年8月23日閲覧）
　厚生労働省HP「児童相談所虐待対応ダイヤル「189」について」
　　（https://www.mhlw.go.jp/stf/seisakunitsuite/bunya/kodomo/kodomo_kosodate/dial_189.html　2022年8月23日閲覧）
　厚生労働省『子育て世代包括支援センター業務ガイドライン』，2017年
　　（https://www.mhlw.go.jp/file/06-Seisakujouhou-11900000-Koyoukintoujidoukateikyoku/kosodatesedaigaidorain.pdf　2022年8月23日閲覧）
　厚生労働省『保育所における自己評価ガイドライン（2020年版改訂）』，2020年。
　厚生労働省『保育をもっと楽しく　保育所における自己評価ガイドラインハンドブック』，2020年。
　厚生労働省『子育て世代包括支援センターの設置運営について(通知)』，2017年
　　（https://www.mhlw.go.jp/web/t_doc?dataId=00tc2680&dataType=1　2022年8月23日閲覧）
　厚生労働省雇用均等・児童家庭局総務課虐待防止対策推進室『児童虐待防止対策について』，2016年（https://www.mhlw.go.jp/file/05-Shingikai-10901000-Kenkoukyoku-Soumuka/0000131912.pdf　2022年8月23日閲覧）

第1章
第2章
第3章
第4章
第5章
第6章

索　引

《編著者紹介》

鈴木美枝子（すずき・みえこ）

玉川大学教授
東京大学大学院教育学研究科修了　博士（保健学）
担当：第1章第1，2，3節，第4章第1節①，2節，
　　　第5章第1節①，第3節②，第4節①，第6章
　　　第1，3，4，5節

［主要著書］
『これだけはおさえたい！　保育者のための子どもの
保健［改訂版］』（編著）創成社，2024年。
『保育原理（新しい保育講座）』（共著）ミネルヴァ書
房，2018年。など

《著者紹介》

内山有子（うちやま・ゆうこ）
　東洋大学教授／元公立高等学校養護教諭／保育士
　担当：第2章第2節①，③，第3章第2節①，第3節，第4章第1節②，第5
　　　章第1節③，④，第2節②，③，第3節③，第4節②，③，第6章第2
　　　節

田中和香菜（たなか・わかな）
　東京家政学院大学非常勤講師／元府中市公立幼稚園養護教諭
　担当：第2章第1節，第2節②，第3節，第4節，第3章第2節②，③，第4
　　　章第1節③，第5章第1節②，第3節①

両角理恵（もろずみ・りえ）
　東都大学講師／看護師
　担当：第1章第4節，第3章第1節，第5章第2節①〜③，第3節①

（検印省略）

2020年4月20日　初版発行
2022年10月20日　改訂版発行
2024年3月20日　改訂二版発行　　　　　　　　　略称−子どもの健康

これだけはおさえたい！
保育者のための「子どもの健康と安全」［改訂二版］

　　　　　　編著者　鈴木美枝子
　　　　　　発行者　塚田尚寛

発行所　東京都文京区　　株式会社　創成社
　　　　春日2-13-1
　　　　電　話03（3868）3867　　ＦＡＸ03（5802）6802
　　　　出版部03（3868）3857　　ＦＡＸ03（5802）6801
　　　　http://www.books-sosei.com　　振　替00150-9-191261

定価はカバーに表示してあります。

誤飲防止ルーラー・チャイルドマウスを作ろう

クラス　　　　番号　　　　　氏名　　　　　　　　　　　　提出日　年　　月　　日

　誤飲防止ルーラーやチャイルドマウスを作って，身のまわりの物を入れてみましょう（p.31 参照）。意外に大きい物でも子どもの口に入ってしまい，誤飲や窒息する危険性があります。

●誤飲防止ルーラー

　3歳の子どもが口を開けたときの大きさは直径約39mm，のどの奥までは約51mmあります。

●チャイルドマウス（子どもの口）

　1〜2歳の子どもが口を開けたときの大きさは直径約32mmです。

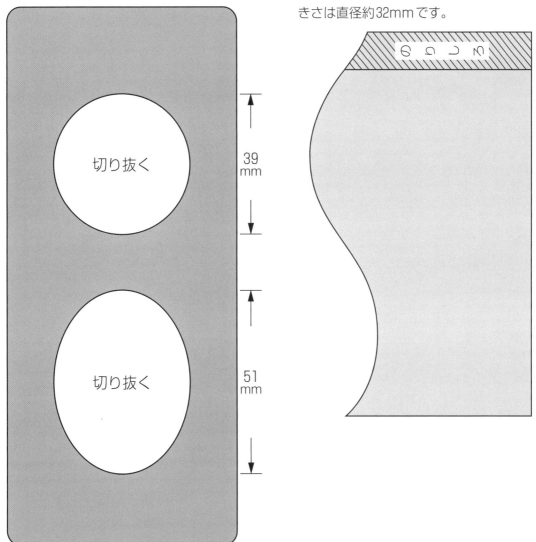

＊自分だけのオリジナルチェッカーを作って活用しましょう。

保育環境

クラス　　　　番号　　　　　氏名 _____　提出日　　年　　月　　日

●保育室や園庭の危ないところを探してみましょう。子どもの年齢や発達段階によっても，怪
　我や事故の原因となるものは異なります。また，この図には描かれていない危険もあります。
　それらも踏まえ，あなたなら子どもの安全を守るためにどのような環境作りを心がければよ
　いかも考えてみましょう。

保育室

●危ないところや対策などを書きなさい。

〈切り取り線〉

保育環境

クラス　　　　　　番号　　　　　　氏名　　　　　　　　　　　　　提出日　年　　月　　日

園 庭

●危ないところや対策などを書きなさい。

自分の感染症罹患歴＆予防接種ノートを作ろう

クラス　　　　番号　　　　氏名　　　　　　　　　　　提出日　年　　月　　日

　自分がどの感染症にいつかかったか（罹患歴），どの予防接種をいつ受けたか（予防接種歴）を，母子健康手帳の記録を参考にして，裏面の**自分の感染症罹患歴＆予防接種ノート**に記入してみましょう（p.125参照）。定かでない場合は，抗体検査を受けたり，予防接種をしたりして，園での感染防止に努めましょう。

●自分の感染症罹患歴＆予防接種ノートを作成した感想を書きましょう。

〈切り取り線〉

自分の感染症罹患歴＆予防接種ノート

感染症名	予防接種名	予防接種日（年齢）	罹患年月日
結　核	BCG	／　／　（　　）歳	
ジフテリア・ 百日咳・ 破傷風	三種混合Ⅰ期1回目	／　／　（　　）歳	
	三種混合Ⅰ期2回目	／　／　（　　）歳	
	三種混合Ⅰ期3回目	／　／　（　　）歳	
	三種混合Ⅰ期追加	／　／　（　　）歳	
ジフテリア・破傷風	二種混合Ⅱ期	／　／　（　　）歳	
急性灰白髄炎	ポリオ1回目	／　／　（　　）歳	
	ポリオ2回目	／　／　（　　）歳	
麻しん	麻しん	／　／　（　　）歳	／　／　（　　）歳
風しん	風しん	／　／　（　　）歳	／　／　（　　）歳
麻しん・風しん	MR（麻しん・風しん）	／　／　（　　）歳	
日本脳炎	日本脳炎Ⅰ期1回目	／　／　（　　）歳	
	日本脳炎Ⅰ期2回目	／　／　（　　）歳	
	日本脳炎Ⅰ期3回目	／　／　（　　）歳	
	日本脳炎Ⅱ期	／　／　（　　）歳	
水　痘	水　痘	／　／　（　　）歳	／　／　（　　）歳
流行性耳下腺炎 （おたふくかぜ）	流行性耳下腺炎 （おたふくかぜ）	／　／　（　　）歳	／　／　（　　）歳
B型肝炎	B型肝炎1回目	／　／　（　　）歳	
	B型肝炎2回目	／　／　（　　）歳	
	B型肝炎3回目	／　／　（　　）歳	
子宮頸がん	HPV（ヒトパピローマウ イルス）1回目	／　／　（　　）歳	
	HPV（ヒトパピローマウ イルス）2回目	／　／　（　　）歳	
	HPV（ヒトパピローマウ イルス）3回目	／　／　（　　）歳	
突発性発疹	—	—	／　／　（　　）歳
伝染性紅斑 （りんご病）	—	—	／　／　（　　）歳
手足口病	—	—	／　／　（　　）歳
溶連菌感染症	—	—	／　／　（　　）歳
インフルエンザ	インフルエンザ	／　／　（　　）歳	／　／　（　　）歳
		／　／　（　　）歳	／　／　（　　）歳
		／　／　（　　）歳	／　／　（　　）歳
		／　／　（　　）歳	／　／　（　　）歳
		／　／　（　　）歳	／　／　（　　）歳
		／　／　（　　）歳	／　／　（　　）歳
		／　／　（　　）歳	／　／　（　　）歳
		／　／　（　　）歳	／　／　（　　）歳
		／　／　（　　）歳	／　／　（　　）歳
		／　／　（　　）歳	／　／　（　　）歳

発育の様子をみてみよう

クラス　　　　　番号　　　　　氏名　　　　　　　　　　　　　提出日　　年　　月　　日

　裏面にある，出産週数41週で生まれた女の子の計測値から，**カウプ指数を計算し，判定も**
あわせて記入しましょう（p.180参照）。

○カウプ指数 ＝ 体重(g) ÷ 身長(cm) ÷ 身長(cm) ×10

　また，**月ごとの身長，体重の計測値をグラフに記入し，**実際の成長の様子をみてみましょう。

●グラフを記入してみて，気づいたことや感想を書きましょう。

〈切り取り線〉

Aちゃん（女）の身体計測値

月　齢	出生時	1か月	2か月	3か月	4か月	5か月	6か月	7か月	8か月
身長（cm）	50.5	56.0	59.3	61.0	62.2	65.2	67.5	70.3	71.6
体重（g）	3,404	4,920	5,998	6,560	7,160	7,985	8,430	9,100	9,190
カウプ指数									
判　　定									

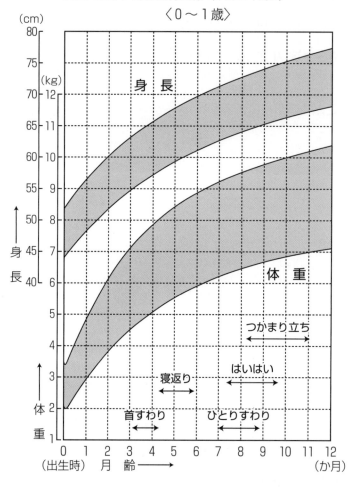

乳児（女子）身体発育曲線（平成22年調査）
〈0〜1歳〉

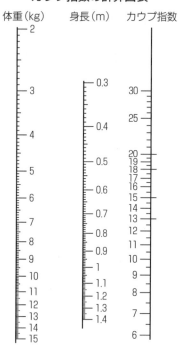

カウプ指数の計算図表

カウプ指数の判定表

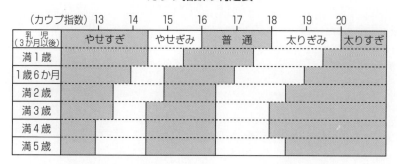

出所：巷野悟郎ほか『子どもの保健第7版追補』診断と治療社，2018年，
　　　カウプ指数による発育状況の判定。

歯みがき　みがき残しチェック

クラス　　　　番号　　　　氏名　　　　　　　　　　提出日　　年　　月　　日

●今回のみがき残しチェックの結果から，自分が歯をみがくとき，また，子どもに歯みがき指導をするときや仕上げみがきをしてあげるときに，どんなことに気をつけようと思いましたか？

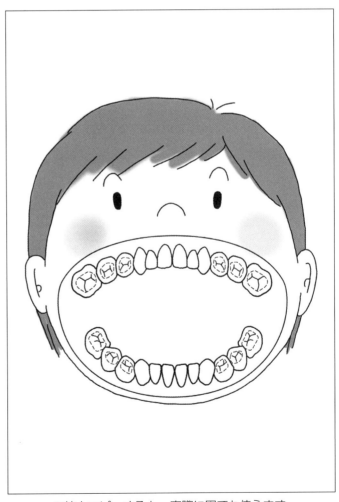

※拡大コピーすると，実際に園でも使えます。

歯みがき　みがき残しチェック

１．このテストをする前（朝食または昼食後等）に歯をみがきましたか？

　　しっかりした！　　　　普通にした　　　　口をゆすいだだけ　　　　しなかった

２．自分の口の中を観察しましょう。

①　あなたの歯は全部で何本ありますか？

本

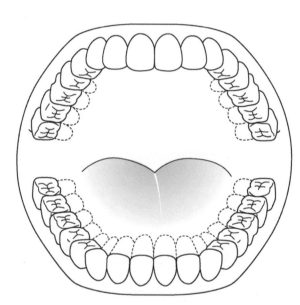

②　治療済みの歯は何本ありますか？

本

③　舌の色は？

④　歯垢染め出し液で赤くなったところを塗りましょう。歯の裏側や歯茎との境目もよく観察しましょう。

「8020運動」　80歳になっても20本以上自分の歯を保とう！